法学的自觉

Faxue de Zijue

龙卫球 著

北京大学出版社
PEKING UNIVERSITY PRESS

图书在版编目(CIP)数据

法学的自觉/龙卫球著.—北京:北京大学出版社,2015.12
ISBN 978-7-301-26417-1

Ⅰ.①法… Ⅱ.①龙… Ⅲ.①法学—文集②法学教育—文集 Ⅳ.①D90-53

中国版本图书馆CIP数据核字(2015)第251536号

书　　　名	法学的自觉 Faxue De Zijue
著作责任者	龙卫球　著
责 任 编 辑	周　菲
标 准 书 号	ISBN 978-7-301-26417-1
出 版 发 行	北京大学出版社
地　　　址	北京市海淀区成府路205号　100871
网　　　址	http://www.pup.cn
电 子 信 箱	law@pup.pku.edu.cn
新 浪 微 博	@北京大学出版社　@北大出版社法律图书
电　　　话	邮购部62752015　发行部62750672　编辑部62752027
印 刷 者	北京大学印刷厂
经 销 者	新华书店 965毫米×1300毫米　16开本　22.25印张　292千字 2015年12月第1版　2015年12月第1次印刷
定　　　价	45.00元

未经许可,不得以任何方式复制或抄袭本书之部分或全部内容。
版权所有,侵权必究
举报电话: 010-62752024　电子信箱: fd@pup.pku.edu.cn
图书如有印装质量问题,请与出版部联系,电话: 010-62756370

前　　言

这部《法学的自觉》，收拢了我近几年来与法学有关的一些思闻感谈或微言抒怀，是我在经意或不经意地置身法学研究、法治实践或者法学教育等场景时忽然之间引发的震荡感怀，间或夹杂着某些有关法学、法治与教育的思虑和期许。其风格，与我此前的随笔集如《从撤退开始》《法学的日常思维》等几乎一样。所不同的，只是相比以前，以"自觉"一词的微差表述，更加地接近了"自动亲近"的境况。我自己有时候觉得这样的状态已经有些魏晋感怀、"世说新语"的意味，所以本书具有心历上一些质感，兴许后来之人甚至也可当做一种历史笔记来读。

这些年，我在忙碌的法学生涯之中，继续了那种介于现实主义与超现实主义之间的一种心态，习惯沉浮于法学的理想与现实、法治的此地与彼域之间，在偶感心有灵犀之际，便引动、蕴发一下自己所见、所述、所评或所议。又不时参加各种活动，在仓促间发表言谈之后，事后抽空便将这些似如风叶碎纸的言论略微加以缀饰，并将其中非为私论而起、有些公共价值的片段，挂到自己的个性化小屋（博客）供博友信友共享。这里面有一些往复观照的意思。

我做这些之时，往往喜欢持以法学意识而非其他意识来作为视界观照，因此也就不算是完全地随心所欲。所以，书中的这些东西，虽然不是起于为某些特定法学理念、观点、方案之阐发而作的苦思冥想或系统论证,但仍然系出自我作为法律之人的随机自觉。之所以如此,乃在于我相信,在现实世界里面,法学和法治思维具有不可替代的现实意义;此外我也相信,诗性哲人海德格尔和伽达默尔所谓的"此在""前见",在我看来其实正是人类一路走来可以用来保持大脑洞开的钥匙。

目录

法学的自觉

时评观察

丰田『召回』：美国与中国不一样的故事 003

乌木权属纷争折射中国法理变迁 010

乌木归属的目的论解释补略 015

『养黑经济』和『运动执法』都不得法治要领 019

民航机长权力的是非曲直 022

多快好省，人大好戏该怎么演 027

且慢些对互联网金融下手 030

金融创新与市场活力的法律对策 034

互联网金融监管的保守性与开放性
——评《关于促进互联网金融健康发展的指导意见》 039

互联网第三方支付面临政策困局 048

司法改革

最高人民法院 2014 年司法改革思路略议 055

如何治愈司法机构的虚症
——兼论「支持司法」转型问题 060

律师的社会责任就是职业责任 063

如何健全当前的律师制度 066

官僚司法何时休
——再评最高人民法院的改革 070

「立案登记制」实施的几个保障问题 073

关于司法干预记录制度的一些疑问 078

冤案复查应建立外部调查机制 082

司法改革应大胆认真地遵循司法规律 086

关于司法规律的几点宏观认识 090

关于我国现行三大司法特色的认识 097

立法策论

正确解读刑诉法修改——写在我国《刑事诉讼法》修改通过之前 105

我国现行专利法修改的基本思路和具体重点 108

加快新兴产业立法的几点思考 114

关于大数据时代的数据资产保护立法建议 121

关于加快完善我国网络管理与安全体制的建议 124

关于建筑工程造价监管规定的几个问题 128

读书杂论

张居正改革之道的历史幽思 135

略论梁山小人物的聚义之道
——《水浒传》"打虎将"李忠人物旨趣谈 140

汉语拼音的中西再辩 154

《三枪拍案称奇》之"文化颓废论" 158

追求真正意义的自主办刊 161

认真对待我们置身的空天法时代 164

斯感做学问真难 167

期盼农家法律书的繁荣 171

民法讲坛

民法典编纂要警惕「宪法依据」陷阱

中国民法「典」的制定基础
——以现代化转型为视角 175

现今民商法的社会基础与变化趋势 180

人格权立法面面观
——走出理念主义与实证主义之争 200

《侵权责任法》出台的意义与后续工作 221

积极推进和完善我国侵权立法与实践 230

《侵权责任法》的请求权基础暨立法逻辑 234

法学教育

为新业壮心可嘉　趁年轻一鼓作气 243

法律人绝对没有免费的午餐 248

从法律的自信到自觉 254

让我们的法学教育名副其实 259

任凭时光悠悠，我对你们充满希望 265

夏天的飞鸟，曾经飞到我的窗前唱歌 270

我们承诺守护你们的青春精神 276

以现实主义踏上理想征途 280

盛夏之夜，你们是否期待着登台 287

中国梦必有法律人的使命 292

怕你们忍不住会太骄傲 296

法治奇迹，它会在某一个时刻突然到来 301

我国法学教育的历史沿革与现实缺陷 313

应开放地对待当前法学教育改革问题 325

一分耕耘，一分收获
——漫谈法律人的成长轨迹 329

江平老师教育志趣略记 333

王家福先生的心志与法治贡献 339

时评观察

丰田"召回":美国与中国不一样的故事[①]

席卷全球的召回风波,无疑使得曾经风光无限的日本丰田公司跌到了低谷。丰田正在经受巨大损失,今年1月,丰田在北美的销量同比下跌了15.8%,其在华尔街的股价,由1月底的86.78美元高点狂跌,最低跌至71.71美元。然而,对于丰田来说,最要命的问题并不是经济损失问题,而是还不知究竟是死是活的质量监管命运问题。

在美国,对丰田公司的调查方兴未艾,正在上演一场生死门大戏。在这场戏里,有两个铁定的反面主角,一个是丰田公司,另一个美国汽车监管部门,即美国运输部和美国全国高速公路交通安全委员会(它们在行使监管、调查职权时又充当对丰田公司的正面角色,但在召回门中主要是作为反面角色而显身,这一点特别值得中国观众玩味);至少两个主要正面主角,一个是美国国会,具体一点说如众议院能源和商业委员会、监督和政府改革委员会、商业委员会,另一个是消费者或者其维权组织,但还有其他许多虽然非主要但仍然不可忽视的正面主角,甚至还有意想不到的一些积极争当"正面主角"者(这绝对不是"墙

[①] 本文2010年3月2日首刊于笔者博客"军都拾零":http://longweqiu.fyfz.cn/b/542731。

倒众人推"，毋宁说是公民意识"葱葱郁郁哉"）。

在这部美国生死门大戏里，我们可以看到许多十分惊险的场面和正反角色交织而成的场景，在其中，作为反派人物的"丰田公司"或者其掌门人"丰田章男"（时下丰田公司总裁）如何被穷追猛打又如何谋求早日脱困，美国汽车监管部门如何遭受消费者和国会的究问和责难以及又如何转而严厉查处丰田质量问题。其中，最为难堪也是最难对付的，是国会三个委员会连续从各自的范畴召集的听证会（一种由现场拷问"犯事事主"丰田公司转而达到间接拷问和督促政府监管部门目的的美国式民主听证会）。媒体将这些美国国会听证会并称为严厉"三堂会审"，包括：2月23日，众议院能源和商业委员会召集了有关"丰田问题"的听证会，炮轰丰田公司美国销售总裁兼首席运营官詹姆斯·伦茨，美国运输部长拉胡德（RayLahood）也列席听训；2月24日，众议院监督和政府改革委员会就丰田汽车安全隐患召集了听证会，此次丰田当家人丰田章男接受通知亲身出席受"审"，整个过程与接受"拷问"无异，丰田章男的"道歉"和"解释"不断被美国议员"粗鲁"打断，事后甚至沦落到了眼泪夺眶而出的地步（据美国《华尔街日报》报道，众议院监管和政府改革委员会还计划于3月的第一周举行"召回门"事件第二次听证会）；此外，3月2日，美国参议院商业委员会将对丰田进行近期的一场听证会。

丰田门事发之后，陷入战战兢兢、担惊受怕状态之最的，恐怕还是美国汽车行业的政府监管部门，即美国运输部和美国全国高速公路交通安全委员会。它们受到消费者和国会的双重指责，被认为明显存在对有关丰田汽车意外加速的投诉反应得"严重不足"，对突然加速问题"只作了粗略而无效的调查"等监管不力的问题。不仅如此，还受到渎职等方面的怀疑，接下来深挖广掘是免不了的，甚至难以预料会发生什么（据美国媒体爆料：早在2003年，部分美国车主就投诉丰田部分车型的意外加速问题，但美国运输部和美国全国高速公路交通安全委员会并没有足够重视,处理措施也有点隔靴搔痒。如2007年针对丰田部分车型突然加速的投诉,监管部门仅要求召回5.5万辆凯美瑞和雷克萨斯ES350车的"脚垫",便匆忙结束了调查。丰田去年7月的内部报告显示,它通过与美国政府的成功协商,于2007年对问题车辆实施有限召回,从而节省了超过1亿美元的费用。这份报告已经被提交给美国众议院监督和政府改革委员会)。所以,在消费者的批评和国会的积极介入下,美国汽车监管部门自然不敢怠慢,他们积极补过,甚至是大发"亡羊补牢"之威力,表现极为凶悍。美国运输部部长拉胡德在听证会后即决定继续调查,可谓戴罪立功心切。目前,美国监管当局正在由消费者投诉引发,启动多项对丰田汽车的扩大调查程序,美国全国公路交通安全管理局(NHTSA)已经接到的消费者对花冠的投诉超过150件,对罗拉车型转向系统的投诉超过80起。

　　这些还不是丰田召回故事的全部。对于丰田公司来说,还将面临大量民事乃至刑事诉讼的挑战,此外还将遭遇除了行业监管部门之外接踵而来的其他部门的监管麻烦。据报道,公司于2月8日和2月19日分别接到来自美国联邦大陪审团和美国证券交易委员会的传票,而美国检方人员眼下正索要丰田公司内部文件,调查丰田何时知晓丰田多款汽车存在安全隐患,评估丰田是否作出迅速反应。美国法学专家认为,丰田要挺过"召回门",还需要过五道关。"第一,针对由于丰田车设计问题而导致的驾驶员死伤的赔偿;第二,对800多万辆召回车车主的赔偿;第三,根据各州的消费者保护法,丰田侵犯消费者权益的赔偿;第四,可能出现的针对丰田相关人员的刑事诉讼;第五,丰田还可能面对美国证监会针对丰田的上市公司启动的诉讼。"[1]

　　现在我们来看看在中国发生的丰田召回故事。我们发现,中国的丰田召回整个故事中,只有以事主身份出现的丰田公司以及几乎是以观望者姿态出现的监管部门——质检总局出现在

---

[1]　《中国青年报》:《丰田在美国"三司会审"中被愤怒淹没》,载 http://www.qh.xinhuanet.com/2010-02/27/content.191137972.htm,2010年2月27日访问。

事件发展的舞台，没有正反主角的交织，更没有议会、听证会这样亦关涉法律治理范畴的剧场。从网络媒体搜索，我们可见到有关中国丰田召回的事案的处理信息，最主要的有两条：

一条，是关于中国监管机构的，在丰田公司由于车辆加速踏板和制动系统存在缺陷在全球范围内发出大规模召回讯息后，国家质检总局（注意，不是像美国那样由交通运输部、高速公路交通安全委员会之类的具体化专门监管机构）在2010年发出了当年的所谓第一号"风险警示通告"。通告提醒，部分丰田车型的油门踏板和刹车系统存在缺陷，希望消费者谨慎使用这些车型。警示中表示，经丰田中国确认，除天津一汽丰田生产的RAV4的油门踏板存在相同缺陷将实施召回外，丰田在国内销售的车型不受影响；但因个人自带或者其他原因，有部分存在上述缺陷的车辆可能在中国境内使用。

具体针对RAV4油门踏板这一具体范围，中国国家质检总局发出三种警示通告："一、消费者应联系最近的丰田授权服务中心，确认是否在召回范围，而有因缺陷而受到伤害的，应向当地出入境检验检疫机构报告。二、丰田及雷克萨斯品牌车辆的生产商、进口商需进一步采取措施，切实保障消费者安全。三、如发现车辆油门和刹车的功能异常，使用丰田或雷克萨斯品牌车辆的车主，应立即反映情况，进口车车主可向所在地出入境检验检疫机构报告，国产车车主可向国家质检总局缺陷产品管理中心（热线电话010-59799616）报告。质检总局称将进一步收集研究有关信息，以决定是否采取进一步措施。"这份通告，从其内容和功能而论，大致不过是质检总局基于"消费者安全"的一份告单而已。就是说，对于丰田公司的产品质量问题，中国的监管部门的做法，似乎简单地就信任了丰田公司单方面的自认和自动处理，其目的主要是提示消费者注意召回利益的存在，附带地，在极为消极的意义上，对于丰田公司应采取切实保障消费者安全也进行了一点言词空洞的督促。

有关丰田召回在中国的另一条主要讯息，则是有关丰田公司总裁丰田章男在北京召开了一个记者会。中新社报道称,为挽回中国消费者信心,丰田章男在出席完美国国会听证会后,3月1日在北京一个酒店召开记者会交代事件。记者会上,丰田章男读出声明稿,强调车厂以顾客安全为首要考虑,并无隐瞒安全问题。可见,与被美国国会传唤出席听证会不同,丰田章男是自愿而来,而不是因中国权力机构的某个委员会或者其他什么部门的命令而来,其行程目的是想通过自己的"交代"和"表态",恢复中国消费者对丰田公司的信心。丰田在中国之旅中受到的待遇,与在美国遇到的此起彼伏的投诉相比也是有天壤之别的,报道称,当天在会场外仅有数名丰田车主抗议汽车零件失灵,其中表现激动的还被保安员带走。估计丰田章男一定在心里感叹:中国真是"礼仪之邦"啊!

可见,虽然同在一个地球村,同是丰田召回,美国和中国有着相当大的差异。也许有人认为,美国对于丰田公司的剑拔弩张与中国对于丰田公司的和风细雨,反映了两国之间国民的消费观的不同,也反映了两个国家间的某种文化差异。但是,这种说法忽视了中国消费者同样存在安全利益的要求。这种差异,在我看来实际是法律治理模式的差异。曾几何时,三鹿牌奶粉的教训告诉我们中国的消费者权益之所以保障不足,不在于国民的消费观如何初级,而在于我们的监管部门的监管缺位——此一领域渎职何其多也!中美丰田召回的差异,其核心的便是这种监管的差异。正是这种渎职或者几乎差不多意义的监管上的消极怠工,导致了中国当今产品市场安全的极度脆弱。

美国国会与政府监管部门在丰田召回门事件上的关系模式,给出了市场监管也需要民主政治法律保障的一个实证。政府的市场监管权力,在议会的民主政治看管之下才会规范而有效。从美国人对待丰田召回事件,我们似乎可以获得启发,即监管者的监管权力,要使之规范而有效地行使,不能仅仅任由其自主作为,必要时必须施以外部实实在在的机制压力。在美国,面对突发的丰田质量问题,不仅是政府监管部门要立即采取各种调查措施，以尽"亡羊补牢"的努力，而且最为要命的是，国会各类委员会应然出面，发动对于政府监管部门有着直接威慑力的听证会。美国国会诸委员会面对突如其来的丰田召回事件，积极作为，不断召集听证会，穷追猛打，以此看似空虚实则有着巨大实效的特殊法律程序逼迫丰田公司出示真相，协助消费者知情，给政府监管部门施以巨大压力，极尽可能满足和保障消费者安全利益。此外，消费者和有关机构也发动各类民事诉讼、刑事诉讼或者其他调查。但是，在中国，在涉及重大产品质量的事件出现时，政府监管部门却仍然得以主要以观望者的消极立场处之，发布一个警示通告便似乎就可以算是很负责的了；而中国的"议会"，即人大及常务委员会，其各类专门委员会在这一具体事件完全缺位。

从理论上来说，中国宪法完全赋予了中国全国人大及其常委会以监督、调查和质询等重要职权，这当然也是其职责所在。中国现行《宪法》第71条规定："全国人民代表大会和全国人民代表大会常务委员会认为必要的时候，可以组织关于特定问题的调查委员会，并且根据调查委员会的报告，作出相应的决议。调查委员会进行调查的时候，一切有关的国家机关、社会团体和公民都有义务向它提供必要的材料。"第73条还规定："全国人民代表大会代表在全国人民代表大会开会期间，全国人民代表大会常务委员会组成人员在常务委员会开会期间，有权依照法律规定的程序提出对国务院或者国务院各部、各委员会的质询案。受质询的机关必须负责答复。"那么，这些职权何时才会成为实践的呢？

最近看到一则新闻，说是我们的国务院为了食品安全监管专门成立了一个叫国家食品安全委员会的协调机构。但是，我依凭法律治理常识，便感觉这不过是"政令不出国务院"的一种无奈方式，其实质不过还是"以政促政"而已。其实效如何，恐怕不容乐观。过去我们设置的这种类型的大而化之的委员会还算少吗，最后许多还不都是以叠床架屋之类的原因而付诸裁撤了吗?!如果我们不考虑改变"以政促政"为"以法促政",改变"自主行政"为"监督行政",那么各类市场背景下的监管权力势必听任自流、消极待命,监管问题由此势必层出不穷,最后消费者安全和权益甚至可能沦为权力交易、权力寻租的牺牲品。所以,与其在国务院设立各种协调委员会,还不如加强和充实人大或者常务委员会的专门委员会,责其充分运用各种听证会,对各类行政监管权力进行实际而具体的监督,如此,或可根治中国行政监管中"不作为、不规范"等如此这般的顽症。

乌木权属纷争折射中国法理变迁[①]

四川彭州乌木权属纷争经媒体曝光，引发全民关注和热议。村民吴高亮发掘出价值倾城的乌木，该类乌木属"金丝楠木"，最大的一块200多方，按照市价每方5万计算，价值过千万，吴高亮遂与地方政府通济镇就乌木归属发生争议，一曰归己，一曰归公。吴高亮认为，乌木属于天然孳息，是在他的承包地发现的，理应由他取得，因为根据我国《物权法》第116条的规定。天然孳息，既有所有权又有用益物权人的，由用益物权人取得。而地方政府通济镇则认为，依据我国《民法通则》第79条关于"埋藏物"的规定，乌木属于埋藏物理应归国有。热议中，还出现了第三、四种意见，主张适用关于矿产资源归国有的规定或者《文物法》关于文物归属的规定。

那么，法理上究竟孰是孰非呢？在我看来这个问题的回答，首先取决于能否对于当事人和各方依据的这些纷乱的属于不同法律的条文加以规整，以从中理出一个清晰的规则系统出来，作为乌木归属的明确无误的适用依据。然而这不是一个简单的问题。

这一事案折射了我国社会的观念变化和法理变迁。对于从地下发掘而出的乌木的归属，从形式上看，似乎是一种有关其究

[①] 本文系接受新华社记者王普先生电视访谈后所作的文字整理稿，最早于2012年7月18日刊于笔者博客"军都拾零"，http://longweqiu.fyfz.cn/b/561556。

竟是"埋藏物"还是"自然孳息"抑或"矿产资源"或者"文物"的争论,但实质上却是对于我们三十年改革开放过程中逐渐形成的民法体系的一种实质的内在价值关联的检讨。乌木归属之争,取决于我们能否在中国法律朝向民法市场化变迁过程中,决心以逐渐内化于其中的现代市民社会的法律价值,去理顺不同时期法律之间、不同法律规则的逻辑适用关系。

如果放在新中国成立初期的社会环境里,这种争论是不可想象的。从新中国成立初期到1987年《民法通则》,走过了38年,是一个从计划到开启商品经济的过程;从《民法通则》到2007年《物权法》,又走过了20年,是一个从摸着石头搞活经济到市场化的过程。然后,继续往前。今天,新中国成立初期的那种一切归公的思维日益瓦解,各种利益关系应运而生,市民社会观念逐渐深入人心,我们开始越来越愿意用公私兼济的理念,甚至越来越朝向市场化的现代市民社会理念,来看待和调整各种利益关系。所以,这样一个事案,在今天凸显出一种积极意义,这就是我们社会核心价值不再是一切归公,而是各种利益关系兼济并发,或者说经济繁荣与社会极大丰富。所以,乌木权属纷争恰到好处地体现了我国三十多年来法律改革发展中的"体系间距"。由此而言,面对村民和地方政府的权属争执,我们应该毫无疑问地依据《物权法》支持村民一方。

如果乌木确实发掘于村民承包地或者村民所能够自主占有物的范围,那么地方政府引据《民法通则》关于"埋藏物"归公的规定显然是不合时宜的。一方面,将乌木说成是"埋藏物"在概念涵摄上不成立。乌木本身应为"土地出产物",与"埋藏物"概念差距甚远。"埋藏物"是经发现的但现今所有权人不明的包藏于地下的他人之物,埋藏物包藏于地下之前和之时都是以独立之物的样态存在的,因此早就存在所有权的归属问题,且在地下也并未发生质变而成新物,只是发现之时所有权人不明而已;乌木属于土地出产物,楠木、红椿等树木因自然灾害埋入淤泥,在缺氧、高压状态下，经过成千上万年的碳化过程发生质变实际形成新物，未出产前始终应视为土地的一部分，分离之后为独立之土地出产物。乌木重在地质变化之结果，至于楠木埋入地下之前是属于谁所有，则在所不问。另一方面，地方政府不能无视《物权法》已经就包括土地出产物在内的自然孳息所作的立法发展。《民法通则》对于土地出产物的权属问题固然未作规定，但未作规定的理由，是因为它还处于中国改革开放初期，一是公有的观念十分强大，二是各种土地经济利用关系尚在刚刚探索之中，因此不可能以成熟市场经济的观念形成有关不动产土地出产物的归属规定。从法理上讲，没有规定那就等于给实践以开发与开放的空间。

相反，如果乌木确实发掘于其承包地或者其所能够自主占有的范围，那么村民吴高亮援引《物权法》上的自然孳息归属说，则就属于正确定位了自己的法律时空。他正确看到了2007年《物权法》第116条倒向了他的一面。该条立足《民法通则》之后20年改革开放的经验总结，对于各种经济利用关系涉及的自然孳息权属问题，不再沉默，而是明确确立用益物权人优于所有权人取得天然孳息的规则。"天然孳息，由所有权人取得；既有所有权人又有用益物权人的，由用益物权人取得。当事人另有约定的，按照约定。"作为对于土地经济关系的尊重，按照《物权法》第116条第1款的规定，作为"天然孳息"或者说土地出产物，乌木理应归用益物权人所有。在中文语境中，自然孳息理解起来可能有点歧义，一些人往往将之限于果实、动物产仔这些东西理解，但是其实应也包括开始属于土地一部分且为增殖性质后来最终可分离出来的那些东西，例如由楠木等深埋地下通过地理作用发展而成的"乌木"。应注意，这些"自然孳息"并非无主物，开始时是原物或者土地的一部分，后来作为产物或曰自然孳息分离出来即成为新物——一个崭新独立所有权的对象。

《物权法》第116条的规则既是我们国家自身经济市场化经验的总结，也是从比较法角度借鉴的结果。市场经济成熟的国家,对于一般出产物或一般的自然孳息,包括自然发掘物和自然种植物,也包括它们的成分,早就确立了用益物权人或者他权人优先取得原则。1804年《法国民法典》规定,由用益物权人取得出产物分离后的所有权,德国和日本则更进一步,以更趋经济市场化的观念将这种取得权扩及于各种以占有为条件的经济关系,将用益物权人扩及自主占有人(《法国民法典》第582条、《德国民法典》第955条、《日本民法典》第189条)。

当然,另有主张认为,乌木应按照"矿产资源"处理,而无论根据《物权法》还是之前的法律规定,矿产资源都应归国家所有,其开采需经许可,否则不能取得。这里涉及的是乌木与矿产资源的关系问题。按照有关国家的民法规定,矿产资源也是土地出产物,但在法律上属于区别于一般出产物的特殊出产物。我国立法疏于技术上的不成熟,没有明确这种关系。许多国家在民法上规定,矿产资源作为特殊出产物,基于其使用价值特殊以及价值重大等方面的考虑,除了行政立法的特别规制之外,经济关系的利用人或者占有人只有在取得所有权人许可开采的情况下才可以取得经开采分离后矿产资源的所有权(《法国民法典》第552条第3款、第598条,《德国民法典》第956条)。那么,怎么看待乌木和矿产资源的关系呢?从地理作用形成这一点且价值重大而言,乌木与矿产资源具有相似性,但是与矿产资源其他方面的特点例如社会生产发展的重要物质基础比较又差别甚大,在这种情况下,应从有利于用益物权人的角度解释,即宜将乌木认定为一般出产物。

总之,我们今天处于一个不断向市场化社会发展的法律成长和完善的时期,应当从法律系统发展的过程,用不断向前体系化的思维和发展眼光来看待现有不同法律适用的关系,处理好众说纷纭的乌木权属利益冲突问题。乌木归属呼唤市民社会法治,呼唤对现实经济关系的合理尊重。鉴于此,笔者建议最高人民法院果断释法,明确《物权法》第116条之所谓自然孳息应从广义解释,包含乌木等土地出产物,如果可能甚至有必要将用益物权人扩充到还包括以占有为条件的债权人等在内的一切自主占有人,以适应日益丰富多彩的经济关系的需要。

可能有一种社会意见认为,将那些不经意发掘或发现的自然形成之天价物截然归属于用益物权人,不是很有一点将财富赋予幸运之人的意味吗？是的,是有这么一种意味。但是,当我们从事理主义出发思考,就不难发现,"天上掉下馅饼应归早起人"的说法,其实早就告诉我们,好运坏运到来的时候,还是用这种办法最好。我们欢迎更高的文明,但是不要忘了事理主义往往是更高文明的坚实基础。比尔·盖茨和巴菲特正是在这种文明的基础上进行更高文明的捐献行动的——从利益驱动到利他行动,自己感动世界才能感动！一切尽归国有,我们的财富世界就会失去基于事理主义的普通动因,即使不是乌托邦也不会差距太远。

乌木归属的目的论解释补略[1]

关于乌木归属的问题确实是一个很好的话题。保玉老师建议就这个话题来组织一场师生共同研讨会,我觉得很有收获。大家的观点都很精彩,我想大家收获也都很多。有一句话这样说,"一千个人眼中有一千个哈姆雷特",我们今天所讨论的话题便是这样一个话题。

我最近看了一本从法律人角度专门评论莎士比亚戏剧的书,提到莎士比亚的戏剧所体现的正义比法律的正义可能要高出一千倍,但是我们还是宁可要依靠法律正义,即使法律正义是不完美的甚至是残缺不全的,也胜于文学里面的难以把握的那种虚无缥缈的正义。这就是为什么这个案子可以变为一个很有意思的法律争辩的原因。只要事件双方通过法律争辩,解决他们的冲突,那么根据我们现有法律的规定,哪怕有许多不完善之处,那也是一种很大的进步。今晚大家的发言给了我以上的体会。

关于乌木归属的这个问题,我之前在博客上写过一篇文章,也引起了一些争论,而这些争论进一步促进了我对这一问题的思考,当然基本的观点没有变。今天晚上听了四个同学的发言

---

[1] 2012年10月12日晚上,北京航空航天大学法学院研究生在如心楼101举办了主题是"乌木的法律归属问题"的民商法沙龙。笔者应邀担任老师嘉宾。本文为作者的发言整理。

感到非常欣慰。我最大的感受是享受,因为你们的分析体现出了科班素质,能够从法学方法或者说法律规范适用方法的角度作出专业水平的分析。其中三位同学作的是法律实证主义的规范分析,而且主要是作概念分析,即对乌木到底是什么这一关键概念问题进行了释义;另外一位同学则作的是法经济学的分析,这也是我们广义法律研究的一种角度。大家已经学会尝试着用科班的方法去解决问题,各有各的角度,这是非常令人欣慰的,是我们通往法律人的坚实基础,也是依法合理争辩和讨论问题的共同基础。

从上述讨论中,我们发现乌木的概念法律并未明确,存在天然孳息、矿产资源、埋藏物、文物、无主物等争议,因此存在一个仁者见仁、智者见智的揭示空间,于是,问题和分歧便产生了,也就导致了乌木归属的问题在现今法律框架中不容易确定。那么,乌木应当归属于哪个法律概念呢?我认为,首先,应当明确我们现有的上述有关法律概念的分类并不是一个规则的分类。天然孳息、埋藏物、文物、无主物,这些概念之间并不是在一个水平,它们是在不同的意义上形成概念并受到特别规范。这就导致了概念规范分析的困难。

其次,法律释义本身是复杂的,所以应该慎之又慎。刚才不少同学和老师都运用了文义解释。例如,徐老师刚才就运用了文义分析,从中国的古代汉语释义的角度给出了对天然孳息的理解。对此我有点不同想法。我们知道中国今天的法律概念很多都是西方的外来词,如果要对"天然孳息"进行文义解释,我更赞成去找"天然孳息"在西方的词源,这样我们就可能关注到"土地出产物"这个概念,后者是天然孳息在西方的词源。当然,也可能存在不同见解,认为天然孳息既然是一个中文概念,就应该在中文里去追根溯源。

我们的同学和老师也用到了历史解释。但是这也是容易产生疑问的。比如说,有的同学提到学者建议稿,但是我觉得学者建议稿恐怕不能够成为真正意义上的历史解释的基础,真正的历史解释的基础,应该是比如说立法理由书、立法记录等。大家也用到了目的解释。例如,保玉老师似乎就是运用目的解释提出应以无主物来套用的适用建议。

目的解释也是概念的规范分析方法,但不是早期严格实证主义的,而是后来目的法学派推动提出来的。无论是在我国还是西方,无论法制成熟与否,总有一些东西最后不可能都用严格的概念界定下来,所以有时就容易想到是不是可以使用目的解释。目的解释在概念不明确的情况下,可以通过价值评价来进行明确归类或者类比。就像乌木这个事情,我们从价值评价的角度,容易联想到文物、矿产资源等概念。

但是,对于目的解释应该如何使用,存在许多分歧。举个例子,蚯蚓到底是野生动物资源呢还是属于不动产土地的一部分呢?未出产的鱼,是动物之动产呢还是不动产土地的一部分呢?还有蜜蜂、飞鸟等等。这些都需要运用目的解释,但是争议也不可避免。运用目的解释在民法上存在一个很大的前提,就是应有基本的文义解释和系统解释等作为出发点,此外还要注意当事人之利益衡量。到本案,如果从文义解释出发,文物、矿产资源都因为具有较为明确的界定,已然将乌木排除在外了,这时动用目的解释阻力显然较大;相反,将乌木归入一般的土地出产物(普通天然孳息)倒很容易在文义解释上得到论证,在这种情况下再运用目的解释,似乎更应该在其出土前将之界定为土地不动产的一部分。在此基础上,再讨论乌木出土后的归属问题,可能就会得出我的结论——依天然孳息论。当然,这仅仅是一种观点而已。

总之,今天我从大家的发言中学习到了很多。大家都是科班出身,然而大家的方法立场又不完全一样。从严格的实证主义,如文义解释、系统解释、历史解释,到不严格的实证主义,如目的解释、利益衡量,再到法经济学或者现实主义法学,很丰富。这里讲一下现实主义法学,刚才有个同学的提问接近这种方法,这种方法认为,法官判决依凭的可以是直觉,先在内心形成判决结果，然后再去找理由。我们这样的讨论不会有统一的结论，但是我们彼此之间听得懂对方的意见而且知道这些意见出自共同的法治理念，这就是法律争辩的魅力所在。我们的法律学习也是这样一个过程，先从严格的实证主义出发，然后发现法律本身是不完美的，应该学会在法律适用中去完善法律，于是各种各样的不严格的实证主义就应运而生。

　　最后说几句，关于本次的乌木事件，我站在了支持吴高亮的这方。除了从法律释义学的角度之外，我还从法律发展的角度强化自己的论证，这也算是一种目的解释。一方面，《民法通则》时代以及之后的一个时期，我们确实赋予了国家太多的财产权利乃至财产权力。刚才有个同学说得很好，相比较其他国家，我们关于埋藏物的归属规定等等，都过多地强调了国家取得。现在是适时回到民法事理主义上来的时候了。我们应该有更贴近民情民生的民法。另一方面，改革开放三十多年过去，中国社会转型日久，中国法理也在发生变迁，所以我们应该用发展的观念来看待过去没有想到的和过去过于保守对待的那些问题，要做到顺应时变，与时俱进。刚才有同学讲到了天然陨石的问题，陨石与乌木的不同之处，不只在于其为天外飞物，还在于其对于人类天体自然科学发展实在有着不可估量的意义，因此相当于在地球上发现的"月亮"，它的价值太大了，以至于不宜成为"民法物"，但乌木的价值还没有达到那个程度。

"养黑经济"和"运动执法"都不得法治要领[①]

今天讲打黑与民营企业财产权保护。首先表示我很赞成韩玉胜教授已经表达的看法,他是刑法教授,因此讲得很专业,特别是关于权力应当正当使用的话题。过去我对打黑这个事情,特别是打击黑色经济没有多少了解。刚才听了几位办案律师的发言,感觉到事态还是有些严重,你们讲的几个案子看起来司法上问题不少。下面我也谈两条:

第一条,关于有没有黑色经济的问题。今天要谈的重点是打黑合法性问题,关键的问题是手段和程序问题,在这个方面我完全认同在座各位的认识,现实中存在严重的不合乎法治程序和手段的问题。但是我想就有没有黑色经济的问题谈几句。

这个问题确实不容回避。据我个人的观察和从地方上听来的,关于我们的市场经济还有我们的企业家情况,从合法合规来讲并不是很乐观。我们现在的社会黑色经济现象或者说非法经济现象还是蛮严重的。甚至有一种说法,只要你抓一个企业家,都能够发现问题,不管是民营还是国企的。

这是为什么呢?这是因为,我们几十年改革开放政策没有

---

① 笔者 2012 年 4 月 19 日下午在中国政法大学法学院举办"蓟门决策"系列的"打击黑社会与民营企业财产权"专场座谈会上发言的事后整理稿,2012 年 4 月 21 日首刊于笔者博客"军都拾零":http://longweqiu.fyfz.cn/b/547865。

错,但是我们改革开放中有一件大事却没有做好,尤其是这十几年做得更糟,这就是没有把市场经济变成法治经济。我记得江平老师很多年前就疾呼市场经济就是法治经济,可惜我们的市场经济建设并没有这样发展。

我们的市场经济不是一个法治经济,我们市场经济中确实有大量的非法经济。

法治经济至少要有三个要素:第一,合法经营。有没有不合法经营?不容回避有大量的不合法经营。其中包括政府权力不当介入经济的不法。很多煤矿、黑窑的开设和营运,很多垄断资源的取得和经营,很多药品经营、食品经营的批证和监管等等,这样那样的,存在许多违法管理的问题、官商结合的问题。不法,也有来自底层的下面的,一个小县城里,经营一个菜市场,有没有黑社会的"第二工商局"势力存在?有没有用拳头刀棒打出来的沙厂、矿山?我们可以下去调研调研,恐怕不能完全避免真有这种情况。第二,自由竞争。有没有不自由竞争?很严重。现在讲国进民退,讲项目经济,讲跑步前进,这些都是不自由竞争的表现吧。第三,公平秩序。有没有公平秩序?到现在为止,《反不正当竞争法》《消费者权益保护法》《反垄断法》,这样的法是否真正落实?是否真的能够让地沟油、红鸭蛋、假酒这些东西退出市场?是否真的能够让价格垄断、乱定价涨价这些东西退出市场?

所以我说,我们三十年改革开放很好,我们的市场化方面也是很对的,但是遗憾的是,我们的市场经济并没有走上法治经济这个道路,而是形成了大量的"养黑经济"。我们的经济、企业经不得细看,一看许多都是黑的或者灰的,都可能是违法的违规的。这是关键所在,原因是什么?原因是经济没有在法治轨道上运行。"养黑经济"的妈妈是人治,我们不重视用法治的方式培育和发展市场经济,特别是政府自己未注意把经济放到法治轨道中去。所以,就会不断地出现黑色经济。可见,我们治理好经济的关键,不是专等经济黑了去打黑,而是应该从入口去建设法治经济环境,建设一种合法经营、自由竞争、公平秩序的经济,从源头减少非法经济的可能性。

第二条,是如何处理黑色经济问题。也就是我们现在的经济执法和司法问题。今天的会议主题就是这个,我相信大家都会谈得很深入而且意见一致,那就是应当纳入法治轨道。

这些年我们各级政府、党委习惯采取运动方式,突击治理所谓的黑色经济、非法经济。这种做法完全不得法治要领,很成问题,是典型的运动执法和运动司法,属于人治。运动执法和运动司法不符合法治要求,以此导致了今天所讲的法治不法治问题。但是今天你讲法治,应该怎么去治理呢?当然不能脱离法治方式去打黑,应该严格按照法治程序和办法去打黑。

现实中比较严重的问题,是执法、司法权力经常脱离其作为公器的行使轨道。各种权力,不能沦为政治相互打击或者经济相互掠夺的手段。韩老师刚才所讲的我特别赞成,即要特别警惕权力的不正当使用。如何正当使用权力,在中国历朝历代,不管是人治还是法治,其实都是大家关心的问题。掌握权力的人,是否能够将其权力视为公器,而且受到此种限制,这是一门政治学的学问,今天表现为如何通过法治制约好权力的一门功课。

民航机长权力的是非曲直[①]

南航机长动用机长权力逐客，而且还主要是女客，在网络、纸媒不免引起一阵热炒。简单事实是这样的：2011年6月9日，在从昆明飞上海的南航CZ6800航班上，三乘客因自行更换座位而与机务人员发生争吵，机长便让警察将三乘客带离飞机。"霸道的"机长受到口诛笔伐，最后以道歉作罢。坦率地讲，我心里倒觉得有一点隐忧，因为目前的讨论，并没有完全从特殊法律事件的角度来分析南航机长的是与非。机长动用了专属于机长的飞行安全处置权力，这个事情不比其他，实在值得我们从规范角度认真讨论一下其中的特殊法理问题和有关是非曲直。值得注意的是，本案事实情节以及有关是是非非绝对不是一边倒的，所以各方面都要从法律的角度认真对待民航机长权力问题。

我国立法对飞行安全确立了飞行单位和人员的严格责任，同时也给予机长几乎绝对的飞行安全临机处置权力。《飞行基本规则》第8条规定："与飞行有关的所有单位、人员负有保证飞行安全的责任，必须遵守有关规章制度，积极采取预防事故的措施，保证飞行安全。经过批准的飞行，有关的机场和部门应当认真做好组织指挥和勤务保障工作。"第9条规定：

[①] 本文副标题为"评南航机长逐客事件"，刊于《社会科学报》2011年6月28日"法治时评"栏。感谢刘鹏编辑约稿。

"飞行人员在飞行中,必须服从指挥,严格遵守纪律和操作规程,正确处置空中情况。遇到特殊情况,民用航空器的机长,为保证民用航空器及其所载人员的安全,有权对民用航空器作出处置。"《民用航空法》从第44条到第52条都是关于民航机长飞行安全责任和权力的规定。第44条规定:"民用航空器的操作由机长负责,机长应当严格履行职责,保护民用航空器及其所载人员和财产的安全。机长在其职权范围内发布的命令,民用航空器所载人员都应当执行。"第45条规定:"飞行前,机长应当对民用航空器实施必要的检查;未经检查,不得起飞。机长发现民用航空器、机场、气象条件等不符合规定,不能保证飞行安全的,有权拒绝起飞。"第46条规定:"飞行中,对于任何破坏民用航空器、扰乱民用航空器内秩序、危害民用航空器所载人员或者财产安全以及其他危及飞行安全的行为,在保证安全的前提下,机长有权采取必要的适当措施。飞行中,遇到特殊情况时,为保证民用航空器及其所载人员的安全,机长有权对民用航空器作出处置。"

这些规定属于行政规范,确立的是具有行政职能性质的有关民航飞行的安全责任和机长权力等。必须强调,这些规定不是中国立法独有的,而是出自航空业的国际惯习。因为民用航空器飞行是涉及公共安全的特殊行为,所以就有必要用以维护特定飞行安全为宗旨的一套行政授权管理规范予以约束。有关飞行单位、个人,特别是机长,在涉及飞行安全上是一类行政主体,首先是拥有飞行安全责任,其次才是权力,是责权统一,担任的是行政执法主体的角色。这种行政执法的责任和权力,是极端严格的或者说几乎是无限的——只要为保证民用航空器及其所载人员的安全,就有义务或者说有权力作任何正确处置,包括积极采取预防措施,甚至还包括处理航空器。这种权力的限度,甚至包括机长的感觉。打个比方,机长驾机到了目的地却忽然对着陆"感觉"不好,便可以不降落而把飞机开回出发地。为什么呢?原理就是一个,绝对的飞行权力,保障绝对的飞行安全。

这里单位、个人和机长的责任与权力,还要与其作为运输合同承运人或其有关工作人员的身份剥离开来,承运人的合同义务和乘客的合同权利不能对抗这种飞行单位、个人和机长基于飞行安全的行政执法责任和权力。

本事案涉及的核心问题是,南航机长逐客行为是否行政合法?本案机长可不可以逐客,关键在于三位旅客之前有无不当行为存在,因而引发了基于飞行安全而下"逐客令"的必要。本事案中,三位被逐乘客在飞机上自行随意换座位,引发与乘务人员的争执,是本案的事发起因。所以首先是乘客自身的不规范乘机引发了这场逐客风波,至少从形式上可以讲是"咎由自取"。我们的纸媒、网络发言,存在一种偏离,即忽略了事件中乘客自身的问题。这种思维表明,我们习惯责备别人而不是同样要求自己。请不要忽视,一种说法认为,中国拥有世界上最不文明、最不规范的乘客,无论是在公交车上还是在飞机上,处处可见不文明的举动,包括上下拥挤、任意插队、大声喧哗、随意调位、挤座、未停稳便取行李、不听乘务员引导等。本事案中,三乘客自行换位,正是不规范乘机的典型表现。即使她们最后被劝导回到原位,但这只是企图"纠正"而已,这种企图的纠正本身不能抵消已经发生的行为事实。假设三位乘客事先征求乘务员意见,在征得同意后才进行换座,行为的性质就从不规范到规范,行为的效果也就完全不同了。所以,是乘客不规范在先,而机长动用权力在后。如果三位乘客一直坐在登机牌指定的位置上,那么从规范的角度来说,恐怕至少可以说机长存在执法不当的嫌疑。

那么,三位乘客的不规范乘机行为是否构成机长逐客的正当理由呢?关键在于其自行换座并由此引起争执,是否属于法律上的"任何破坏民用航空器、扰乱民用航空器内秩序、危害民用航空器所载人员或者财产安全以及其他危及飞行安全的行为"中的情况。依我看,至少从字面上看很难说就不构成,因为自行换座既可算是属于字面上的"扰乱民用航空器内秩序",也可因可能"影响到飞机的配载平衡"而成立"其他危及飞行安全的行为"。所以从规范主义的角度说,如果三位乘客提起行政诉讼,而法官除非发现其他意外情节,恐怕还得判三位乘客败诉。就这样的"拒载"事实,乘客也可以依据旅客运输合同打场以违约为诉请的民事官司,但我估计这种民事官司也是打不赢的,因为按照现行法学常识见解,承运人这种基于行政形式合法的逐客拒载恐怕算不得"违约"。

所以,如果要从这个事件中吸取教训的话,我以为首先是应该提倡一种规范的乘坐风气,倡导一种文明的乘客之风。网上有些讨论提出,赋予民航机长以巨大权力,属于霸道逻辑,但是殊不知这种"霸道逻辑"是基于飞行安全这种特殊公共利益,而且同时也是勒在民航业和机长脖子上的一根绳索。为了这种飞行安全,民航业必须付出巨大物质和精神成本,而飞行单位、个人和机长则必须承担特殊的飞行安全职务责任,弄不好就要为出现安全问题而承担行政责任,严重的还要承担渎职责任或玩忽职守责任,等等。

当然,南航机长也不是绝对没有问题。他的问题表现方式不同。他虽然在执法形式上合法,但可能在执法意识上相当拙劣。我们南航机长的一位同行,注册名为"曾鸣CSN"、身份认证为南航广州飞行部A320机队机长的网友在微博上大爆粗口,说"跟央企玩,你们玩不起,就一屁传媒人还想挑战全民航业"。难道说我们的南航机长们是基于这种"央企玩得起"的意识来执行机长权力的?从这个角度来说,这位南航机长真是不聪明,甚至是利令智昏。这也是我们网络撇开乘客自身检讨而直接从体制上、社会根源上群起攻之的原因。机长应该明白,他的逐客权,说到底是一种行政执法权,还应受制于一个没有明确规范的前提,即应该尊重《民用航空法》第46条里面那句"在保证安全的前提下"的抽象表达。公务责任越重,公务权力越大,这种执法意识素质要求就越重要。所以,机长的遴选要求特别高,除了专业技能之外,还有身体素质、心理和精神素质、职业素养等方面的严格要求。一个国家或社会,其公共治理的败坏,不只是执法形式的败坏,也在于执法意识的败坏。现在大力提倡依法治理,执法形式败坏问题不会过于明目张胆,但是由于体制积弊和公务员素质问题,执法意识败坏问题却不容低估。

多快好省,人大好戏该怎么演[①]

2010年之后的人大,立法问题似乎不再是其噱头,提得起人们兴趣的立法议案似乎没有什么。这就使得很多喜欢看立法"舞台剧"的人感到兴致索然。改革开放三十多年,我们国家的人大及其常委会一项看得见的"成绩",便是立法甚快、甚多,特别是这几年,该立的法似乎都立得差不多了。例如,在我们民法来说,就有了不少,什么《合同法》《物权法》《侵权责任法》,都有了,好像到了收工、放鞭炮庆贺的时候了。于是有了中国已经开始进入"后立法时代"的说法。这就引起一些人类的担忧,再往下,我们的权力机关该怎么办呢?没有多少新法可以立了,以后的年会该从哪里找噱头呢?呜呼人大,真没戏了吗!?

当然不是。"后立法时代"其实只是个传奇。

有三个因为:

第一个因为,法律发展是法律世界的永恒主题,何况我们三十年的这些立法多是过渡性质的或者是粗略制定的,随着我们的法律理论和经验的增长,大规模的法律清理和系统化工作将会是下一个阶段的重心。所以,接下来的立法任务,将主要是以清理立法垃圾、提升立法质量为内容的法律废、修和系统化。在这个时期,会涌现许多著名的或者知名的法律批评家、法律清道

[①] 本文于2010年3月3日首刊于笔者博客"军都拾零":http://longweqiu.fyfz.cn/b/542749。

夫。总而言之，使得我们那些名义上的法律成为名副其实的法律，包括宪法在内，将是这一时期光荣而艰巨的任务。

第二个因为，我们的公法立法还差得老远，还不只是一个填缺补漏的问题。所以，有一次在论坛上，卫方教授说，民法界真是的，轰轰烈烈地搞个《物权法》，到头来不过是"怀孕的是大山，生下的是老鼠"，而我戏答，比你们公法界还算好啦，我们至少还敢叫个《物权法》，你们不是连叫《人权法》的都没有吗？所以，下一步公法立法会是新看点。

第三个因为，立法实施任务不轻。立法不能光管制定，不管实施。《物权法》不能因为一个国务院拆迁条例就成为了一个摆设。那些有法不管、蔑视物权、逼得人家自杀的公害事件，应该早日从我们的现实中消失或者迅速减到最低程度。那么，具有宪法实施之监督职责、法律实施之监督职责的人大或其常委会，在所谓的"后立法时代"，是不是应该勇于承担责任，去奋力担当护法使者呢？！

总而言之，立法职责所在，不是多与快的问题，主要是好与省的问题。在好与省之后，我们眼下讨论的所谓恶法善法的问题，才可能得以辨析出个透彻来。作为法律的消费者，我们才可以放心享受法律的治理。

退一步，离开了立法议题，我们的人大及其常委会也不应该是没有噱头。立法只是人大的一项主要功能，它还有许许多多其他主要功能，例如，人事任免、审批预算、修改和监督宪法实施、监督政府和司法机构等。实际上，那些个与立法同样重要的主要功能，过去由于立法任务的遮蔽，或多或少都被边缘化了，现在到了该回到中心的时候了。认真对待这些职权和职责，我们的人大及常委会同样会不断地贡献出让国民感到兴致勃勃的噱头。

最近网调说，今年开人大，中国百姓最关心的，即排在第一或者第二位的，是贪腐问题和民生问题。什么是贪腐问题，什么是民生问题，我想某种程度可以说，其中不少都是由于我们现实中人大或者它的常委会在履行人事任免、审议、行政和司法监督这些神圣职权时有所失误所导致的吧？我们的人大在任免一个人之前，是否依据宪法授权做过"人事考察"工作？在决定一个审议事项之前，是否按照宪法的要求做好了必要准备？此外，我们的人大及其常委会开会期间，甚至也可以依据宪法做点实际的监督、调查、质询工作吧？举个例子，李庄案就比较沸沸扬扬，社会公议颇多，应该可以称为有重大社会影响的案件而值得监督吧，我们的人大及其常委会为什么不行使一下宪法上所赋予的监督权、调查权或者质询权，搞个听证会过问一下，以给悠悠之口一个交代呢？这岂不就是一个绝好噱头。

且慢些对互联网金融下手[①]

近日,马云万分沮丧,因为阿里巴巴以"'支付宝'——'余额宝'"为战略路线而精心策划的互联网金融理财挺进浪潮,有可能要被央行的一纸文件打回到当初的起点——从哪里来还是到哪里去吧!

马云哀叹,打败我的不是别的,可能是一纸文件!央行正在征求意见的一项规定,准备对第三方支付转账进行限额,即:第三方个人支付账户转账单笔不超过1000元,年累计不能超过1万元;个人支付账户单笔消费金额不得超过5000元,月累计金额不得超过1万元;此外,转入资金只能用于消费和转账转出,不得向银行账户回提。可见,虽然没有说要取缔"余额宝"们,但是也差不多了——这是一种釜底抽薪的做法。

阿里巴巴此前在互联网金融领域是多么的一路高歌猛进啊!它先是巧妙而成功推行"支付宝",这个"支付宝"看似是一种第三方支付平台,实际是一步具有扑朔迷离、瞒天过海功效的妙手伏笔。遥想当年,马云进入C2C领域后,苦思冥想就想出了"支付宝"这个工具,2004年12月还独立成立为浙江支付宝网络技术有限公司。"支付宝"名为解决网络交易安全所设的一个功能,旨在提供"第三方担保",由买家将货款打到支付宝

[①] 本文2014年3月21日首刊于笔者博客"军都拾零",http://longweqiu.fyfz.cn/b/797830。

账户，由支付宝向卖家通知发货，买家收到商品确认后指令支付宝将货款放于卖家，至此完成一笔网络交易。2005年，马云在达沃斯世界经济论坛上吹风，说这是一个且仅仅是一个第三方支付平台。央行相信了马云们的"忽悠"，于是3年前最终给它颁发了第三方支付公司牌照，正式给予了准生证。

2013年6月13日，马云终于拿出后手。他在"支付宝"迅速增长的客户数量的基础上，推出了所谓余额宝功能，推出的余额宝在支付宝的前提下，能直接购买基金等理财产品，获得相对较高的收益，同时余额宝内的资金还能随时用于网上购物、支付宝转账等支付功能。也就是说，以帮助消费者余额理财为名，马云打造出第一只在线投资基金。

"余额宝"一出，立即给银行业带来一场风暴，一个统计数据说，到今年2月底，它从逾8100万用户手中，吸引了超过4100亿元人民币（合670亿美元）的存款。"余额宝"还带来了蝴蝶效应，因为随后拥有中国最流行手机通讯应用的腾讯、中国第一大搜索引擎百度等也纷纷推出了类似产品，进一步对传统银行业务构成巨大压力。

余额宝们的成功，是当今互联网科技时势必然，也表征一个网民狂欢时代的到来！有人说，阿里金融真正实现了平民理财、懒人理财。但是在我看来，其实远不止这些，支付宝—余额宝解决的不是简单的网络化带来的便利问题（这个确实是一种巨大的技术价值，想想我们有多少宅男宅女呢），更重要的是它打破了我们现行金融体制铸就的金融壁垒。

传统银行业出生于计划金融体系，动辄以金融安全为名，借助特殊政策和特权牌照的垄断，基本上可以将广大人民群众的金融需求置于不顾。尽管这些年，银行业内部竞争加强，导致了一些变化，包括也开始经营或推销一些理财产品，并且逐渐改变一些劣习。但本质上，银行业整体是靠睡在以金融安全为幌子构筑的垄断利益体制机制上过日子的。余额宝们，这些年采取曲线救国的路线，可谓用心良苦，但是它们捕捉到了现代金融自由的真谛,理解了现代金融经济的本质需求,所以一举成功,也就毫不奇怪了！在监管体系尚为空白的情况下,网民们仍然可以不顾身边的各种所谓"风险提醒"而"飞蛾扑火",心甘情愿成就余额宝神话。

传统银行业最终要和阿里巴巴式的互联网金融摊牌,这是必然的事情。受到互联网金融威胁的传统银行业界,绝对不会放弃垄断利益,这些只会以国家金融安全名义懒洋洋地享受特权执照利息的"传统银行业",这回是彻底恐慌了。这是金融保守势力的最后一搏。那么,他们想怎么做呢？当然是要借助央行的干涉政策。

早在上个月底,英国《金融时报》就有人作出预测："中国互联网企业大举进军金融业务的趋势可能很快遭到击退,原因是中国银行业呼吁监管机构出台限制互联网金融的措施"。他们最初的想法,据官方媒体报道,是要求监管机构将互联网企业出售的在线投资基金与普通银行存款同样对待。

笔者情愿相信,央行在传统银行业的挟持下,在金融智慧如此发达、广大网民已经尝到了金融自由甜头的今天,不会傻到只会拿刀一砍的程度。那么此次,央行会不会真的出手呢？它真的会从当年发出的第三方支付平台执照入手,来个限制政策,釜底抽薪吗？要是真的如此,这不是一件"既与之、又夺之"的反复事件么？唉,早知今日,何必当初。

笔者关注互联网金融有年。对互联网诸种金融平台所作的挣扎十分的同情,当然也对他们在灰色地带所作出的那些像当年八路军、新四军的智慧作为深表感佩,也为互联网上那些"屌丝"网民的狂欢感到有所同感。值此危机之际,对马云等互联网金融开拓者们表示一声点赞！（不过搞P2P的唐宁例外,他的公司似乎有高利贷之疑）。强烈建议央行限制之手且住。请再等一等！党的十八届三中全会提出全面深化市场化体制改革,特别是要以市场要作为决定性力量。李克强总理在今年的报告里面也为互联网金融提出了鼓励支持的大方向。

笔者建议,对于借助互联网企业平台而从民间崛起的互联网金融,请不要限制而是去鼓励,请不要蛮横控制而是去正当化监管。正确的思路应该是:有关方面应果断在金融更趋自由的基础上,确立一个以包容金融混业融合为特点的大金融合理监管体系,尽快就互联网金融不同品种确立风险监管规则,同时要迅速革除以传统金融垄断利益为维护的一些恶法,包括刑法上有关金融经营犯罪的一些不利规定,这才是治理互联网金融的正理!

金融创新与市场活力的法律对策[①]

很高兴邀请我参加这个盛会并允许我从法律的角度来谈这个话题。

我们今天讨论金融创新,是在一种坚持金融市场开放的意识和背景下进行的。金融市场开放,是与金融市场管控相对应的一组概念,意指国家放松或取消对金融市场在市场准入、经营范围、资本流动、利率汇率等方面的限制,使市场机制得以在其中发挥决定性的作用。从法律角度看,金融市场开放就是通过法律的制定、废止或修改来取消或放松禁令与许可,使市场主体能够在市场机制的导向下自由从事交易。相反,国家实施金融市场管制,则是通过立法颁布禁令或设置许可来限制市场主体的行为自由以实现管制目的。

为什么需要金融市场开放,这个问题这里不深加讨论,因为诸位都有相当的共识,市场经济和在其中的金融必须开放是这种市场经济模式本身的基本特点,尽管相对其他部分而言金融具有更复杂的需要加强监管的一面,也就是说考虑到金融的系统作用和复杂性,政府必须担负为稳定和优化金融市场秩序、确保金融安全和风险控制、保护金融消费者利益的特殊监管责任。但金融总体必须是在开放中进行,这样才能和市场经济合拍。

---

① 作者 2014 年 10 月 23 日在应邀参加的 APEC 金融论坛上的发言底稿。

中国从 1953 年第一个五年计划起,仿照苏联建立起高度集中的计划经济模式,与之相应,金融市场的运行主要是为确保国家高度集中经济计划的执行与实现,因而受到国家的严格管制,金融市场开放无从谈起。改革开放后,随着经济模式由计划经济向市场经济转型,中国的金融市场逐步走向开放。其开放的推进力量,是基于金融必须服务于实体经济的本质要求,实体经济越来越市场化的情况下,如果金融本身继续严格管制,那么势必构成一种障碍,否则不能为实体经济及时且合理地输血。在我国当前的金融发展体系下,迫切需求放宽市场准入,推进利率市场化改革,促进市场竞争。

今天谈金融创新,最核心的恐怕是其创新路径问题。即,我们在坚持金融市场开放前提的同时,具体来讲应该采取什么路径。目前,金融创新的主要路径存在市场化、非市场化的争论。这个问题比较关键,涉及金融创新的主体机制、创新动力以及创新责任的配置。从与金融市场的本质一致的逻辑来说,当然应该是市场化路径。不过,我要讲的是,金融创新在应该主要采取市场化路径时,本身比较复杂,特别是我们注意到金融的虚拟特点(与实体经济比较)和高风险高收益的属性,容易引发市场异形和秩序混乱,所以不能简单化,和金融本身需要更多更复杂监管一样,金融创新的市场化路径本身也需要纳入更复杂的监管,有些情况下甚至应该发挥政府的创制作用。

具体一点来说呢?就是金融创新应该区分层次,最低的是用户体验创新,然后逐渐往高是产品创新、业务模式创新和最高端的制度创新。在最低的用户体验创新方面,在许多产品创新方面,甚至在某些业务创新方面,我们完全可以直接交给适格的金融企业自己去自主决定、自由创造。但是在一些重要的产品创新、业务模式创新,特别是制度创新,则必须也只有政府来做。

应该说,中国在过去的三十多年里面,做了大量的金融制度创新的事情,特别是从自身的金融制度发展来讲。1995 年《商业银行法》《保险法》、1998 年《证券法》、2001 年《信托法》都是重要的制度供给，它们直接促生了这些金融行业的形成和发展。这些年以来，监管部门还从下位法的层面作了许多政策发展，包括在业务模式、重要产品创新层面。这些都必须作出肯定。当然，从世界的范围来讲，从今天的时间坐标来讲，上面中国的制度创新可能只能算是初期的金融市场法律的构建而言。但是从区域的角度来说，仍然非常有意义，且为下一步制度创新奠定了基础。

所以，我的观点是金融创新必须主要坚持市场化路径，但是同时又要划分其层次加以区别，下位层次的金融企业应该享有更多自主，但是高位层次的政府负有及时进行制度供应的责任。否则，金融创新就会出现很多问题。目前来看，坦率地说，我们看到市场虽然做了很多充满活力的金融创新，但也有不少隐忧。突出的问题有二：其一，部分创新带有取巧的特点，是利用现存监管法律不完善的产物，而不是真正的创新，旨在利用不同机构监管标准不统一而进行不公平竞争或者进行监管套利。这种情况反映为相互滥用通道、过度包装产品等。其二，近年，不知是不是一行三会创新鼓励的结果，中国金融行业在资产管理方面形成了交织，2013 年达到 40 万亿总量，产生所谓金融业信托化现象，相当程度地逾越了信托经营门槛和机制，导致信托业的泛化和风险。

我们今后应该加强两个方面：一是在金融企业可以自主创新的方面，要给予更多的鼓励，其办法是要作广泛的授权，特别是针对用户体验、产品创新这些方面的创新要大胆放开，同时要加强创新评估和管理，依法对合理的及时作出鼓励和引导，对不合理的及时作出否定和消除。二是在应该由政府及时提供制度创新和重要业务指引的方面，政府应该采取更积极的态度，及时推进出台立法或政策指南。鉴于我国金融市场法制起步较晚，政府还必须支持继续建设好金融基础法律体系，以此作为金融市场秩序的底线，作为正态金融创新的规范前提。

这里要重点提到目前互联网金融创新问题。近年来，互联网金融异军突起，发展速度迅猛，颇为引人注目。互联网金融无疑是中国近年来金融创新的一个热点话题,主持人也希望我谈谈互联网金融目前的创新是否可以持续。目前互联网金融的主要业态包括:互联网支付,如支付宝;P2P网络借贷,如91金融超市;非P2P小额网络贷款,如阿里金融旗下的小额贷款公司;众筹融资,如天使汇;金融机构创新型互联网平台,如建设银行"善融商务";基于互联网的基金销售,如余额宝、理财通;O2O互联网线下店;等等。

我在这里首先要表明一下对于互联网金融积极乐观的态度,我赞成应该以开放的心态和融合的思路看待互联网金融的蓬勃发展和日益壮大。因为互联网金融不仅代表了金融的一种互联网化的技术方向,我甚至感觉有可能也是某种程度的业务模式的方向。同时,互联网金融也代表了一个金融普惠化的价值方向。互联网金融的发展有助于发展普惠金融、有利于发挥民间资本作用、有利于满足电子商务需求、有助于提升资金配置效率,应积极予以支持。众所周知,我国的传统金融体系相对比较封闭,在小微企业和普通个人消费者金融需求方面存在服务盲区,在投融资领域有很大的局限性。众多的中小微企业和草根创业者都因为过高的融资成本而在创业初期举步维艰,而有限的投资理财渠道也无法满足普通消费者的金融服务需求。互联网金融在业务创新和服务体验提升上有着先天性的优势,可以在传统金融机构难以覆盖的小微、个体领域发挥突出作用,填补我国金融体系不充分的市场化发展领域。

但是我们又感觉到,目前的互联网金融及其创新的做法,不是没有隐忧。互联网金融在经历了2013年的火爆发展之后,也面临各种问题和争议,情绪过激的声讨之声也不绝于耳。那么隐忧在哪里呢?在于两个方面:一是作为这么一个前沿的复杂的领域,现实中,互联网金融创新已经涉及各种层次,但基本上都是全自主进行的。政府监管部门无论从管理机构的配置上还是政策管理方面,还没有很好地动起来,基本是观望之中,这就又可能错过最好的引导时期。互联网金融创新的合理性和规范性不是自动达到的,必须通过有效监管达成。二是目前的互联网企业的金融创新,虽然不少代表了互联网时代金融革新的合理要求,但是,已经显示出来的问题也不少,部分互联网金融活动甚至有向下追逐、无序发展的危险。有些甚至带有欺诈性、违法性,不加及时治理恐怕后患无穷,包括损害金融市场公平秩序、侵害消费者甚至危及金融安全和稳定;有的则是取巧的意义有限,旨在追求监管套利或者片面利用监管盲区。

所以,互联网金融目前的创新能否持续,依赖两个方面:创新的合理性,创新的合规性。我建议,政府在总的政策相对开放的情况之下,要尽快地对互联网金融行业加强监管。监管职责最好先暂时放在央行里面承担,以其特殊优势达成最快建制的效果,并首重机构和风险监管,特别在涉及上位区域的创新时,应该在发展和风险控制的原则下,进行有条件、有设限的创新探索。一方面,坚持创新的合理性。坚持互联网金融创新服务于金融稳定和实体经济的本质要求,切实维护消费者的合法权益、维护公平竞争的市场秩序。另一方面,必须坚持创新的规范性。目前应当及时出台互联网金融法律和相关政策,建立基本的准入条件(重视主体规范和风险控制)和业务平台条件,同时从金融秩序、消费者利益、金融安全等角度明确列出界限,以便有效监管,对于合理的创新要及时给予鼓励和确认,对于不合理的创新及时予以制止和消除。

总之,在我们金融创新如此有必要也有广阔天地的今天,存在一个有关金融更进一步开放和更进一步监管的复杂关系问题。政府应该在尊重金融开放的前提下,顺应时代转型特点,走向更为复杂的金融治理结构,特别是既要在应该放权的位阶、事项大胆明确进行授权,又要在必须承担责任的位阶、事项提供及时的制度保障和制度创新,并且积极、有效、公平、合理地做好监管,惟其如此金融创新才是可持续的。这一切都取决于,我们今天作为金融市场法权基础的金融法制,应该更加开放、更加合理、更加科学和更加稳定。

互联网金融监管的保守性与开放性[1]
——评《关于促进互联网金融健康发展的指导意见》

主持人好、各位同仁、各位朋友好！

没有想到今天来了这么多听众，应该也来了不少记者，本来以为是闭门会议，十几个人参加，没想到这么多人参加。看起来，今天的话题很有意义，格外受到关注。我们今天讨论的是互联网金融监管破局的问题，重点是要盘点刚刚由十部委联合出台的《关于促进互联网金融健康发展的指导意见》。

互联网金融发展到今天，迫切需要规范，虽然目前规范最后以一个指导意见的方式出台了，但仍然是一种规范表达，对于规范这样一个需求在今天算是到位了。

金融市场和制度发展的关系，在历史上通常来说，都是金融或者金融方式的创新发展，总是走在制度创新的前面。从国际市场来看，先是有金融业务创新，然后才有制度创新，从早期的银行发展，到后来的证券、保险再到信托都是这样的过程。

不过，我们国家金融制度的发展在过去一个时期体现了另

---

[1] 本文 2015 年 7 月 27 日首刊于笔者博客"军都拾零"，http://longweqiu.fyfz.cn/b/861410。鉴于中国人民银行等十部委联合发布《关于促进互联网金融健康发展的指导意见》，中国政法大学法学院于 2015 年 7 月 26 日举办了"蓟门决策:互联网金融监管破局"的座谈会，邀请笔者等发言交流。本文是笔者的发言整理稿。

外一种特点,不是先有很长时间的金融创新或者金融业务创新,然后制度跟上。20世纪50年代开始,我们采取的是一个顶层设计的发展路径,不管是经济发展还是制度供给都是计划性的安排。

到了1979年以后,我们开始进行市场经济改制或者走向改革开放,从那个时候开始,我们的经济发展和经济制度发展有很大的创新性、开放性。但是,在金融领域我们还是保持着一定的保守性,我们对于金融问题看得很重,因此管制严重,采取了一条基本上由政府设计前行的路子。特别是在金融制度的供给上,我们并不是完全按照市场的方式通过鼓励市场创新的自发推动来解决这个问题。这个我们可以理解,有一个对于金融市场的认识和掌控的过渡性在这里。

但是,到了20世纪90年代以后,我们在金融方面也开始渐进展开市场化,制度上也更加具有开放性,从《商业银行法》到《证券法》《保险法》《信托法》等,加速了金融制度供给的市场化进程。互联网金融在十年前突然自动发展起来,所以,这一次的指导意见也属于一次由金融市场呼唤而来的制度供给,虽然还只是一种规范性文件。

那么,该怎么看待《指导意见》的意义呢?

第一点,我想,大家都应该看到《指导意见》具有的积极意义,它对我们现在正在发展的互联网金融进行了一次较为系统的规范指引。

该《指导意见》的制定,是建立在很长一段时间的政策研究基础上的,属于一次比较严肃而慎重的规范决断。分三部分20条。总体上,符合我们国家目前金融管理体制的特点。

第一部分是鼓励和支持,支持互联网金融创新。这是这个文件最值得肯定的。党的十八大以后就有这样一个趋势,即鼓励和支持互联网创新发展,特别是今年两会以后,互联网金融创新受到政府负责人的支持。最近,李克强总理还推出"大众创业、万众创新"的新理念。第一部分形成了6条关于鼓励和支持的提法,都是非常的好,特别是体现了一种鼓励不断发展和创新的方向和态度。

第二部分是监管。主要是对于监管体制的规定,从监管原则到监管分工,特别是分类监管确立起来了。一行三会,分工监管互联网金融,中国人民银行监管哪一个部分,银监会、证监会、保监会各监管哪一部分,都是说清楚了。过去谈到的 P2P 该由谁监管,第三方支付该谁来监管,众筹该谁来监管,现在清楚了。

第三部分,是市场秩序规范问题,也是秩序监管。前面是业务监管,这部分是秩序监管。从 13 条到 20 条,有行业层面的,也有消费者权益保护层面的(过去金融消费者的保护意识是一直欠缺的,更不要说互联网金融消费者),也有关于网络信息安全方面的特殊监管,当然还有非常重要的行业自律,等等。

这三大块 20 条,总体构成了一个比较严密的规范的系统,技术层面和价值层面都有体现,特别第一部分明确强调鼓励和支持创新。

第二点,我也想谈一下,就是我也觉得这个《指导意见》依旧具有一定的保守性。

对于互联网金融这个新生事物,指导意见似乎还没有完全拥抱,开放性还不够。在今年的 APEC 金融论坛上,我曾经谈过金融创新和金融制度供给的关系问题,记得当时对于互联网领域的金融制度创新提出了一些看法。当时,讲的主要就是政府要有开放性思维,要多做出一些更具开放性、合理性的制度供给。

《指导意见》出台以后,我看到了很多评论报道。一些比较强大的互联网金融企业,特别是与传统金融机构结合比较好的那些,通常给出非常积极的评价,认为这对于他们是一个很利好的消息。但是,我也看到了有一部分互联网金融企业,特别是 P2P 行业的,他们对于指导意见感觉整体上似乎不是太好。有的甚至认为,《指导意见》把 P2P 领域做的一些重要创新拿掉了,对于 P2P 的创新发展理解不够,支持不够。

我完全理解这种抱怨，因为从《指导意见》有关规定来看，确实没有肯定这种创新必要，而是站在了略显保守的立场上，对互联网金融未来独立化发展构成某种制约。此次《指导意见》在定位上，是站在互联网企业和金融结合这个角度的。虽然没有片面站在传统金融或者金融这种简单立场，对于互联网金融采取敌视或者简单限制态度，但是，本身也没有站到互联网金融独立发展的立场，进行大胆拥抱。

表面上看，折中没有什么不对。但是，仔细品味，你会发现，这种中间立场，其实是一种偏向传统金融机构的立场，具有一定的保守性，是开放不足、保守有余。

为什么开放不足保守有余呢？最重要的是并没有把互联网金融，当做一种具有相对独立的业务形态来对待，而是采取了旧瓶装新酒的办法。比如说确立的这个分业监管，一行三会这种体系，就是旧瓶子。将互联网金融拆解，纳入这个旧体系里面去进行监管，这怎么算是开放呢。只能说明对互联网金融是否具备独立性或者相对独立性，打了一个大大的问号。

互联网金融兴起以后，管理部门和传统金融机构一直有一个疑问，就是互联网金融到底是会发展为一种新的金融形态还是只是金融互联网化而已呢？《指导意见》虽然不算盖棺定论，但是通过给出一个旧的监管框架，这本身不能不说是一种有"金融互联网化"嫌疑的回答。特别是，将第三方支付平台的客户资金统统纳入银行存管等等这些规定。

那么，互联网金融应该如何定位呢？我个人浅见，互联网金融不能等于金融互联网化，互联网金融的内涵在不断发展着，越来越突破简单的金融互联网化这个简单特点。互联网金融是依赖互联网技术的发展而来的，所以肯定有很大一部分意义是技术性的，但是，不能因此将互联网金融等同于金融互联网化。金融互联网化，是通过互联网技术的应用，提升了金融的技术品质。但是，互联网金融很大一部分，不是一个简单的互联网技术化问题，而是一种金融业务创新的问题，或者至少是产品、服务、管理创新的问题。

　　这里随带提一下，混合金融的创新问题。我们看到，金融领域正在经历着从分业经营到混业经营的发展，随着经济复杂化、资本市场复杂化，金融本身越来越走向一种界限融合或跨界发展。单纯的分业金融，更容易实现安全、清晰管理，但是，现在的社会复杂到这种程度，经济领域很多的产品，很多的服务，甚至到业务已经发生了巨大的变化。这使得单纯的分业金融早就不敷使用，而且要求不同的金融业务加剧互相交叉合作，追求多种功能的需求，利用不同形式的优势，避免某些不必要的缺点，从而催生一些新的有效形态。这就是混合金融的背景。这种混合金融，就像国际化的混血儿一样，需要我们平等接纳，而不是简单区隔。在我们的世界，国际化情况下会出现越来越多的混血儿，这种情况下再简单区分黄种人、白种人或者黑种人就意义不大，最好是学会使用更宽的人类概念来加以囊括，这才是关键。

　　互联网金融，它还不只是为混合金融发展带来契机这么简单。混合金融在过去的条件下，创造起来比较困难，但是在互联网条件下，却有了更多际遇。但是，互联网金融更有着自身独立的意义，在兼顾金融安全的前提下，它本身具有无限的可能性。人们根据需要，可以利用互联网平台，不断发展出属于自己时代的金融创新形态、业态。所以，《指导意见》虽然对于互联网金融赋予了某种意义的法律政策承认，但是这种承认更多与传统金融意识相连，或多或少是站在传统金融互联网化的角度对互联网金融产品、服务、管理创新的某种认可。《指导意见》对于互联网金融的独立性，采取了比较谨慎的态度，尤其是对互联网金融的产品、服务、管理创新乃至业务创新方面的独特价值，还没有达到完全接纳的程度。

　　第三点，我想专门谈一下我比较关注的 P2P 问题，包括文件上说的个体网贷、小额贷款。

　　这些年，我参加了不少 P2P 领域的会议，对于它们存在的问题比较了解，也为这些存在的问题而忧虑。但是，我对于 P2P

更多的是积极的看法，希望大家对它们有更多同情的理解，能够更好把握它们所具有的特殊价值。

此次《指导意见》出台，其中第 8 条给 P2P 进行了定位，将 P2P 纳入到普通的合同法、民法和相关的司法解释所规范的信息中介这个名分之下，我想这种简单化定位会给 P2P 实践带来金融领域创新的困惑。尽管《指导意见》也提到平台问题，但是这一定性使得平台本身被大大淡化了。

实践中，因为现实制度障碍，P2P 走了中介的路线，却又因为现实需求，P2P 不断突出中介路线，进行自己的改造，通过征信，通过借用担保，通过保本保息来保障和扩展自己的经营机会。P2P 远远超出了一般信息中介。一些 P2P 企业为了建立自己的信用，开始是作 100% 担保，后来又有 100% 保本保息，以此强化自己的核心竞争力。这些做法早就超出了简单的信息中介，和一般的信息中介不是一回事，成为金融信用中介甚至某种意义的金融交易和服务。我们从另一方面也看到，广大客户包括中小企业、微小企业、金融投资者、消费者很受用，普遍欢迎，因为这种模式满足了他们的特殊需求。P2P 在很大程度上成为互联网技术条件下的一种普惠金融，通过各种变异在补我们传统的金融特别是银行业的普惠不足之缺。有的企业做得很成功，有的做得不成功。

我觉得，存在一个更深远的考量必要，而不是现在这样简单把它归到只能够做一般化的信息中介概念就完了。我们在金融领域需要创新，某种意义上很多形式应该是特殊化的，和一般民法不一样，和一般合同不一样。P2P 就是这样的一种特殊化创新，它应该适应互联网平台的技术特点，适应中国普惠金融的强劲需求，在能够确保金融安全的情况下，进行灵活设计，包括从义务上来说，增加更多的义务，比如风险审查义务、风险控制义务，包括从策略上来说，进行增信服务，等等。有的不仅是特殊化构造，可能构成了一种新型独立业务的确立。在这种情况下，我们要思考这种变异是合理还是不合理，是有必要还是没有必要。P2P 有的构造,复杂到实际不仅已经脱离了民法上面一般信息中介,而且也不能说是一种金融信用中介,而是往这个方面发展,成为一种新的业务形式。在这种情况下,如果它是合理的,我们就应该引导、承认。我们制度供给有时候需要超前,这样的制度供给才可能是更完美的。一些经验表明,人们最后往往发现,原先市场上面那些"非法"的事物到后来却被证明是"合法"的。所以,不能轻易扼杀可能"合法"的那些 P2P 创新。

互联网金融本身蕴涵着巨大的未来力量。我们国家和目前美国最为接近的产业领域,据说是互联网领域,互联网企业的全球十大我们就有四个,全球前三十我们就有十二个,在这种情况下我们更要用开放的心态对待互联网之中的金融创新,以更加深思熟虑的方法使之得到充分发展。总体上,《指导意见》是积极的,也是非常必要和及时的,势必对互联网金融规范在未来一段时间会发挥积极的作用,但是也必须看到,它应该是权宜之计,还存在必须加以正视的不必要的一些谨慎和保守。希望不久以后,这些问题会得到圆满解决。

【补充发言:最后我再总结一下。我觉得对于《指导意见》,刚刚戴根有局长分享得特别好,他提到要看到这只是一个《指导意见》,所以本身有不确定性、开放性。我个人赞成这种见解。但是,我对于互联网金融在发展定位上还是有一些自己的坚持。互联网金融是整个金融里面一个新的点,互联网+金融,不是简单的金融互联网化,而是一种金融的新发展、新机遇。这一次《指导意见》虽然注意了互联网企业和金融的连接,但是更多是在金融互联网化的意识上做的连接,而没有接纳互联网金融本身的独立性和未来趋势。刚刚企业家也抱怨这一点,非常值得关注。我们应该关注的是,互联网金融本身应不应当、可不可以作为相对独立的业态来被规范。《指导意见》酝酿了很长时间出台,但是可惜最后还是回到现有体制里面找办法,从"一行三会"的监管体制出发,来套取对互联网金融的监管。但是,这样会不会对于我们互联网金融相对独立性的发展空间造成一定的压抑呢？回答是肯定的。

这里还是以 P2P 为例。它是不是就是一个信息中介呢？我们以银行业为例，来说明一下 P2P 在中国的独特价值。中国的银行开始都是国营大银行，改制后成为大型商业银行，后来有了政策银行，但都是高大上，虽然在 20 世纪 90 年代后期发展了不少地方银行、民营银行，但是并没有面向草根阶层铺开，也无法铺开，因为实体成本太高，限制也多，这就导致极大的金融普惠之不足。比较起来，美国的银行，大中小到处都是，完全开放化经营，加上信用公司的极大发展，金融普惠程度很高。所以，在互联网技术发展起来之后，P2P 在中国的发展与美国完全不可同日而语，它以广泛需求的民间借贷为基础，通过网络平台再造，构建出复杂的各种形态来。由于制度限制，P2P 在法律形式上不能突破信息中介的定位，但是强劲的普惠金融即民间借贷、小额借贷需求，却又驱使其不断地变异，于是变成了现在的复杂多样的 P2P 经营架构。实际上达到的效果呢？就是一定程度起到了普惠银行的效果。

P2P 用互联网＋的这种方式，而不是采取中小银行、小银行发展的实体方式，缓解了我国现实中的金融普惠问题，甚至具有更加便利的效果。但是，如果让它完全回归到信息中介呢？显然，不能解决问题。所以，我在想，这就好比中国现在的民航业，客运也好，货运也好，都是大的运输，想要真正满足大量的微小规模的民用航空需求，就必须大力发展通用航空不可。通航怎么发展？就是要在 3000 米以下进行低空开放。我们的互联网金融就像这个 3000 米以下的低空开放，实际上也是这样一个问题。在传统的金融板块里面，普惠金融是解决不了的，特殊的新型金融需求也是解决不了的，所以我们需要互联网金融往这个方向发展，往"普惠金融"这个方向发展，当然也往互联网条件下的"新型金融"的方向发展。

刚刚还讲到监管体制问题，传统金融多是从机构监管、业务监管、秩序监管多个角度进行的。互联网金融中的普惠金融显然不应该这样。一方面，应该针对其互联网技术的特点，引入一些相关特殊机制；另外一方面，则从通常的监管来讲，应该更简单一些。其中，机构监管、业务监管最应该简化，但是秩序监管中则要更加关注交易公平和消费者保护这两个点。

互联网第三方支付面临政策困局[①]

近日,《非银行支付机构网络支付业务管理办法(征求意见稿)》(以下简称"征求意见稿")的公布,对于正在蓬勃发展中的第三方支付平台几乎就是一记重勾拳,当然对于网络第三方支付用户或消费者来说也不啻是突如其来的一道浓密的政策雾霾。网络上的非议铺天盖地,无论是互联网商务平台的经营者、第三方支付平台用户,还是业内专家,对这一看似行文周密完整、充满对网民资金安全关怀的"征求意见稿"表达出诸多忧虑。

大众的普遍看法是,该管理办法的出台会严重影响第三方支付的业务拓展,遏制市场创新。例如,中国人民大学金融与证券研究所所长吴晓求教授就明确表示说:"我对征求意见稿表现出一种忧虑,互联网金融是随经济运行模式的变化而出现的,形成互联网金融最具有影响力的是第三方支付,之后才是其他的财富管理、众筹和网贷等等,第三方支付非常重要,而且它和电子商务高度契合,为什么把这个高度契合的东西要做一个限制?设定这样一个限制,这使得人们非常不方便。"[②]

[①] 本文 2015 年 8 月 5 日首刊于财经网,http://finance.caijing.com.cn/20150805/3940897.shtml。
[②] 参见新华网:《央行第三方支付文件引发争论 专家:阻断金融创新》,载http://finance.sina.com.cn/money/bank/bank_hydt/20150802/121222854330.shtml,2015 年 8 月 2 日访问。

笔者第一时间就认真阅读了"征求意见稿"的共计 57 个条文。必须承认,规范文件写得十分周密,表述老道,各方面都想到了,已经十分成熟,特别是在顾及金融安全、用户资金安全、消费者权益保护方面可谓用心良苦。当然,也有专家和从业者毫不客气提出,这个文件隐含了偏护商业银行利益的固有立场,贯彻了"央行是银行亲妈"的逻辑。"征求意见稿"通过明确区分支付机构与银行机构的差异,防止支付机构出现银行化、银联化,积极巩固银行体系在金融行业中坚不可摧的信用交易地位,逼迫支付机构转入开展通道业务,想让包括互联网在内的非银行支付机构回归当初发牌照时的初衷,服务于电商做小额、快捷的支付业务,不希望其发展为一种金融新业态。①"征求意见稿"将这种主旨表述为"利于维护金融行业稳定、长期健康发展"。按照中国支付清算协会有关负责人的正面表述来说就是,"在创新和规范的关系处理上,需要有一个综合平衡。在不同的发展阶段,发展的侧重点也有所不同。规范是创新的基础和起点,不建立在风控基础上的创新反而会带来新的风险。"②

然而这一切的良好用心,却正如吴晓求教授在前面所评价的,独独忽视了目前的第三方平台,它已然不是一种简单的第三方支付,而是互联网时代电商兴起之后的金融新事物,是互联网金融中最有影响力和生命力的新形态。互联网第三方支付平台,是人类在互联网时代进行的一次支付革命,是支付与互联网、电商等结合的时代宠儿。"人类的支付历史是一步步从怀疑中走过来的,从最早的现金交易,到以银行为载体的支付,现在已经进入到以第三方支付、移动互联为基本平台的支付体系。这是金融的变革,是在支付功能上的变革。它推动了社会进步、经济发展,使人们享受了很多高效率的东西。这是个历史趋势,

---

① 参见腾讯财经:《银行行业:牌照价值凸显,〈非银行支付机构网络支付业务管理办法〉(征求意见稿)点评》,http://finance.qq.com/a/20150803/026258.htm,2015 年 8 月 3 日访问。
② 金融时报:《支付清算协会谈网络支付管理:规范是创新基础》,http://finance.sina.com.cn/china/jrxw/20150803/073122858719.shtml,2015 年 8 月 3 日访问。

不可以让人们回到通过银行的载体进行支付的时代,如同不可以让人们回到必须拿现金交易一样。"①"征求意见稿"将互联网金融的第三方支付完全按照传统经济运行模式中的那种第三方支付需求等同观之,而忽视了其崭新的需求和创新特点,等于是要将这一新形态加以扼杀。有的网民敏锐地使用了"刻舟求剑"这种评价,颇为贴切。②

这样的扼杀,除了带来消极的即严重阻碍中国电商事业以及由此而牵引的互联网第三方支付大好发展的意义,还会有什么好处呢?"征求意见稿"一旦实施,将对数万亿市场产生遏制的影响。据不完全统计,目前我国拥有第三方支付牌照的公司达 270 家左右,仅在 2014 年,第三方互联网支付交易规模就超 8 万亿,同比增长为 50%。但是根据征求意见稿,第三方支付机构的业务将受到以下重要限制:每个账户的开立需采用 3—5 种以上极为严苛的"请证明你是你"的方式进行交叉验证,将使支付机构丧失大量潜在用户;支付机构不得为金融机构以及从事信贷、融资、理财、担保、货币兑换等金融业务的其他机构开立支付账户,意味着第三方支付正在开展并且打算拓展的为大宗商品交易市场、P2P 网贷、众筹平台进行资金托管的业务将受到极大约束,甚至被禁止;此外,大额消费将不能走网络清算通道,需要回归银联,直接减少支付机构的资金沉淀。所以,管理意见一旦出台,互联网第三方支付平台,就只能完全固守在传统支付通道的水平。

我们的政策设定,必须维护和保障金融安全,必须尊重和维护银行业的正当利益,必须防止和监管互联网第三方支付风险,必须维护消费者利益,等等。这些都没有问题。但是这些同时也必须尊重一个前提:即互联网第三方支付的发展规律和正当

---

① 新华网:《央行第三方支付文件引发争论专家:阻断金融创新》,http://finance. sina. com. cn/money/bank/bank_hydt/20150802/121222854330. shtml,2015 年 8 月 2 日访问。

② 参见腾讯网:《苛刻监管第三方支付是在'刻舟求剑'》,http://tech. qq. com/a/20150803/016517. htm,2015 年 8 月 3 日访问。

要求。"征求意见稿"不能简单地,将这种政策设定作一个平庸的折中,更不能简单地直接退回到银行支付时代,而是应该进行功能叠加,在勇敢接纳互联网第三方支付的发展规律的基础上,大胆承认各种合理的互联网金融创新并在此基础上作出合理规范,实现互联网金融和金融安全、银行发展、消费者保护、网络信息安全等共同进步式的皆大欢喜。

那么,应该怎么做呢?我想就是要突破传统金融形式、业态思维,突破传统利益格局和简单的金融安全监管模式。对于互联网第三方支付,应该将之作为一种新生的金融事物进行合理定位,加以必要规范,而不是削足适履。在此建议,在尚不打算全面开放互联网金融的情况下,可以考虑对互联网第三方支付平台进行一定等级区划,不同等级条件不同,适用监管要求不同,但是经营范围和功能手段也不一样。通过这种方式,引导、规范互联网金融、互联网第三方支付健康而规范发展,而不是一味保守地向传统第三方支付回归,阻碍、干扰其蓬勃发展,剥夺、限制用户、消费者在互联网时代的美好支付体验。消费者、用户的需求,与其权益保护是同等的重要。其中,对于那些实力雄厚、网络信息安全系数较高、金融和其他必要保障制度完备、业务和信用积累达到相当程度、用户规模和体验俱佳的互联网支付平台,可以果断地赋予其更多的功能,甚至可以直接按照其能力颁发网络银行牌照,使之成为互联网与全支付功能紧密结合的深水区、创新领域。在总体上,我们必须牢牢把握住:互联网金融本质是服务的,应努力支持创造出具有独特、高效、方便、及时、安全等品质的互联网时代的金融服务与保障,以此为互联网经济、实体经济发展提供强大助力。这样有什么不好呢?

司法改革

最高人民法院 2014 年
司法改革思路略议[①]

此次两会关注的一个焦点仍然是最高人民法院的工作报告,这说明一点:尽管人们对于我国的人民法院体系有许多的不满和抱怨,但是在心底里尚抱有巨大期望。我想,这应该是这些天来周强院长在面对许多怀疑或挑剔眼光时应该最感庆幸的事情,因为民心所向是司法改进的最大傍依!

这个报告在总结部分呈现了法院一年来忙忙碌碌的情况,那些几乎都是以万或者数十万为单位基数的不同类型的数据以及对这些数据的分析说明(最高人民法院受理案件 11016 件,审结 9716 件,比 2012 年分别上升 3.2% 和 1.6%;地方各级人民法院受理案件 1421.7 万件,审结、执结 1294.7 万件,同比分别上升 7.4% 和 4.4%),还有许多无法用数据统计说明的工作任务,都告诉我们法院同志工作辛苦了!教书这么多年,我自己少说也有千把万把学生进入到法院工作,其实早就知道他们的忙碌,而且拿的都是低工资。

另一方面,我们看到,人民群众并没有为这种忙碌喝彩。这也说明,司法满意是不容易的!有时候就是这样,出力不买好!

[①] 本文 2014 年 3 月 13 日首刊于笔者博客"军都拾零",http://longweqiu.fyfz.cn/b/796645,被收录为法律博客当日微信文章,后转载于中国法学创新网、中国民商法律网等门户网站。

从网上的评论来看，大家关心的是这些数字的背后，有没有一种期待已久的结果——法院的忙碌，是不是带来了我们对于司法效果的普遍期待，按照报告所说的，就是是不是"让人民群众在每一个司法案件中都感受到公平正义"。

我们要肯定，2013年最高人民法院或者说整个法院系统有了很大的变化，虽然不是焕然一新，但相比过去沉寂了的十年来讲还是有可喜变化。2013年，法院作了许多令人振奋的努力，比如处理冤假错案方面的坚定表态、判决书全面公开上网的启动、有关大案庭审记录的同步上网等等，都是划时代的。最重要的，又一次有了一位科班出身的大院长（周强），由此再一次燃起了司法职业化的改革希望。

但是，人民群众还是有理由期望更多一些更猛一些的司法进步！

笔者阅读了报告对于2014年提出的六点思路，实话实说，感到新的一年的司法改革提法似乎有些保守，具体措施也显得有些虚弱！为什么呢？

首先，看看报告第四点的提法，说要"积极稳妥推进司法改革"。我们知道什么东西在中国一提"积极稳妥"，那就可能是慢慢干的意思。奇怪，为什么不提"快速""大力"呢？在别的地方我们经常用这些大词，为什么到了法治国家建设、司法改革这里就格外谨慎了呢？难道我们还能慢慢干、不着急吗？难道在党中央的坚强支持下还怕"快速"不得吗？要知道人民群众多么期盼法治国家快快快快实现啊！就像我们期盼北京的雾霾要快快消失一样！

其次，再来看看那些具体措施。

报告有关内容主要展开为："在党中央统一领导下，紧紧围绕加快建设公正高效权威的社会主义司法制度推进各项改革，制定、实施《人民法院第四个五年改革纲要（2014—2018）》，服务国家治理体系和治理能力现代化建设。按照让审理者裁判、由裁判者负责的原则，推进审判权运行机制改革试点，解决审判权运行中的行政化问题。全面推进量刑规范化工作,统一量刑标准。进一步深化司法公开,最高人民法院及东中部14个省区市法院的生效裁判文书依法全部上网公布,其他省区法院3年内全部实现这一目标。对减刑、假释案件实行开庭审理,加大暂予监外执行的公示力度,确保减刑、假释和暂予监外执行公开公平公正。推进涉诉信访工作改革,完善申请再审和申诉立案受理制度,严格涉诉信访终结程序,积极开展网上信访、巡回接访、带案下访等工作,妥善解决群众合法合理诉求。推进知识产权法院和资源环境审判机构建设。完善人权司法保障制度。认真研究省以下地方法院人财物统一管理试点方案,探索建立与行政区划适当分离的司法管辖制度和符合法官职业特点的司法人员管理制度。"

从上可知,第一类措施是,"按照让审理者裁判、由裁判者负责的原则,推进审判权运行机制改革试点,解决审判权运行中的行政化问题"。但是请问,这些年我们不是一直希望"让审理者裁判、由裁判者负责"吗?真正要解决的问题不是我们想不想的问题,而是为什么一直做不到的问题。我们现在最需要提的是,用什么办法才能够,"让审理者裁判、由裁判者负责"。我想,最急迫的是赶紧切除一切置于法官独立行使审判权之上的那些作用因素,比如说组织人事的体制牵制、政法委的领导制约、审判委员会的机制限制、还有院长庭长官大一级压死人等等。快快切掉这些使得审判权不能正常独立运行的体制机制因素吧!可是,这又怎么可能由法院自己来做得到呢?

第二类措施,是"全面推进量刑规范化工作,统一量刑标准"。这大概是要在刑事层面搞统一裁判吧。如果我们把法官看成是连锁店售货员,或者把法官看成是从事销售、服务那样的工种,那么确实可以由上级统一定价、按图索骥。但是遗憾的是,法官从事的是一项以独立判断为基础的、以复杂智识活动为特点的裁判工作。可见,这样的措施是既不合法(审判大法),也不合理(审判之理)。所以,我看到李轩教授也在大喊司法改革要有法律依据,对此我完全附和。那么怎么样统一司法裁判水平呢?我看只能严格法官选拔制,做到使优秀的法律人到法官位置上去,除此别无他途。这就是大力、加快推进司法队伍的职业化!

第三项措施,是"进一步深化司法公开,最高人民法院及东中部14个省区市法院的生效裁判文书依法全部上网公布,其他省区法院3年内全部实现这一目标"。在此表示赞赏,早就该这么做了,所以建议立即推行不要留给余地。其意义在于尊重人民的基本资讯权利,其功效还兼有监督作用。当然,可以推进司法分享、法学研究、法学教育等等。

第四项措施,"对减刑、假释案件实行开庭审理,加大暂予监外执行的公示力度,确保减刑、假释和暂予监外执行公开公平公正"。对这一条措施我是无语的,因为我首先不知道我们为什么要搞那么多"减刑、假释和暂予监外执行"。是鼓励改造,实行人道主义吗?在我看来,只要在法治里面添加机会主义,那么除非将此机会主义放到最高人民法院院长那里(对大院长我们还是要相信的吧),否则谁都看不住其滥用行为。

第五项措施,"推进涉诉信访工作改革,完善申请再审和申诉立案受理制度,严格涉诉信访终结程序,积极开展网上信访、巡回接访、带案下访等工作,妥善解决群众合法合理诉求"。老实说,我看不太明白。只是想,信访永远是非法治社会的附带事物,在法治社会里面,一切都可且应该纳入司法程序。如果纳入不了,那时因为司法范畴太小,这个不收那个不管。我年轻的时候做过司法助理员,感觉中国式民间调解还是有一些作用的。当然这不是法院工作报告的思考范畴。

第六项措施,"推进知识产权法院和资源环境审判机构建设"。国家审判权都系于人民法院系统,里面怎么拆分,形式主义的文章,意义不大。

第七项措施,"完善人权司法保障制度"。笔者很感兴趣,但是怎么就这么简短,没有下文呢?是体制性完善,还是机制性完善？还是……？我想知道，是考虑要建立一个人权法院或人权案件审判机构吗？

第八项措施，"认真研究省以下地方法院人财物统一管理试点方案，探索建立与行政区划适当分离的司法管辖制度和符合法官职业特点的司法人员管理制度"。我好像看过好多这样的建议了，因此希望就不要再探索了。人事、财物独立有别的办法吗？办法就在第一项措施里面，要快快决断，怎么建立一个独立审判权的体制。

总之，2014年是我们对于司法改革无限期待的一年。

在这一年的开始，我们已经赋予了很多法治理想，但是好像法院改革之风还没有准备好，那么，我们能够期待着，让现实也像哪吒的风火轮那样飞起来吗？

如何治愈司法机构的虚症[①]
——兼论"支持司法"转型问题

中共十八届四中全会在党的领导和司法的关系上,基于"全面依法治国"的考虑,提出了一种党的领导和司法关系的全新改进模式,即"支持司法"模式,要求将过去的"直接领导"转变为"支持领导"。中共十八届四中全会在党和政治体系的总体关系设计中,是这样描述的:"必须坚持党领导立法、保证执法、支持司法、带头守法,把依法治国基本方略同依法执政基本方式统一起来,把党总揽全局、协调各方同人大、政府、政协、审判机关、检察机关依法依章程履行职能的方式开展工作统一起来。"其中,党的领导与司法的关系,区别于与立法或行政的关系,使用的既不是"领导",也不是"保证",而是"支持"二字。

这是一种崭新的意义独特的提法。党的领导体制在与司法的关系领域应该进行"支持司法"的转型。那么什么是"支持司法"呢?或者说怎么样才算是"支持司法"呢?党的十八届四中全会只是在全面推进依法治国新形势下提出了宏观命题,其本身的科学内涵还需要进一步研究探索。但至少应该理解到,在

[①] 本文 2015 年 5 月 15 日首刊于笔者博客"军都拾零",http://longweiqiu.fyfz.cn/b/852127。

党的领导与司法的关系上,不能够再采取过去那种包揽式的、直接干预式的领导方式了,而是应该转为以"支持司法"为手段的领导方式。

笔者认为,当前来说,最迫切的支持至少有一点,就是我们党应该支持落实现行《宪法》中法院、检察院的应有地位。这也是全面推进依法治国和依宪执政的应有之义。根据《宪法》规定,法院、检察院的地位内涵,宏观上存在于"一府二院"的总体架构之中,微观上则存在于有关司法权及其运行的具体职能规定里面。所以,从大处着眼来说,首先应该支持落实的,是宪法关于"一府两院"的宏观地位设计,这种设计意味着司法机构和行政机构具有同等重要的地位。所以,现实支持司法改革的重点,应是要在机构上将法院、检察院与政府提到平等地位上,由此进行组织和运行的总体改进。

现实中,我们一直存在无视宪法"一府两院"设计架构的情况,形成了一种通过机构和人员地位的定级差别,矮化法院、检察院,而拔高政府和其他同级机构的状况。比如,在县里面,政府首脑是正处级,但是法院院长、检察院检察长则只是个副处级。这还不算,我们最厉害的矮化法院、检察院地位的做法是在党的领导体系那里,法院和检察院的首脑在同级党委常委那里根本没有位置,所以法院院长、检察院检察长连个常委的副书记、副县长也比不上,开会的时候甚至连个列席的机会都没有(还好是没有,有了则更加寒碜),这就导致了我们现实中法院、检察院倍感虚弱的实际处境。司法机构、司法领导和司法人员现实地位的矮化,使得其根本不可能具备抵御同级干预或者说地方干预的能力。

笔者认为,此次党的十八届四中全会既然提出"支持司法",我们就应该大胆地动点真格。我个人以为动真格的办法很多,有理想主义的,也有现实主义的。其中,最具现实主义的路线(笔者两年前曾经在中国政法大学研究生院的一个论坛提出过),或者最有效的现实支持方式,就是应该保障法院、检察院的宪法地位,做到与同级政府一视同仁。这种一视同仁的办法,首先在机构层面来讲,应该进行与政府机构地位平等的设置,无论是机构领导、人员的地位,还是机构本身的组织和运行,都应该以此为对等设计进而形成保障。也就是说,目前所作的司法机构人财物改革不能忽视了平等地位这一条大前提。

这肯定还远远不够。鉴于党的领导机构的高位性和现实影响力,最终的平等设计必须体现到党的领导体系之中。在党的领导机构成员的同级配置中,也必须保障法院、检察院首脑的平等地位,以此避免因为党的领导机构配置差异而导致实际地位贬损的情况。最简单的办法就是将具有党员资格的法院院长和检察院检察长吸纳到同级党委常委中,并使其在党的同级领导体制里面具有与政府首脑平等的领导地位。这是党支持司法最有效的现实手段。只要院长、检察长在党的同级领导机构获得平等地位,那么法院和检察院的地位就自然提升了,法官、检察官的虚症也就自然好了。

笔者以为,这种平等化设计,还有另一个提升司法体制的现实意义,就是法院院长、检察院检察长上位之后,容易产生以司法本身为经营终点的归属感和使命感。现实中,不少院长、检察长由于觉得地位太低,此山还望彼山高,所以往往只能以法院、检察院为跳板而进行经营,这样对于司法体制就不能不说是一种巨大的危害。

律师的社会责任就是职业责任[①]

刚才江老师已经做了非常精彩和全面的主旨演讲,我完全赞成,也深受启发。主持人安排我也发个言,在这里我作些补充表达吧。我觉得,我们今天还处在努力建设法治国家的艰难时期,我们律师的社会责任首先应该是律师的职业责任。我理解,江老师著名的格言"律师兴,国家兴",大概就是赋予这种期望吧。

为什么这么说呢?是因为目前就我们律师的整体发展而言,其症结首先还是职业化的问题,就像现在的司法机构的改革目标首先也还是职业化一样。三百六十行,行行都有自己的基本定位,对于律师来说也是一样,所以说在基本定位还没有形成事实之前,律师的社会责任首先不应该泛泛而言,而应该是从律师的定位本身出发,先把律师做好。特别是现阶段我们还处在一个律师职业很不成熟的阶段,我们的律师首先是如何履行好职业问题,所以说律师的社会责任目前主要还是职业责任。律师做好了律师,就是对社会和法治的最大贡献。

那么律师的职业责任是什么呢?我觉得这方面我们大家还存在一些不清楚的地方。所以,江老师刚才提到许多律师存在

[①] 本文系笔者2014年3月8日在杨玉圣教授主持的"律师的社会责任研讨会暨北京市华允律师事务所成立庆典仪式"的发言整理稿,2014年3月10日首刊于笔者博客"军都拾零",http://longweqiu.fyfz.cn/b/796104。

律师之道的疑惑。我们社会上很多人甚至把律师看成是市场主体。有的可能看到律师不是市场主体,但也是泛泛感觉律师社会性的一面。我几年前在一篇小文里谈过,要特别注意律师的定位问题,这是理解律师职业性质和责任内涵的前提。那么,律师的定位是什么呢?是我们所说的自由职业者吗?是,但也不是。律师从形式上看是自由职业,但他们从功能上看却是广义法治运行系统的一部分,所以从根本上也讲是法治机构。律师和司法机关处于法治系统的两端,司法机关是法治的权力系统部分,属于法治相对内部的系统范畴,律师则是法治的权力系统的社会约束部分,属于法治外部系统,日本人叫做在野法曹。这不是我个人的想象,大家查一下有关法治国家的律师法,它们都明确规定律师是法治机制的一部分,因此负有法律上的相关法治运行职责——我国《律师法》也是如此。我们由此可以明白为什么法律要规定律师的权利和义务。所以,律师和司法机关一样,也属于法治系统,都是体制内的,所不同的是分工不同而已,这一点不能不察。具体来讲,律师的基本职责是为当事人提供正当法律服务,以此保障法治运行。我们说律师是为当事人服务的,必须忠诚于当事人,这话对但不能理解偏了,因为律师是有服务原则的,那就是必须摆正到仅限于提供正当法律服务这个基本点上。所以,律师服务必须遵循律师职业规程、律师职业伦理。

总体上来说,我们的律师群体是很了不起的,在过去没有多少历史基础的背景下,非常快地步入职业化轨道,创造了许多令人赞叹的职业成就。但是现阶段,我们律师在履行职业责任方面,仍然面临着一些严重的困扰。主要体现在两个方面:第一个方面,是律师自身执业权利的保障问题。在现实中,有关部门甚至包括司法机关有时不懂得尊重律师,律师执业权利经常受到漠视甚至侵害。很多律师经常受到莫名其妙的干预和阻挠,有的还甚至存在人身自由、人身安全的威胁,因此不得不首先为自己维权。这里面的例子我就不用举了。第二个方面,是律师自身履责的正当性问题。一些律师在复杂的社会环境中,特别是在受到一些非法治因素干扰环境下,往往不能摆正自己的位置。律师和当事人的关系,本来应该是一种正当法律服务关系,律师和法官等司法人员的关系,本来应该是依法各司其职的关系,但是现实中这种关系经常遭到扭曲,律师背离职业的情况并不少见。部分律师的信用危机,严重损害了律师职业整体的社会形象。这里要提一句,对律师的职业责任的认识不能扩大化,现实中很多应该由司法机关承担的责任,特别是权力不当干预、司法权力滥用导致的问题,不能归咎律师。在这种意义上,律师兴,恐怕不能单方面自己实现,它和整个法治建设工程连为一体,同呼吸共命运。

如何健全当前的律师制度[①]

最近以来对于中国律师来说利好信息不断。先是,《人民日报》发文积极肯定了律师的作用。之后,5月4日中央政法委负责人又在中央党校"政法领导干部全面推进依法治国专题研讨班"开幕讲话时重点提到,"律师制度的健全、完善是社会主义法治文明进步的重要标志"。政法负责人接下来还讲了两句前所未有的重话。一句是"律师与法官、检察官同为法律职业的重要组成部分";另一句则更是为微信群到处圈引,"律师依法在案件细节上较真、在诉讼环节上挑毛病、在起诉书和判决书字里行间发现漏洞,有助于提高司法的精准性、公正性。"此言可以说是大善啊!许多律师在微信里面甚至有些恍惚,觉得这不太真实,大概是"幸福"来得太突然吧。的确,这样的关于律师地位和作用的高位论断,近年以来还是第一次从国家政法负责人的口中说出来。吁呼,中国律师幸哉!当然,在此大善之言之后,如果有关方面(中央政法委负责人直接点的是司法部)能够不折不扣地以此为认识,积极研究、快速推进,"抓紧修改关于深化律师制度改革的意见",并在最快时间形成制度和运行机制,那么就是真的更好了。

笔者多年前在一篇小文感叹过,我们国家目前律师制度最

[①] 本文2015年5月5日首刊于笔者博客"军都拾零",http://longweiqiu.fyfz.cn/b/850841。

大的问题是没有赋予律师应有的地位,由此导致了律师功能极其暗弱,进而使得法治难成。这种律师应有的地位是什么呢?就是此次政法负责人所讲的"律师和法官、检察官同为法律职业的重要组成部分"。这里使用的法律职业的术语,实际上就是指法治机构的意思。由我再来阐述一下,就是应该把律师作为法治机构的一部分来对待,律师像法官、检察官一样,都具有法治主体的地位。换言之,在法治大系统里面,法官、检察官、律师都是法治机构的主体,不同的是各司其职,特别是检察官和律师,显然代表了一种平等而对立的法治机制的张力设置,使得以论辩对抗为中心的程序正义装置成为可能。这是人类法治运行经验的宝贵总结,法治成熟国家之所以成熟,其中不可或缺的条件之一,就是把律师作为法治机构的一个范畴来设定,并且通过专门立法来明确确立和保障律师的这种法治地位。例如,德国律师法就明确规定说,律师本身是独立的司法机构(Rechtsanwalt unabh?ngiges Organ der Rechtspflege)。律师如果不以此为基点而被设计,那么就会等同于形同虚设,法治系统就会因此陷于重大缺陷之中,程序正义就会残缺不全,最终导致法治正义徒有虚名。

多年来,我们对于律师给予了太多不信任,根源就在于我们的有关制度上对于律师地位给予了一种轻视。这种轻视的主要体现就是,在过去很长时间里面,我们仅仅把律师当做法治的有限补充或者外部的一些点缀。现行《中华人民共和国律师法》(以下简称《律师法》)在第2条,只给律师作了一个纯技术的定义,并提出了维护当事人合法权益、维护法律正确实施和维护法律正义的三个要求,但就是不赋予律师以法治机构的必要地位,这就使得律师腰杆子硬不起来,最终不免沦为法治的边陲甚至跌落为单纯的法律市场的所谓合同服务者。《律师法》第2条是这么写的:"本法所称律师,是指依法取得律师执业证书,接受委托或者指定,为当事人提供法律服务的执业人员。律师应当维护当事人合法权益,维护法律正确实施,维护社会公平和正义。"这种对于律师的贱位设计,一把将律师踢出了法治机制序列,也就导致了律师职业的全面陷落,一些不服气的律师于是死磕起来,但究竟属于自争其权之举。听说,我们一些实际部门在维稳的时候还公然把律师(特别是那些所谓死磕律师)归入到几种人的里面加以防范。

所以,我们如果要健全律师制度,当务之急是应该立即着手提升律师的法治地位,通过修改立法,明确律师是法治架构的重要部分。如此,也是健全法治系统的重要一环。过去那种把律师看成是法律知识的服务者,甚至看成是一个当事人任用的市场化职业人员的观点,完全是出于对律师职业定位无知的结果,这种局面应该迅速改变。律师不应该是简单地服务于当事人的,他们应该被法律规定为:以自身律师身份,经由当事人委托,通过为当事人提供正当服务的过程,行使律师的种种权利(也是权力)。所以,律师与其说是服务,不如说是在履职,是在履行作为律师的法治之职。这些律师权利(力)系由法律明确设定和保障,依托于律师职业,经由当事人委托为媒介,最终发挥其威力。

当然,赋予律师以法治机构的崇高地位,由此重塑律师的权利空间和职业保障,绝对不是片面的。律师权利和保障的另一方面,是律师的义务和责任。律师也像法官、检察官一样,除了权利,要承担因作为特殊法治机构而对应的法定义务和责任。此外,健全律师制度也是一个大系统工程,在作出赋予律师法治机构定位和相关权义责规定的关键改革基础上,必定要求诉讼制度也必须作出相应变革(比如二审以上应要求须有律师代理或者辩护,刑事案件必须保障律师全程序参与),以保障律师的法治功能可以无缝隙锲入程序正义的全过程,也必定要求律师管理体制特别是其自律体制的相应变革(例如像德国各地方律协设计的那样被要求强化职业监管和自律,甚至设立自律性的律师法庭),以保证律师具备和维持作为法治主体的必要职业素质,甚至要求将律师费纳入败诉赔偿金范畴和同时开放当事人对律师不良服务诉讼的相应改革,如此可在充分鼓励当事人积极任用律师的同时又极大地降低律师挑动当事人滥诉的可能,等等。这些都是后话,需要详细研究、合理设计。

官僚司法何时休[①]

——再评最高人民法院的改革

最近一段时间，最高人民法院搞了不少改革，让人不免眼花缭乱，特别是巡回法庭的快速推进，几乎博得"司法改革"的头彩。前一段上海市高级人民法院的邹碧华君副院长因为忙于设计论证司法改革方案而累得猝亡，令人惋惜英才夭妒，然而也为法院系统赚得了一次宝贵的宣传机会，几乎就要使得人们树立对于人民法院的坚强信心了。

记者段宏庆2015年2月16日在"怎么办"微信公共号发表了一篇题为"司法为民？逗你玩呢——最高【人民】法院上诉奇遇"的文章，这篇报道一下子就剥掉了我们最高人民法院的裤子，把一个活灵活现的官僚主义司法形态呈现在我们面前。

段宏庆君描述，他跟随和观摩了一个当事人及其律师到最高人民法院试图进行立案（实际是基于国家赔偿法的向上级法院的赔偿申请程序，段君补记为"准上诉"）的全过程。原本是当事人基于法律规定的白纸黑字的重要诉权，可是当事人和律师如何也预料不到，他们竟然遇到不可思议的坎坷受阻过程，真是跑得脚疼、磨得嘴破、急得心死，可是就是被法院复杂的受理

[①] 本文2015年2月17日首刊于笔者博客"军都拾零"，http://longweqiu.fyfz.cn/b/843343。

案件的内部设计弄得没有办法。正是你有法条,我有调法。差一点就耽误了当事人的最后时限。最后,老段以记者的人际关系出手相帮,请动北京大学一个教授帮忙,"这位教授又帮忙联系了他认识的最高人民法院的一个法官,听了情况后,那个法官请示了相关领导,最终决定'破格'收下当事人的材料"。

这个吐槽微文一出,立即引发一场转评风暴。业界人士大量跟进评论,痛批最高人民法院在保护人民诉权上的失职,许多律师更是被深深触动了痛点,大倒苦水,群起倾诉法院在各类立案方面设置的种种刁难。试举如下:

静冰律师评论:"教授,我们律师吃的这碗饭,经常硌牙。"

宋振江律师评论:"这个律师和记者的萌点。我们习以为常了。圈里人调侃——最高院,最难办!"

刘春律师评论:"现在名为立案等级制,只要符合《民事诉讼法》的立案条件就应该给立案;但实践中远远不是。各种朝令夕改不统一的法院立案内部要求,基层法院立案庭更会耍当事人。我这个执业20多年的律师竟然也不能一次立案成功。"

张兴律师评论:"立案难从基层人民法院到最高人民法院都存在,二十余年一直如此;不一样的是,基层人民法院不给立案,你还能与对方理论、吵架,最高人民法院不立了,你门都进不了,不知该与谁理论。"

王萍教授评论:"前一阵也听一律师讲过一个案子,基层人民法院法官坚决不收上诉材料,中级人民法院也不收,生生拖过上诉期了。问题不是怪哪一个法院,而是司法程序失灵怎么办!"

邬文辉律师评论:"以本律师2009年代理的一个再审案件向最高人民法院递交申请材料的亲身经历为证,文中当事人和律师还是幸运的。那年夏天,我通过某律师热情指引,兴冲冲亲赴最高人民法院接访中心,历经N道有形或无形岗哨盘查,两次排队取号,烈日下像菜市场般嘈杂无序的大棚里等候,并时常要忍受武警和协警厉声呵斥训诫——终其一天也无法交进申请文件！因最高人民法院接访中心规定此次若进京申诉，则下次必须隔月才能再来，且年内最多只能来京几次⋯这么简单的一件绝不可能存在任何不稳定因素的事，此后竟然折腾整整7天。期间不是说材料不符合格式，就是以未刻光盘为由刁难，总之不会让你一次性通过！多少年过去了，最高人民法院接访中心何曾有一丝一毫改变?！而更加诡异的是，深圳中院立案庭最近乘司改东风，拒绝为提交案件材料的当事人和律师出具收文回执！我们奋斗在办案一线的律师常感慨:法院的司改如不从最高人民法院做起，一切都是瞎扯！"

看看，官僚司法到了何等严重的地步！我们最高人民法院难道自己不知道吗？这些年以来，最高人民法院在司法改革方面似乎处处"领先"，可是除了高举高喊之外，真的改掉了什么呢？难道设立几个巡回法庭，就是为了多设一些"官位"吗？就算把巡回法庭设到老百姓家门口，但是如果立案程序依旧设计得绕来绕去，老百姓诉告艰难一点不加改变，你说这样的花花架子有什么用呢！

官僚司法正是司法不公、司法腐败的温床！官僚司法的逻辑，就是漠视诉权，就是制造司法不作为，就是逼迫当事人被迫寻求与司法勾兑的机会。多少年来，正是这些官僚的所谓"内部要求"的程序，逼得多少当事人、多少律师或者呼号涕泣，或者找门子勾兑交易。

所以，我建议最高人民法院的司法改革，首先从改掉这些官僚程式开始。

"立案登记制"实施的几个保障问题[①]

春节前夕,凤凰周刊记者段宏庆君的《司法为民 逗你玩呢——最高法院上诉奇遇》和拙评《官僚司法何时休》在网上发表,立即引发诟病立案难的巨大声潮。笔者欣慰地见到,最高人民法院负责人周强大法官对此给予了重视,在新春后一开班即2月26日,就来到最高人民法院立案庭现场办公。近期,最高人民法院又推动中央全面深化改革领导小组第十一次会议在2015年4月1日审议通过《关于人民法院推行立案登记制改革的意见》(以下简称《意见》),并在4月15日最高人民法院发布了该《意见》,确定自5月1日起施行。

所以,笔者这里要给周院长一次点赞👍(所以我不仅仅只管批评)。当然,更希望他继续坚持这种及时回应问题的品格,并能够勇敢担当最高人民法院院长使命(我们认为这是法治社会法律人的最高荣誉)。其实,司法官僚弊政处处都有,类似立案难的问题不止在法院,在公安系统、检察院系统,甚至其他一些行政执法部门均有严重体现。希望其他系统向周强院长学习,尽快解决自己系统的类似立案难的那些司法官僚弊政问题。

[①] 本文2015年4月16日首刊于笔者博客"军都拾零",http://longweqiu.fyfz.cn/b/848619。

《意见》指出,为充分保障当事人诉权,切实解决人民群众反映的"立案难"问题,改革法院案件受理制度,变立案审查制为立案登记制。意见的主要内容包括:立案登记制改革的指导思想、登记立案范围、登记立案程序、健全配套机制、制裁违法滥诉、切实加强立案监督六个方面。

立案登记制,本质上是使法院重新回到诉权本位,即尊重人民诉权原点上的一项举措。立案登记制,本身是包括《民事诉讼法》《刑事诉讼法》《行政诉讼法》还有《国家赔偿法》等在内的法律的基本要求。但是在过去的司法实践中,基于这样那样的现实原因,慢慢就被司法部门异化的所谓立案审查制取代了。立案审查制,又往往与司法不作为、司法乱作为、司法腐败结合在一起,成为司法滥权的外衣。

按理说,立案登记制出来了,而且最高人民法院也表了态,我们也就应该放心了。我相信,按照我们"以政促政"的基本套路,这个意见应该很快会得到实施,而且在一段时间里面会实施得很好、监督得很好。不过,我还是立即就又有了隐忧,为什么呢?我想聪明的读者们立即就猜到了,这就是说《意见》本身虽然就立案范围、立案程序、配套机制、监督都有规定,可是就其本质也就是一种"以政促政"的急就章方式,其本身恐怕还不是关于立案难的一种根子上的解决保障。我们可以想一想,司法官僚的关键在于"你有办法,我有调法",关于诉权保障的要求不是早在那些堂堂正正的国家法律里就有了规定么,可是它们在过去怎么就沦为废纸了呢?连法律都可以不待见、不遵守、偷梁换柱,那么《意见》就那么顶得住吗?我觉得《意见》本身并没有给出这个信心。

所以,《意见》在本质上是解决现实困扰问题的一种急就章。它是一时之举,而不是一世之举。我们还得再下点狠功夫,从根子上解决这个问题。我们应该还要有超越《意见》的,能够在体制上、机制上根本解决司法官僚主义(司法官僚主义不能简单归结为司法行政化)的基本手段。应该认识到,我们现在司法改革的真正任务还没有展开,我们不仅要在浅层次解决那些困扰我们司法、妨碍人民诉权和伤害司法神经的急迫问题,更应该从深层次真正确立和恢复司法功能,真正消除包括司法官僚在内的那些严重司法弊政,使司法成为一种充分有效的实现法律正义的一种现实权威体制。

《意见》实施本身也存在复杂性。在技术意义上,作为一个现实问题之解的方案设计,它能不能成功实施,本身无法回避现实司法条件、现实司法环境这些与实施密切相关的因素的局限。《意见》的实施必须面对的一个巨大难点,就是我们现在案件数量本身就十分巨大,而现实中又存在许多伪诉、滥诉、缠诉的情况,怎么办?立案大门一开,会不会更加的陷入伪诉、滥诉、缠诉的汪洋大海,会不会使得司法成为讼棍、刁民的大好机遇呢?我要说的确很有这种可能。因为如果现行司法水平不提升、司法功能不端正、司法体制机制继续缺少独立而严密的保障,一定会产生这种严重的副作用。历史上到处都有这样的反面经验:治理庸乱对应面就是刁民丛生,一方司法庸政会造就无数的街头牛二。

每年在两院报告中,一个非常显著的地方就是案件总是成梯形增长,但是我们应该意识到,这可能不是司法的成绩和亮点,而恰恰是司法无能、低效甚至腐败的后果体现。因为,我们现在案件不断增加的原因,从积极面来说,有社会经济发展了导致社会复杂化的原因,但许多是从消极面的意义而言的,包括因为现实政治和社会治理科学水平不高、规范不够,导致了越来越突出的各类社会矛盾和冲突,同时更包括司法自身素质不够、司法公正严重有缺、司法公信严重不足刺激了伪诉、滥诉、缠诉成几何地增长。例如,许多同一类型的案件,明明有先例判决过了,却并没有带来"一案既出天下平"的司法效果,反而助长了同一领域的诉讼风潮,为什么呢?从法治角度讲,原因就是两个,要么是法律有问题,要么是法律适用有问题。

这些年,我参加过法院许多的研讨会,发现导致大量滥诉、缠诉、伪诉的现象,其原因不少正是我们法院在法律适用上存在许多失误而导致的,特别是有些直接出自最高人民法院法律适用指导的失误。比如说,近几年法院不当得利案件突然多起来,一个中级法院这方面的二审案子在短短半年里竟然出现了几百起,民法上原本被认为基本处于沉睡状态的不当得利条文忽然成为热饽饽,为什么呢?我通过研究既有的指导和判决发现,原来我们许多法院对此都存在适用理解上的普遍失误,即把原本应该由原告举证不当得利的责任几乎都奇怪地转移给被告了。所以法官累死了,得到的却可能是活该的评价,岂不令人心酸呐。

这还只是司法平庸的副作用。我们现在案件的增量中,许多源自于现实司法的任性和不公。在为数不少的案件里,明显有着当事人试图通过伪造假案或者滥用诉讼来谋求不当利益的影子,而司法人员或因为无能,或因为制度缺陷,或因为不公,进一步助长了这种滥用或者利用。

所以,我们在5月1日之后根据《意见》打开立案大门的同时,可预见必定会立即遭遇案件蜂拥的情境,但我们必须明白无路可退,立案审查制绝不可再用。不过,我们应该形成有效消除伪诉、滥诉、缠诉的远谋,通过加大改革力度来给立案登记制创造一个可为的司法环境。这些包括应尽快通过更加彻底的司法改革,消除司法腐败和不公,提升司法水平,完善司法体制机制,恢复司法应有功能,以从根本上减少不法利用套用诉讼机会的可能,对正当诉权加以最充分有效的保障。

此外还必须提到,立案登记制的施行,在我国目前当事人法律素质普遍不高、又不习惯委托专业律师代理帮忙的情况下,很可能会给当事人带来起诉不足的风险。从进入登记的一刹那起,诉讼请求、基本依据和证据材料就进入严密的程序环节,在很多方面通常没有多少斟酌选择反悔的余地,可见这对于那些法律水平不高、又没有钱请律师或者不愿意请律师,或者请的律师专业水平也不高(我们的律师群体确实存在良莠不齐)的当事人来说,不能不说是一种风险。那么,这种诉讼不足的风险怎么办呢?当然不能不顾,但是,权衡利弊特别是考虑到诉权保障,登记制又不可不行。所以,我们的司法改革应该从制度和措施上,跟进各方面的配套保障,及时考虑到如何避免各种可能的不利后果。

以上可见,《意见》之实施,尚需进一步的保障,体现为实质、技术、配套诸方面,以确保改革得当周全,真正做到里外包裹,且兴此利而无彼害。

关于司法干预记录
制度的一些疑问[1]

最近有关方面下了两个文件,直面"官员干预司法"问题,确立了一条规定——司法人员应将官员干预司法记录在案。从文件目的来说,建立记录官员干预司法的制度,是要阻遏实践中的司法干预问题。

该条规定,在2015年年初的《最高人民法院关于全面深化人民法院改革的意见》(法发〔2015〕3号,以下简称《改革意见》)就已现端倪,该意见第55条"建立防止干预司法活动的工作机制",就提出说要"配合中央有关部门,推动建立领导干部干预审判执行活动、插手具体案件处理的记录、通报和责任追究制度。按照案件全程留痕要求,明确审判组织的记录义务和责任,对于领导干部干预司法活动、插手具体案件的批示、函文、记录等信息,建立依法提取、介质存储、专库录入、入卷存查机制,相关信息均应当存入案件正卷,供当事人及其代理人查询。"

首先必须拥护这样的文件。因为无论是此前的《改革意见》第55条,还是这两个文件,其出发点都是非常好的!因为

---

[1] 本文2015年4月1日首刊于笔者博客"军都拾零",http://longweqiu.fyfz.cn/b/846975。

官员干预司法已经成为我国目前司法中典型的乱象之一，必须治理掉。现实的司法，总是难敌现实的各种权力的恣意侵蚀、破坏。官员任意干预司法问题不加以解决，审判独立、司法公正这些所谓的法治追求，终究是镜中花水中月。从这个角度来说，旨在遏阻官员干预司法的任何努力，都特别值得提倡。

但是，笔者存在一个疑问，那就是这一规定会不会像过去的一些具有美好初衷的规定一样，同样只是看起来很美好，而实际上也会遇到执行上的悖论，以致难以达成预期效果呢？我们现行法律对于司法人员（司法机构）已经赋予了其依据司法程序立案、查案、办案的权力，同样也作出了其应当公正司法、严格司法的职责要求，甚至规定了有关人员任意干预司法、特别是试图以此来以权谋私可以构成犯罪，而司法人员如果任意接收干预也可以导致犯罪，可是为什么这样的规定并没有发生应有的作用呢？现在加上一个记录在案制度，就可以达成阻遏官员干预司法的效果吗？

我觉得光这样还不行，恐怕要加以进一步完善。我们知道，现实中官员干预司法，从客观方面来说，原因应当有二：一是从外部来看，现行有关司法权的配置和运行体制机制，本身在独立保障方面存在很大的不足，因而使得无法避免从外到内的干预司法。二是从司法体系内部来说，多年来司法不透明、程序不严密、司法人员不整齐，加大了司法任意的可能而少有因此被发现追究的风险，从而促成了对干预司法的容忍甚至欢迎。在这种情况下，记录在案制度，如何可能在这种司法体制机制内外漏洞所形成的司法干预狂风中立得住呢？

记录干预的权力和义务，对于那些力行独立、公正办案的司法人员来说，可能是有效的，而且甚至可以说是政治上的尚方宝剑（两个文件是以政治方式而非法律方式授予尚方宝剑的，笔者多年前就将这种方式称为以政促政，对比以法促政）。但是更多的时候这一记录要求可能会形同虚设。我们从上面的成因可知,官员干预司法,部分取决于司法外的权力本身具有任意侵蚀司法的许多空间,部分取决于司法人员本身也经常愿意自破司法樊篱。所以,对于司法人员来说,其实存在两个面向:一种是被动的,一种是主动的,现实中,被动依附献媚司法之外更高权力的也有之(这也是一种特殊寻租),司法人员主动寻租司法权的也有之。换言之,在既定体制不作重要调整的情况下,司法人员一方面难以扎住对抗司法干预的篱笆,另一方面在很多时候又十分情愿引狼入室!

所以,我们不能忽视到在现实中,可能存在许多并没有打算力行独立、公正办案的司法人员,他们有的甚至在积极地或者消极地准备着将司法权寻租呢！在这种情况下,他们怎么会把心里盼望着的领导干预记录在案呢！退一步说,即使那些打算独立、公正办案的司法人员,他们在现行司法内外体制尚不作更大调整情况下,面对诸种外部权力的强势,会不会明哲保身呢？因为在这种情况下作出记录往往无异于以卵击石,所以还不如自己把"记录在案"的尚方宝剑挂起来！

在此,我建议有关方面对于记录在案制继续深入研究,至少要在如何破除司法人员寻租滥权、被动附权这些更深层次问题上下足工夫。我觉得,司法公正体系的确立,首先有一个十分复杂、十分艰巨、关系到六路八方的司法权樊篱如何预先围扎问题,只有这个樊篱从外到内都扎牢了,司法权保障才可能成为现实,在这种情况下记录在案的招数恐怕才能够更好地发挥预期成效。

此外还有一点疑问,也随带提及:两个文件没有明确应当将不当干预和正当监督加以区分。在现实中,基于国家政治架构的设计,宪法、党法赋予了不少机构在不同方面享有对于司法的监督权,比如人大、政协、法律监督机关、纪委等等,所以在很多情况下必须明确什么是不当干预而不是依法监督;同时宪法和有关法律也赋予了公民(当然包括官员在作为公民时的那一面)对包括司法行为在内的监督权、建议权。我们很多司法弊案,往往是通过这种权力监督和公民监督才得以启动复查程序的。那么,记录在案制度,某些时候会不会又成为司法人员用来拒绝上述合法、正当监督的手段呢？或者在司法还缺乏足够公开和程序遵循的情况下,反而成为加大司法内部操作的理由呢？如果是这样,那就得不偿失了。是以为建议。

冤案复查应建立外部调查机制[1]

刚才看到何家弘教授"关于新闻1+1未说出的话"的博文,他提到近期关于聂树斌案件复查走到了动用听证会的情况,当然其结果尚不得而知。何教授提到了对于这种听证会作用的质疑,我深表赞成和理解。不过对于希望通过改进这种听证会,甚至希望通过改进为陪审团这种模式来达成复查合理,我却又不太赞成。这是为何呢,下面请听我简单一述。

我也很关心聂树斌案,但出发点与很多也关心的朋友可能存在不同。我在意的不仅仅它是不是一个冤案,而是更在意于关于聂案是不是冤案最终要通过一个什么样的程序来形成结论这个司法过程。

换言之,我关心的是中国冤案的复查机制问题,我以为这是我国目前司法改革的一个重要环节,它关系到办案监督的一个最终机制的建设问题。我认为,冤案复查,首先在于机制是否科学、是否有效,而在这方面我们过去的制度并不怎么科学、有效,所以也就造成了最有效的监督出现了某种意义上的缺席,最后也就加剧了司法内部可能的任意性。我们应该考虑更加科学有效的机制。

我国冤案复查机制目前总体上来说,是一种法院内解决机

---

[1] 本文2015年4月30日首刊于笔者博客"军都拾零",http://longweqiu.fyfz.cn/b/850170。

制,即靠法院自身解决。这种方式显然存在过度依赖自我纠错意志的弊端。虽然在现实制度设计里面,我们也赋予了检察院监督权,但是由于再审这种内部性纠错机制的唯一设计,导致了其监督功能极为有限。从冤案复查到最后决定启用再审程序,决定权、操控权都在法院这里,你想一想这是不是一种神一般的程序呢!

我们应该熟知人性规律,大凡你要是希望有错误的人自己打自己嘴巴,这种希望肯定就会大打折扣。现实中,很多冤案之所以发生,都是产生在办案环节,即出了程序问题或者办案违法问题,比如说有刑讯逼供、滥审、不作为、干预、腐败等等。但不管什么情况,最后的责任其实都在法院的裁判环节那里。比如说,存在刑讯逼供的证据情况,按照法律应该是不好通过法院这个审理环节的,但是奇怪都好像挺容易顺利通过的,为什么呢?当然是法官往往对之置若罔闻,即使当事人在现场进行逼供声诉,也经常不加理睬。在这种情况下,冤案复查继续搞内部化机制,其结果我们就可想而知,所谓兔死狐悲、物伤其类,要不是真的没有办法,谁真愿意自己相互残杀呢?所以,在这种内部化机制下,冤案能否得申,只有靠少数的那些公正不阿的复查法官的自觉或者社会巨大舆论的搅动,但是他们的障碍也会有很多。

现在一种建议或者改进做法是,在冤案复查过程加入听证会。那么,这种做法有效吗?我认为无效。因为首先它解决不了如何启动复查的问题,很多冤案因为这种内部化机制问题往往石沉大海,一些案件得以启动复查,通常是基于内部检举、检察院的偶然发现、受冤人或其家属无休止的申诉或者十分难得的新闻披露牵动社会舆论关注,等等。其次,这只是内部化机制中的一滴露水,无法解渴。这种听证会不是外部性机制,更像是一种信息公开和社会证明活动,作用很有限。由于我国民众法治熟悉不够,加上选择权操控在司法机关手上,所以此类听证会意义不大。所以,假使内部化机制不变,而要加入这样的听证会,鉴于冤案的特殊性和专业复杂性,至少应该是请一些具有独立品格的高水平的法律专家(像何家弘教授这样的专业资深且有独立职业思维的法学家担任最好),当然如果也邀请一点像我这样的还算比较独立也有些专业水平的人民陪审员、人民监督员参加也是欢迎的。这类听证会为专家听证会。但不能走过场,要有何家弘教授说的像陪审团那样的一定的表决权。

不过,我主张在坚持党的领导和维护人大权力的体制前提下,进行一种更加彻底的冤案复查机制改革,即建立冤案外部复查机制或叫调查机制。

这个机制首先要求改造一下检察院。在现有司法分工体制不改的条件下,我郑重建议,将检察院分割为三块。一块是代表国家社会公共秩序的追诉机制(公诉为主),这一部分就是公诉律师的性质而已。这一部分可学习国外,与司法部合署。第二块,代表国家廉政利益的特殊追诉机制(即广义的反贪局或廉政公署),负责官员腐败、渎职的侦查和追诉,这一块可与中纪委、监察部合署。

第三块则是本文关注的,是代表维护法律公正的监督机关。这一块独立设计,可还叫检察院,但应归入全国人大常委会下面,专门负责冤案调查机制包括对司法人员的渎职、腐败、滥权等调查。检察机关在调查结论形成之后,可配备使用其他司法手段,比如启动冤案平反程序,比如进行司法人员弹劾,等等。

本案最大的问题是,侦查、公诉、审理的环节是否存在刑讯逼供或者违法办案的情况,特别是侦查这个环节。只有把这个问题搞清楚了,我们往往才有可能知道是否真有冤案发生。你就现有的做成的案件材料,双方争来辩去其实真没有什么意义。很多冤案,往往是起因于司法人员的滥权、腐败、渎职等,在这种基础上搞证据、玩弄或者糊弄程序。所以能不能启动冤案复查,前提是需要查清是否存在司法人员办案过程的滥权等,这一块不搞清楚,很多所谓真相就是一团迷雾。

总之,鉴于法院本身是冤案的利益一方(可能办了错案),真正要做到冤案必究,特别是要通过冤案纠正机制对司法人员滥权达到威慑效果(最终减少甚至杜绝冤案),就必须改革我们现在的这种神一样的内部化纠错机制。本文郑重建议,在现有检察院的监督权基础上,果断构建外部监督机制,请最高人民检察院牵头,建立专案调查组,中纪委、监察部派员参加(因为涉及公安侦查环节),再特聘一些独立专家参与,进行聂案的复查或调查,特别是要针对办案司法人员有无刑讯逼供、篡改案卷等情况进行认真调查,在此基础上作出一个比较彻底的冤案复查,形成具有公信力的结论,给社会一个答复。本人愿意继何家弘教授之后请缨为特聘专家。

司法改革应大胆认真地
遵循司法规律[①]

最近一个时期,司法改革动静不小,其中法院系统表现最为踊跃,又出文件、又推措施,很热闹。2013 年、2014 年最高人民法院、最高人民检察院工作报告都是从改革成效和改革部署角度展开的,特别是最高人民法院,在 2014 年 7 月发布"四五改革纲要",针对 8 个重点领域提出 45 项改革举措,之后恰逢中共十八届四中全会推出全面依法治国,又在 2015 年 2 月 26 日,发布《关于全面深化人民法院改革的意见》,一气提出了 7 个方面 56 个措施,动作之快令人惊叹。比较重要的举动,则有深圳、沈阳两家最高人民法院巡回法庭的迅速落成和启动,员额制的加速酝酿和试点,等等。

应该说,这种积极改革的姿态是好的。但是我也隐约感觉到一些问题,就是改革本身不仅仅是速度问题,而更多时候是勇气加深思熟虑的问题,司法改革关系方方面面容不得出错。因此,特提出以下几个郑重建议:

[①] 本文 2015 年 4 月 14 日首刊于笔者博客"军都拾零",http://longweqiu.fyfz.cn/b/848430。

1　司法改革应当以理清司法规律为前提，严格遵照司法规律进行

我们过去并不是没有开展过司法改革，实际上每一个时期都在不同程度上搞过司法改革，即使是被认为存在司法倒退的上个十年，也推出过不少以司法改革为名的措施。问题是，过去有很多司法改革并没有充分的政治条件作为支持，或者很多改革措施本身论证就不够科学所以就往往得不偿失。

我们这次司法改革是在全面推进依法治国的政治背景下开展的，可谓得逢其时。我们应该珍惜难得的政治环境，认真从全面推进依法治国的总体目标出发，切实遵循司法规律而为，包括立足司法正义的目标、充分吸收人类优秀的司法文明和吸取相应的历史教训、认真对待司法活动的专门性以及可操作性等角度，多层次多方面充分论证和把握司法改革方案和措施。目前最高人民法院改革意见虽然提到改革的原则之一包括要遵循司法规律，但是在重点方面和相关措施上，并没有看出其遵循了司法规律，因为并没有给出与司法规律相关的任何明确论证，如此是不是欠于仓促呢？

2　司法改革应该抓住现行政治和司法的体制机制要害，有次序地展开

我们现行司法状况不容乐观，积弊较深，反映为诸多问题，实际为体制机制之弊。所以，举凡改革措施，不应该只看问题，而应该从问题解决和体制机制建设双重视角着力，二者又以体制机制为重。很多时候，是体制机制一变，问题自消。但是目前有关文件存在两个隐患：

一是不少措施是建立在对于问题解决的简单设计上，这些措施在一段时间可能有效，但在一段时间之后又会为问题所困扰甚至滋生新的问题。比如，最高人民法院急忙推出的巡回法庭，事实很快就会证明，既不能解决预想的缓解北京上访压力、打破地方主义、推动司法竞争的这些效果，相反会加速最高人民法院这一级的地方化倾向和加大腐败不公的勾兑空间，也使得最高人民法院产生分离主义和规模变相膨胀的新弊端。又比如，即将开展的员额制也有同样的不成熟之嫌，它本身是问题反应性的，而不是一种深入体制思考的措施，反而会带来很多现实的危机，所以目前还未推行就显示失败先兆，许多年轻有才华的法官、检察官纷纷提前跳槽，这恐怕是没有想到的。

二是体制机制改革缺少清晰的总体布局和顺位设计，更没有有重点的次第突破的安排。7个方面56个措施，请问它们内部是什么关系呢，各自解决什么体制机制问题呢？方案没有回答。我总体上并不赞成在没有进行系统的科学论证的前提下，一下子推出这么方面和数量众多的措施，而是建议应在司法公正目标指引下，在何谓党支持司法、何谓人民主权限定司法、何谓严格司法保障司法的体制机制得以论证成熟的基础上，以体制机制改革为抓手，形成总体布局和重点次序，起初最好是在几个关键点解决几个根本或要害的体制问题，展开几个决定性重点布局，由此辐射开来，之后逐步推进其他机制措施，继而展开各项必要的机制改革，直至全面形成严格司法、高效司法、公正司法的局面。

3　司法改革是一项政治改革工程，而不是单纯的司法内改革

中共十八届三中全会、四中全会提到的全面深化改革和全面推进依法治国是一个大的框架，包括到政党、立法、行政、司法以及其他方方面面的政治架构和体制问题。所以，司法改革是政治改革的一部分，存在一个更为顶层的外部体制改革和完善问题。四中全会只是作了一个总的部署，还有一个具体设计和推行问题。从目前来看，政治高层需要在党对司法的领导体制、人大主权代表与司法忠诚的关系体制、行政控权与司法自立的关系体制等重大方面形成改革方案并有效推进。

所以，目前司法内的改革不宜匆忙，特别是要注意不能影响和干扰将来的大政治架构改革，如果一定要做一些改革的话，建

议要有政治改革的远景，否则最好只在关涉司法规律的技术属性的那些环节作出一些力所能及的合理化调整。包括推行司法公开、制定法官行为准则、加强审判重心设计、推动审级和具体程序科学化，等等。

总之，此轮司法改革应该大胆、认真地遵循司法规律。党的十八届三中全会、四中全会的语境给了我们司法改革很大的突破空间，全面深化改革和全面推进依法治国的政治方略，就司法改革而言，讲的不光是司法内部的技术修补，它们放眼的是司法体制的外部政治关系，是大政治架构的改革问题。我们的司法改革需要在这个背景下来开展，因此要突破过去保守时期的运动式、宣传式的司法改革思维，勇敢而睿智地走向一个依靠外部政治改革支持、自觉实现司法体制机制全面科学转型的司法改革局面。

关于司法规律的几点宏观认识[①]

感谢各位领导和专家莅临北航,我们全院师生很高兴有这样一个承办会议和学习的机会。我也很荣幸有这个发言机会,这里要特别感谢张文显老师,春节前我写了一些小文章讨论司法改革和问题,受到文显老师关注。刚才又聆听了多位专家的发言,受益良多。刚才各位专家作了很深刻的发言,可谓仁者见仁智者见智。下面我也想就今天司法规律的会议主题谈几点,尤其是关于如何认识司法规律,以及司法规律的中国特色问题,另外也随带就目前司法改革提几点宏观建议。

一、正确认识司法规律的重要性

中共十八届四中全会确立了全面推进依法治国的政治目标,在此形势下"司法何为"话题成为我们法律界极大的兴奋点。有此新形势阳光之普照和激发,我们的司法能否果敢告别过去的依附司法、工具司法的旧思维,能否告别由此旧体制而导致的司法无为、司法乱为、甚至于司法虚无的政治弊害呢?能否由乱而治、由虚而实,而全新地转型为全面法治架构下之新司法呢?

有识之士提出:此次全面推进依法治国之司法再造,其着力

[①] 本文 2015 年 4 月 14 日首刊于笔者博客"军都拾零",http://longweqiu.fyfz.cn/b/848384。

之关键点,在于现实之司法能否以符合法治政治本体规律的设计,完成由外而内、由上到下体制机制的合理革新,所以新一轮的司法改革需要在此方面下足工夫、下对工夫。

所谓符合法治本体规律,具体之于司法,体现为应当通过遵从司法规律而达成改革再造。由此,关于司法规律的认识问题就成为十分关键的前提性课题,对它如果不事先加以理清,就不可能形成清晰可靠的司法改革、司法再造思路。

然而,关于司法规律却多有歧见,可谓仁者见仁智者见智。所以,需要广泛、深入讨论,已尽快形成共见共识,避免改革混乱或者改革消耗。

二、司法规律的三个基本属性

为此,我也想谈一下自己对于司法规律的一些看法。

我同意将司法规律解释为司法活动的合理要求。但是我认为,司法规律本身在司法活动语境下存在多层次的丰富内涵,因此应该通过不同层次地加以区别地作出理解。这些属性主要表现为三个层次:存在应然和经验应予区分的合理要求;存在如何合理克服上位意志任意性的要求;存在司法活动专门性的技术要求。

具体说来,司法规律有以下三个不同层次的属性:

第一个属性,司法规律属于社会规律,所以它具有人为性。这里的人为不是个人之为,而是人类之整体人为。

这个特性使它区别于自然规律浑然天成的品性。自然规律在存在论上讲,是客观实然的,但在认识论上讲,是要不断被认识和发现的。所以,自然规律有实然的和认识的差别,存在实然的自然规律和认识的自然规律的差别。

社会规律则不同,社会规律有经验的和应然的差别。从经验的角度来说,社会规律是人类进行组织和社会文明实践的运动趋势,具有显著的人为性或经验局限性。但是还有一种社会规律的理想形态,它不是经验的或实然的现实存在,而只是一种应然要求,反映的是人类关于社会发展的理想,需要人们通过思想和实践活动去追求、去探索。

司法规律作为社会规律,在这个意义上说,有应然的司法规律和经验的司法规律之区分。其中,应然的司法规律是我们追求的一种司法理想的表达,经验的司法规律则是我们人类实践所积累的司法文明反映的趋势或成果。上午很多专家提到的有关司法正义之追求,有的是讲应然态的,即我们崇尚以法律的方式,通过司法实现正义,这是一种由目标引领的司法规律之追求,本身在路径上并不是很确定。现实中,经验的司法规律,则是有关人类如何实现司法正义理想的实践成果,反映为人类的司法文明,具有阶段的实证的进步性和局限性。

由此认识,我们可以推出一个结论:司法活动应该遵循的司法规律,包含应然和经验两层含义,一方面在应然意义上的,应该以司法正义为永恒的目标,另一方面在经验意义上的,又应该懂得不断借鉴人类司法文明。即,能够在应然的探索和经验的司法文明之间达成一种融合交汇。

第二个属性,司法规律属于政治规律的范畴,是以它具有上位性,以及由此伴生的权威性和意志任意倾向。

司法活动属于政治活动序列,故而司法规律又是政治规律的一部分,而政治规律又是社会规律中的上层建筑。政治规律同样存在应然和经验之分,作为经验的政治规律,由于其上位性,具有更多的权威性,但也具有更多的任意性可能。

司法规律的政治规律属性,导致经验的司法文明和政治现实关系会比较敏感,作为一种经验的司法文明,总是和现实政治共生共存而互相作用,现实的政治文明的情况会决定现实的司法文明的情况,现实的政治文明的合理程度就会决定司法文明的合理程度,反之亦反。

司法规律隶属政治规律的这一特性,提醒我们这样一种认识:司法文明建设、司法改革不能脱离广义的政治文明建设、政治体制改革而进行;同时司法权力和系于其中的政治权力一道,作为社会的终极权力，不仅具有权威性，现实中也易于因位居高位而具有任意倾向，对此必须有清醒的意识和加以必要控制的设计。

第三个属性，司法规律具有司法自身活动特性本身决定的专有属性，也就是专门性、专业性。

司法活动的专门性，具体展开为司法通过程序正义来实现实质正义的一种活动过程，因此存在主体、过程设计、行为界限和依据以及程序终结等复杂的专门化的技术性的设计要求，既体现为许多与条件和行为依据相关的实质要求，也体现为许多行为手段和程序相关的形式要求，既有静态的司法权及其运行体制的设置要求，也有动态的司法具体运行的开展要求。

司法活动的专门性这一特殊属性，提示我们司法活动本身存在独特的与专门性活动相关的合理规范必要，这些既不同于自然活动，也不同于其他社会活动包括其他政治活动，特别是与立法活动、行政活动比较起来不能混同，应注意其自身合理规范的区别性。上午很多专家具体阐述了反映这些专门性的原则或规则，都是着重在司法权配置和运行的点上，非常到位。

但我还是想强调一点，我认为司法规律这种自身特定性，同样要注意其存在应然的和经验的区别，我们上午讲的有思想认识层面的，也有经验成果层面的。作为经验的，在不同阶段，不同时期，不同国家，可以是多种多样，但在很多方面因为属于阶段共识而成为人类司法文明的普遍成果。

所以我认为，对于司法规律存在一个认识上的复合化、多层次视角问题，既要注意其作为社会规律具有人为性，因此区别于自然规律存在应然和经验的区别的特点，又要注意其作为政治规律之组成具有上位性，因而易于任意并与政治结构和运行整体相关的特点，还要注意其作为司法活动的专门性而具有如何合理配置司法权并有效进行的技术特性。只有从这样多个角度、多个层面认识和思考，才能达到更加准确把握的效果。

三、司法规律的中国特色问题

那么司法规律是否存在中国特色呢？这个论题歧见更多，尤其需要明辨。

我个人认为，探求中国司法规律的中国特色，应该坚持两个前提：

首先，我们讲特色应该是讲合理特色，如果不坚持这个前提，那就没有办法开展有价值的讨论了。

其次，从司法规律的多种属性可知，探求司法规律的中国合理特色，必须牢牢确立司法规律本身存在多层次的属性观和由此决定合理要求的论题问题。

例如，如果单纯从应然的司法规律或世界范围的经验司法文明来论，那么就容易忽略中国历史或现实的特定经验司法的意义；反过来，如果完全依赖现有的中国政治结构和司法结构情况来论证中国司法特色，同样也容易认为基于中国目前政治和司法本体的独特性而形成的司法特色即当然合理。

可见，任何一种角度的绝对化，都会导致片面和不准确，司法规律的特色和司法规律本身一样，存在一个应该进行多层次视角合理区分和整全问题。

基于司法规律的多视角和合理思考，思考司法规律的中国特色问题，应该有四个密不可分的应加以注意有机结合的要点：

第一，中国司法规律的特色可以是一种应然的特色，体现为对应然司法规律的积极而科学的自由探索和创造。

这是基于应然的司法规律的角度而论，人类追求法律和司法正义的理想永无止境，关于司法规律的认识也永无止境，永远需要不断提升，在这个意义上我们中国同样拥有科学地探索司法规律并且加以实践的自由空间。这里要特别注意"科学"二字。

第二，中国司法规律的特色可以是世界司法文明的个性化实践。从世界已经形成的经验的司法规律即司法文明来说，不能排除中国基于个性化追求的特色创造的可能。

这种特色创造,一方面绝对不能排斥对于既有人类先进的司法文明的吸收,包括对自身历史教训的借鉴,另一方面这种特色创造不能完全以特色惟特色,必须是合理的特色。何谓合理,从经验的司法规律来说虽然智者见智仁者见仁,但阶段性的共识共见不可轻言扬弃。此外,基于应然的司法正义追求而确立的目标机制也是不可或缺的检验准据。

第三,中国司法规律的特色可以是以某种合理特殊政治构造为条件的特殊司法。这种特色形式上主要体现为现实司法与政治关系的特殊性。

但是这里要特别谨慎坚守"合理"二字。从司法规律系属于政治规律而言,司法和政治的关系模式关系到司法自身价值和功能的实现程度问题。

我们允许关于司法与政治关系的各种科学安排,但其前提是必须确保政治合理、司法健全。历史上我们有过司法工具主义、司法虚无主义的惨痛教训,最近的如文革时期。

所以,这种合理的政治语境的司法特色,绝不能是一种简单唯现实政治特色是从的特色,而应该是不断追求更合理的政治、更健全的司法的"双全双好关系"的政治司法特色。那种一味将现实政治唯美化、一味压制司法作用、绝对不允许作合理政治改革情况下形成的司法特色,只能成为政治保守的代名词。

第四,中国司法规律的特色也可以是技术上的某些合理变化。

从司法规律本身的专门技术性来讲,中国司法规律本身受到司法权配置和运行这一特定事项的科学化原理的限定,在涉及保障司法权本质、目标实现以及基本运行保障的设计方面必须遵循科学化的基本要求,因此更多的时候在没有深思熟虑之前不宜盲求特色。某些时候,只有经过充分论证和实验,才适合在为了配合适用对象、条件、环境等有所差别的情况下作出某些必要的合理的细节的变化,表现为某些方法、手段、环节等的增加、减少或者修补。

  总之,我们不能盲目追求中国司法规律的特色,而是应该在合理的创造、合理的个性化、健全的政治和司法关系以及技术上必要的适应性这些限定前提的意义上,理性地创造那些合理化的中国司法特色。

关于我国现行三大司法特色的认识

提到中国司法特色的时候,我们通常会想到三个重要的议题:一个是党的领导,核心是与司法的关系问题,另一个是人民司法,核心是加强司法的人民性问题,还有一个则是内部分工,即在司法内部做出所谓侦检审分工协作的内部关系设计问题。

那么,应该如何看待这三个议题呢?从有关司法规律的基本属性的认识出发,从我国司法的实际国情要求出发(参见《关于司法规律的几点宏观认识》一文),我认为,这三个问题本身是价值问题,而司法内外关系本身更有配置上的技术问题,关键在于我们能不能将它们这些价值通过科学配置发展为中国司法的合理特色。也就是说,我们应该确保不是简单地将它们建设为中国司法特色,而应该是通过对司法特色的规律把握,将之建设为中国司法的优良特质。

先来看看党的领导和司法的关系议题。

坚持党的领导从1949年以来就是我国具有确定性的最高政治意念。从这个意义上说,它是中国现实不容动摇的政治原则,从经验司法规律层面来说,中国司法只能服从这个政治规律的限定性。在此前提下,坚持党的领导在与司法的关系中,在价值上应该明确为:坚持党的领导是一种政治限定性。那么,接下来就是技术问题,即如何通过政治和司法关系的合理建构,使坚持党的领导成为中国司法的一种合理特色呢?为此,党的领导本身只是一种体制,其本身存在一个从价值目标到技术架构的合理化设计问题。

这里必定提出来一个问题,就是坚持党的领导本身是否就是目的问题?毫无疑问,从我们人类的政治理想,从党自身坚持的宗旨来说,我们应该认识到,党的领导本身不是目的,因为追求人民当家做主、国家民主富强以及社会公平正义这些才是我们党领导所追求的政治目的。即,为人民谋主权,为国家谋民主富强,为社会谋公平正义,为每个人谋幸福自由。也就是说"党自身没有什么私利"。可见,坚持党的领导,强调党的领导地位的同时,不能使之成为目的的片面化,坚持党的领导同时必须服务于国家和人民的体制目的。中国共产党十八大、十八届三中、四中全会都明确了党的领导体制自身必须改革的使命和任务,而且必须在我国全面深化改革、全面推进依法治国这一宏大历史任务下扎扎实实进行领导体制根本转变。这里明确的基本改革方向是:党的领导必须和人民当家做主(人民主权)以及依法治国三者之间形成有机统一关系。所谓有机统一就是相互支持、相互限定的意思。在这种意义上,我们既可把党的领导看成后二者的限定,也应当把后二者看成党的领导的限定。

这些年来,我们逐渐基于中国政治特色价值需求,已经提出一条重要有关党的领导体制改革要求,就是必须正确或科学地坚持党的领导。那么何谓"正确"或"科学"呢?

按照党的三中、四中全会的要求,从宏观方面说,党的领导的正确和科学,不仅在内部存在从严治党、严格规范好组织和个人行为的迫切问题,在外部更存在改进党领导国家的政治体制机制,提高党的执政能力和执政水平,通过改革、完善和发展现行政治制度,科学改进党的领导体制的各种关系架构,特别是要正确科学设计和规范好党的领导和人民主权、党的领导和法治的关系,做到全面转入依法执政,尊重人民主权政体和全面法治体制。

从司法与政治关系的技术上,明确提出了一种党的领导和司法关系的改进模式,即变领导为"支持"的关系模式。四中全会对党和政治体系的总体关系,提出了一种新的关系设计,即"必须坚持党领导立法、保证执法、支持司法、带头守法,把依法治国基本方略同依法执政基本方式统一起来,把党总揽全局、协调各方同人大、政府、政协、审判机关、检察机关依法依章程履行职能的方式开展工作统一起来"。可见,其中与司法的关系区别于立法和行政,不是领导,也不是保证,而是"支持"二字。在与司法的关系上,不能够再采取包揽式的、直接式的领导方式,而是应该转为一种以"支持"为手段的领导方式。这是一种崭新的意义独特的提法。

当前来说,党对于司法的支持,笔者认为似乎可以至少要求两条:第一,急迫完善中央政法委对于司法机构特别是最高人民法院的关系模式,要切实变"直接领导"为"支持"。当然,何谓支持司法,或者说怎么样才是党在支持司法,党的四中全会只是在全面推进依法治国新形势下提出了宏观命题,但其本身的科学内涵还需要进一步研究探索。第二,党应该支持最高人民法院、最高人民检察院落实现行宪法上作为司法体制的应有地位。现实地说,最有效的支持方式,就是积极配合宪法关于"一府两院"设计,在机构地位上将法院、检察院和政府放在平等地位上,特别是在党的领导机构成员配置上,对于法院、检察院的首脑要与政府一视同仁,说白了就是应将具有党员资格的院长和检察长吸纳到各级常委会中来,使其成为常委成员。只要院长、检察长在党的最高领导机构有一个地位,那么他们自己和下面的人也自然就容易抵御同级干预了,而且他们也有了以此为终点而经营司法的归属感和使命感。现实中,不少院长、检察长由于比较起来觉得地位太低,往往以法院、检察院为政治跳板而进行经营,实在可叹,而对于司法体制更是一种巨大危害。

接着来看看人民司法这一议题。

"人民司法",是出自三个有机统一政治原则的另一个政治原则,即人民当家做主(人民主权)的逻辑要求,而不是由党的领导这一原则作出的推论。上午龙宗智老师提到,他认为人民司法或司法为民也应该是我国司法规律的一个重要要求。我也完全赞成,我国司法体制的确存在一个"人民性"限定的现实要求。按照现行政治架构的改革原则,依法治国与人民主权必须结合,可见我国司法在内的法治系统同样应接受人民主权这个原则的限定。

司法的"人民性",同样存在一个合理化设计问题,绝对不是一个可以随意的言辞修辞。一方面,除了在国体上,依据现行宪法设计,坚持作为人民主权象征的"人民代表大会制度",并由此决定司法作为政体之一部分必须合理服从该国体之外(司法人事、预算、报告、最高监督均来自该国体的要求),另一方面,在司法体制的本身设计中,我们有必要考虑如何合理加入"人民性",使其在微观层面也保持服务人民之特色,形成一种为民品格鲜明的具体司法,俗称"司法为民"。

当然,我们必须明白,司法必须同时服从依法治国本身对于司法体制的科学要求,司法的人民性本身不能破坏了司法的依法治国原则,无论如何加强人民性,都不能忽视了依法治国本身也是三个统一之一。

我们现在的一些做法,比如增进司法亲民便民属性的做法,包括设置基层法庭、重视人民调解对于司法的分权、促进便民审判等,增加人民对于司法的参与和监督的做法,比如推行人民陪审员制度等等,都是这方面的尝试,但是是否真实有效,是否科学合理,则需要进一步研究改进。

最后看看司法分工的议题。

我国现行司法体制的第三个特色是在司法机关、司法权内部关系设计上存在一个分工协作的配置特点,即采取了侦检审(公检法)分工配合的配置方式,广义上还包括检察院的法律监督这一部分分工设计。对此存在不同观点,有认为这种做法违反了司法规律,也有认为这是一种有益的创举。那么,应该如何看待这些分歧呢？

我觉得评价这个问题，应放在司法规律的专门技术属性这个角度来进行，因为这个问题直接涉及司法权配置和运行的科学性评价。司法活动作为一种专门性活动，存在如何围绕司法正义这一目标而自身具体以司法权为配置和运行为技术特点加以合理化设计和规范问题。从这方面来说，也有很多日臻成熟的司法文明可循，但同样也存在针对对象、条件、国情人情等环境做出必要细节调整的可能。

我们现行的这种侦检审分工负责的司法内部构造体系到底是否合理呢？或者说如果不合理有无完善的可能呢？老实说，我没想好这个问题。只是有一点历史直觉，就是从中国历史上长期具有的司法行政化的弊端来讲，强调分工是有它的特殊作用的，分工有利于减少司法专断，避免法院或法官滥权。但是，现实中发现，分工不仅没有减少法官专断或滥权腐败，从具体的侦检审分工的拿捏来讲，合理设计上难度非常大，不仅加大了司法滥权的环节，而且经常导致各环节之间相互干扰或扯皮，扩展了司法官僚空间等等。

现行我国刑事司法分置运行明显弊端，最主要的是三个：

一是公检的权力比较强大，几乎成为一种和审判权一样"不证自明"的司法权，这就带来了许多问题，特别是形成了一个所谓的大司法体制，大大弱化了审判权的司法地位和功能发挥。

二是我们这套刑事司法分工的体系的重心，在现实中由于公安强势，已经前移到了公安的侦查权这里，而公安又以其显著的党政政权机关的特色使得司法进一步的行政异化，有时甚至成为党政直接意志或者政法公安个别领导意志的工具和利用。

三是司法权力的过度分置和各环节内部及相互衔接的不够科学，滋生了非常严重的司法官僚主义，司法不为、司法交易、司法乱为屡见不鲜，以致司法功能低下，司法腐败居高不下。

所以，如果我们想一如初衷从权力分工有利于防止滥权的角度,继续维持目前的司法机关分工协作的体系,那么就必须针对上面的弊端进行必要的改革和调整。总体上,应该从司法权配置和运行的技术特点和一般经验出发,重新调整现有分工格局和程度,要强化审判权并作为重心,要特别注重分工配置的科学设计,要注意合理衔接和相互制约。当然,还有十分重要的一点,不管怎么内部分工,都要有外部科学有效的监督机制。

立法策论

正确解读刑诉法修改[①]
——写在我国《刑事诉讼法》修改通过之前

此次全国人大会议一个最抢眼议题就是《刑事诉讼法》(以下简称"刑诉法")的大尺度修改,过去长期呼吁的几个条款终于在"尊重和保障人权"的语境下横空出世了。我不是刑诉法专家,而是这个领域的"砖家"。不过为了支持一下,作为外行也胡说几句,或者说是期望。

首先是可喜可贺!我觉得刑诉法的这一小步,是中国法治的一大步。刑诉法是行动中的人权法。

其次,我也随带表示一点担忧。担忧什么呢?担忧这些关键条款在理解中被缩解甚至误读。

其一,是任何人不得强迫其自证其罪的条款,可能被简单等同或类似理解为"禁止刑讯逼供"的含义。

禁止刑讯逼供早就是我们刑诉法的要求。那么对这一修正条款的正确理解应该是什么呢?我认为,中文"强迫"两字用得不好,可能导致误解。

这一条的正确理解,我觉得应当是:一个人不能因自证而为嫌疑人,更不能让嫌疑人因自证而被定罪。换言之,每个公民在

[①] 本文于 2012 年 3 月 10 日首刊于笔者博客"军都拾零":http://longweqiu.fyfz.cn/b/519498。

刑诉法上不仅有沉默权，而且还有不因其自证而成罪之人权保护。

在中文语境下，我觉得这一条款不如表述为"任何人不因其自证而定罪"更好，包含两层直接的含义：（1）司法机关对"你有权保持沉默"的告知和程序尊重；（2）任何人不因自证而被定为嫌疑人，更不能因为自证而为罪。这就已经远远超出不得使用刑讯逼供和类似手段强迫的范畴。

同时，这里也推出第三层含义：我们的刑诉法在这里，实际承认了美国人通常说的"辩诉交易"，在没有外证的情况下，在司法追诉无法取得证据破案的情况下，通过一个程序可以决定犯案人自证成为交易对象——这样使案子破了，但犯案人也不受追究，因自证本身不成罪证。

还推出第四层意义：中国刑事政策中的"坦白从严，抗拒从宽"，从刑诉法修正案出台开始，即成为历史遗物。

其二，是证人无特殊原因应出庭作证并受保护的强制条款。这一条表述得更不好，从中文措辞看被限定在"出庭作证"这一点上。当然或许这次立法修正就只到这里为止，仅仅想解决目前证人不肯出庭作证的情况。

任何人证，不经过庭上质证都不能成为证据，本是现代刑诉法的应有之义。

那么，我们真正需要的是什么呢？一方面，我们要证人证言必须经出庭质证才为证据，而且这种情况下证人需要被保护；另一方面，我们还需要，每个公民必须承担义务，就其所知道的犯罪或者所知道的与犯罪与否有关的情况作证，这是刑诉法的强制义务，不是一般的义务，是拒绝不得的。

但是，我们要规定一些限制或例外：（1）牧师、心理医生、律师等这些特定职业者就其职业工作范围从嫌疑人或犯案人那里直接接收的信息，应受作证豁免。（2）近亲属按照中国的文化传统"亲亲相隐"，可以考虑是否成为例外。

当然，有一个复杂的情况，即当新闻记者通过特殊渠道（比如深喉)接收到某种公共资讯信息(记者就其披露从新闻自由的角度有很多豁免特权,比如不构成泄密罪之类),但提供者就其披露本身为犯罪(如构成泄密)的情况,记者是否有出证的义务呢?美国有过激烈的争论,但目前法律仍定有作证义务,不受豁免。

我国现行专利法修改的
基本思路和具体重点[①]

贵办(国务院法制办公室)3月13日"国家知识产权局报请国务院审议的《中华人民共和国专利法修订草案(送审稿)》(以下简称送审稿)征求意见通知"收悉,经认真研究,现将有关意见和建议反馈如下:

一、总体意见

1. 首先,赞成此次立法修订的迫切目的,应为解决现实专利司法保护中的困难。这些困难包括存在举证难、周期长、成本高、赔偿低、效果不理想等问题。因此,可以考虑在专利司法保护中引入一定的偏向受害人(专利权人)的机制;同时在一定范围内引入行政保护,因为行政保护相对于司法保护具有成本低、效率高、周期短、预防功能强等优势。总体上,司法保护程序需简化,专利行政保护程序需严格。

2. 其次,无论是司法保护、还是行政保护,都应该慎重考虑立法适当。这种立法适当的度,可以结合专利权立法政策、国际趋势、国情特点加以考量。专利权本质上属于私权,这就

---

① 本文系笔者应国务院法制办邀请,以专家身份正式回复的关于《中华人民共和国专利法修订草案(送审稿)》的书面修改意见,成稿日为2013年3月27日。

使得我们在很多方面必须以私权保护的理论和规范要求为基本出发点去作出制度安排,正如国家知识产权战略中提出的,应"以司法保护为知识产权保护主渠道"政策导向。可见,专利侵权纠纷应主要通过民事司法途径解决,专利行政机关不宜过多介入干预。当然,只要不违反私法制度的根本特点,而且依据符合其自身性质的正当化要求加以设计,可以基于国情或情势需要添加某些行政保护,或者在司法程序环节确立某些特殊机制。

3. 专利行政机关如何介入专利侵权管理,以及要授予多大的权力还应当充分考虑国内创新主体的现状。目前在实践中,专利行政机关介入主要起到固定相关证据作用,对于专利侵权纠纷有异议的,专利行政机关仍将其交由司法机构解决。而且,加强执法权和对权利人的保护力度并不总是成正比,在商标市场管理、版权执法过程中一些问题已经显现,往往行政处罚执行和民事赔偿会产生冲突,侵权人有限的赔偿能力下,虽然侵权责任法等法律已经规定民事赔偿优先,但现实中往往行政处罚执行在先而权利人得不到保护的可能性会更大。因此,专利行政机关介入专利侵权管理应审慎,同时需要深入解决专利司法保护出现的相关问题。

4. 在实施国家知识产权战略的背景下,专利法的修订应当一定程度上体现《国家知识产权战略纲要》的主旨及落实其任务要求。建议将送审稿提出的指导思想"充分发挥行政和司法保护两种途径各自的优势和作用",修改为"加强专利司法保护体系和行政执法体系建设,进一步提高专利执法效率和水平",进而反映在送审稿的具体修改条文中。

二、几点具体意见

（一）关于无效宣告请求审查决定的效力问题

修订草案对原第46条进行了修订并增加1款,"宣告专利权无效或者维持专利权的决定作出后,国务院专利行政部门应当及时予以登记和公告。该决定自公告之日起生效"。对第60条也增加1款,"宣告专利权无效或者维持专利权的决定生效后,管理专利工作的部门和人民法院应当根据该决定及时处理、审理专利侵权纠纷"。

建议立法修改要慎重。理由如下:

1. 该修订主要是意在解决专利侵权纠纷中的专利权有效性,进而解决专利维权"周期长"问题,但是可能导致较多的立法"副作用"。

实践中,专利无效审理程序过于冗长,确实已经对专利权保护造成了一定的消极影响。送审稿提出的无效宣告决定自公告之日起生效是解决问题的一种方案,但并不周延。而且如果赋予国务院专利行政部门宣告专利权无效或者维持专利权的决定自公告之日起生效,会使得这样的专利权无效或者维持专利权的决定成为终局决定,进而导致专利确权司法审查制度名存实亡,实为一种立法倒退。

2. 现有方案对于最终司法程序撤销了无效宣告决定的专利权如何保护或补偿没有任何规定。

专利权在经无效宣告之后已经进入了公有领域,而司法程序最终又认可了专利权的有效性,要考虑对如下几个问题进行规定:(1)撤销无效宣告决定是否具有溯及力,即无效宣告期间已经进行的实施专利行为是否构成侵权?(2)信赖专利权无效的社会公众,已为实施该项无效专利作了相应的生产准备或投入生产、销售等,在专利权恢复后是否可以继续生产、销售等?(3)专利权保护期限如何来计算?(4)对于该处修订中的"及时"该如何理解,应该理解为"尽快",既可能是一天或者两三天,也有可能是半个月、一个月或者三个月等,条文中并没有明确具体的时间规定,现实中专利权纠纷解决周期长的问题仍然没有得到很好的解决。

在以上问题没有明确解决方案的时候,对无效宣告的生效时间作出明确的规定,可能造成的消极影响会非常大。

（二）关于专利侵权举证规则问题

送审稿规定"人民法院认定侵犯专利权行为成立后，为确定赔偿数额，在权利人已经尽力举证，而与侵权行为相关的账簿、资料主要由侵权人掌握的情况下，可以责令侵权人提供与侵权行为相关的账簿、资料；侵权人无正当理由不提供或提供虚假的账簿、资料的，人民法院可以参考权利人的主张和提供的证据判定侵权赔偿数额"。

此项修改存在立法论上的法理妥当。理由如下：

此条修改旨在解决"举证难"的问题。"举证难"问题是专利权侵权中的重要问题，专利侵权行为具有很强的隐蔽性和复杂性，专利权人取得相关证据的代价和难度很大，实践中往往求助于专利行政机关介入，以期调查固定证据。但是上述修改，似将专利侵权纠纷视为特殊侵权案件而采取举证责任倒置规则，不具有合理性，会导致举证责任的失衡。而且，在司法实践中，很难证明"权利人已经尽力举证"，这使得司法机关的自由裁量权过大，容易导致枉法裁判。

（三）关于专利侵权的惩罚性赔偿问题

送审稿对原第65条增加1款，对于故意侵犯专利权的行为，人民法院可以根据侵权行为的情节、规模、损害结果等因素，将根据前两款所确定的赔偿数额最高提高至二到三倍。该修订实际上是增设了故意侵犯专利权的惩罚性赔偿制度，即对故意侵犯专利权的行为，人民法院可以根据侵权行为的情节、规模、损害结果等因素，将根据赔偿数额最高提高至三倍。

此条修改规定基本可行，但建议应作出进一步的限定。理由如下：

由于专利侵权的趋利性，严格的"填平原则"在一定程度上无异于纵容侵权，这也是知识产权侵权屡禁不止的原因之一。惩罚性赔偿制度显然能克服"填平原则"的弊端，强化对专利侵权的威慑和打击力度，提高侵权代价，并能对其他潜在的侵权行为造成威胁，有效遏制故意侵犯行为。但是，惩罚性赔偿制度实际上是对民事违法行为的惩罚措施,对故意侵犯专利权的行为的界定不应范围太广,应有所限定。基于惩罚性赔偿制度的宗旨,惩罚性赔偿适用条件应限定于主观恶性程度比较高的、侵权数量较大、社会影响大的、反复侵权的专利侵权行为。

此外,送审稿"根据前两款所确定的赔偿数额最高提高至二到三倍"中的"前两款所确定的赔偿数额"包括"根据专利权的类型、侵权行为的性质和情节等因素,确定给予一万元以上一百万元以下的法定赔偿",这将使得根据法定赔偿给予惩罚性赔偿时侵权行为的性质(故意侵权)和侵权行为的情节既在法定赔偿中考虑,也在赔偿倍数中考虑,在逻辑上似有双重处罚之嫌。

(四)关于外观设计专利权保护期限

送审稿对外观设计专利权保护期限提出了修改方案,即"外观设计专利权期限为十五年"。其理由主要是基于国内企业走出去战略的需求,方便我国企业在境外获得外观设计保护。

此条修改目前看只有局部范围的合理性,依目前表述理由来延长外观设计的保护期限并不充分。理由如下:

专利权保护期限的延长是一个双刃剑,固然有方便了少数企业的便利,但内国主体的外观设计专利保护期实际达到了10年的比例到底有多大是需要考虑的前提。如果统计结果表明,外观设计保护期实际达到10年的权利人主要是外国主体,那就要考虑延长外观设计保护期限的必要性了。毕竟,对于加入"海牙协定"暂时没有时间表,即使没有加入海牙协定,国内企业仍然可以通过直接提出涉外申请的方式来取得外国的外观设计专利权。

专利权保护期限延长是对自主创新的有力保护,但要基于国内的企业创新力现状,而不能盲目地制定超水平的保护标准,否则最后买单的是广大消费者。

(五)关于专利违法行为公示制度

为了加大专利侵权的执法力度,有必要建立和完善专利违法行为的公示制度,建立专利侵权违法行为黑名单制度,将专利侵权违法信息与工商、税务、金融系统关联,加大震慑和打击力度。

(六)其他问题

送审稿涉及的修改范围还是比较窄的,专利法涉及的内容比较多,比如权利的主体、专利权客体、专利申请审批程序的完善、专利保护的范围等,这些内容在此次修订草案中都没有涉及,应当加大修改的范围。

加快新兴产业立法的几点思考[①]

《国家中长期科学和技术发展规划纲要(2006—2020年)》分别将信息技术和空天技术列入了具有前瞻性、先导性和探索性的前沿技术领域;《国民经济和社会发展第十二个五年计划》将新一代信息技术、高端装备制造(重点发展航空装备、卫星及应用)列入了国家战略新兴产业。为促进航空、航天和信息产业快速发展,实现国家产业结构转型升级,核心技术攻关、研发体制和融资保障是关键着力点。前述问题的突破和根本性解决,涉及国防、财政、科研、生产、贸易、金融、教育管理体制机制等方面的问题,部分问题必须通过全国人大或者全国人大常委立法解决。但是,截止到目前,在前述三个新兴产业领域,我国尚无支架性立法。因此,迫切需要加强航空、航天和信息等新兴产业立法,完善我国工业法律体系。只有如此,才能将国家的产业扶持政策以法律的形式固定下来,为新兴产业发展提供长期、稳定的政策保障;为开展产业管理活动、保障新兴产业良性健康发展提供法律依据;拓宽新兴产业研发融资渠道,减少国家扶持新兴产业发展的财政负担,推动产业结构升级,提高国家综合竞争实力。

[①] 本文成稿于2014年3月6日,系2014年"两会"期间笔者向国家立法机构提出的书面建议。北航法学院刘浩博士协助起草,与有贡献。

一、加快新兴产业立法的必要性

高新技术产业投资大、风险大、资本回报周期长,有时政府的更迭和领导人的变更都可能影响其发展,为规避或者减少产业政策不稳定的风险,不少国家选择通过立法将国家战略、政策转化为法律。同时,产业发展初期,往往会出现管理混乱、无序发展的局面,一定程度的超前立法可以为产业的健康发展确立指导方向,为产业管理提供基本依据。美国的《国家航空航天法》就扮演了国家航空航天产业发展宪章的角色,该法出台后美国迅速扭转与苏联在航天领域竞争失衡的局面,其功效不可谓不大。不仅如此,产业发展中期,为应对内外部的束缚或者制约,国家的立法也可起到重要作用。20世纪90年代,由于通用航空航空器产品责任高企,影响了企业进行研发、生产和销售通用航空航空器的积极性,美国即将逐步丧失其作为世界第一通用航空航空器生产、销售大国的地位,为此美国出台了仅仅只有四个法条的《通用航空振兴法》,缩短了通用航空航空器制造商的产品责任期间,降低了保险成本,美国通用航空制造业迅速获得振兴,牢牢巩固了其通用航空制造业在全球的霸主地位。

我国的"十二五"规划将培育发展战略性新兴产业作为我国经济转型升级的重要途径,提出以重大技术突破和重大发展需求为基础,促进新兴科技与新兴产业深度融合,在继续做强做大高技术产业基础上,把战略性新兴产业培育发展成为先导性、支柱性产业。航空、航天和信息产业由于对其他产业的带动作用和其本身巨大的市场空间而被列为发展的重点。但是,世界上其他国家的经验标明,这三大产业均具有"投资大、周期长、回报慢"的特点,从前期研发投入,到后期市场培育,需要长期、稳定、合理的政策支持。立法可以实现产业政策的固定化和常态化,是确保产业政策得以贯彻落实并长期稳定发挥作用的根本保障。加快新兴产业立法,可以确保新兴产业持续稳定发展,带动国家产业结构转型升级。

二、新兴产业立法的可行性

（一）推进新兴产业立法符合国家法治建设和国家立法规划

2011年中国特色社会主义法律体系形成后，国家的主要立法任务是加强重点行业领域的立法，注重并提高立法质量。加快推进《航空法》《航天法》《无线电法》和《电信法》等法律的立法进程，依法管理我国战略新兴产业中重点发展的相关产业，正切中张德江代表全国人大常委会所做出的关于我国立法任务的部署。2013年公布的《十二届全国人大常委会立法规划》已经将航空、航天、网络安全和广播电视传输保障等方面的立法列入了第三类立法项目。

国家先后颁布的《国家中长期科学和技术发展规划纲要2006—2020》《我国国民经济和社会发展十二五规划纲要》等重要文件，展现了国家推动和发展包括航空、航天、信息技术等高新术新兴产业的决心，为新兴产业立法调整研发、制造、销售等重要环节提供了政策依据。

（二）具有较为扎实的航空、航天和信息技术立法基础

目前，除《民用航空法》外，我国具有法律强制拘束力的航空、航天和信息技术管理法规虽然数量并不是非常充沛，但我国在长期的航空、航天和信息技术投资、研发、生产、运行和管理中已经积累了丰富的经验，已经制定了诸多法规、规章和规范性文件，这些被长期实践证明行之有效的法规、规章和制度是我们进行航空、航天和信息技术立法的扎实基础，经过民主立法程序，在更广泛的范围获得认可后，具备上升为法律、法规的条件。此外，我国航空法、航天法和信息法领域的专家学者对我国航空、航天法规建设现状进行了分析，对制定航空、航天和信息技术领域法律的必要性、可行性进行了论证，甚至提出了《航空法》的草案，《航天法》《无线电法》的体系结构和框架内容的建议。现行的国防法、人民防空法、合同法、物权法、公司法等相关法律已经制定颁行,可为《航天法》《无线电法》制定提供前提和借鉴。

(三) 有国外立法经验可以借鉴

美、俄、法、英、德等发达国家高度重视新兴产业立法,注重通过建立包括航空、航天和信息技术领域法律在内的新兴产业法律体系,形成了以航空法(或者民用航空法)、航天法(或者外层空间活动法)、《电信法》《无线电法》等支架性法律为核心、相关下位配套法规为支撑的新兴产业法律体系,保证了航空、航天和信息技术产业的快速、健康、有序发展。通过研究外国新兴产业立法过程、立法技术、体系结构、框架内容,掌握立法规律,借鉴有益经验,能够充分发挥后发优势,使我国新兴产业立法工作少走或不走弯路,加快我国新兴产业立法进程。

(四) 新兴产业立法理论研究和人才储备基本可以满足立法需要

我国政府从20世纪90年代初就开始进行了大量的新兴产业立法软课题研究工作,对航空、航天、电信、无线电立法进行了积极的探索并积累了丰富的理论经验。国家空管法规标准研究中心、中国空间法学会和频谱资源法律与标准研究所等机构,致力于促进中国航空、航天和信息技术立法研究,自成立以来,承担了国家空管委、民用航空局、工业和信息化部(包括原国防科工委)的许多重大课题的研究,比如"航空法立法研究""中国空管法律标准体系构建和应用""航天法立法研究""世界主要国家空间法比较研究""无线电法立法研究""频谱国际协调规则研究""中国空间立法体系研究"等,同时收集、翻译了近30个国家的航空、航天、电信、无线电立法文本,对我国加快推进航空、航天和信息技术立法的进程具有十分重要的借鉴价值。

近年来,我国的学者就航空、航天和信息技术等新兴产业立法也开展了大量的研究,并出版了许多研究成果。有的学者侧重于新兴产业立法的整体构建,有的学者侧重于新兴产业立法的具体制度,这些理论研究成果为我国未来的新兴产业立法活动提供了有力的政策与法律支撑,打下了坚实的理论基础。

在人才储备方面,随着我国新兴产业的发展和法学教育的繁荣,我国已经在理论和实务中培养了大量具有国际视野的航空法、航天法和无线电法专门人才和专门的研究机构,这些人才和机构完全可以服务于我国的新兴产业立法。

三、推进新兴产业立法需要妥善处理几个重要关系

(一)产业重点突破和均衡发展的关系

在单个领域的产业立法过程中,首先应当保障能够带动整个领域产业发展的重点项目,同时不能有所偏废,忽视其他的组成部分。以航空产业为例,大型民用航空器的研发、制造应当成为航空产业立法重点调整对象。因为大型民用航空器所涉及的经济利益最大,不仅其研发和制造会带动中国的航空工业及其一系列相关工业的振兴,还会使中国的空中力量发生质的飞跃,使中国在军事上更安全,在捍卫领土完整方面更加有效。但是另一方面,必须明确通用航空是一个国家航空事业发展的主体和基础,而长期以来单纯重视公共运输航空使得我国通用航空制造和运营的发展都相当滞后。尽管已经有相关政策和规划出台鼓励通用航空的发展,但是产业政策法律化的程度不高。产业立法应当兼顾产业链的各个重要组成部分,以促进产业的均衡发展。

(二)核心立法和配套法规、规章、制度的关系

针对重点发展的新兴高新技术产业制定比较完善的支架性的法律是当务之急。目前我们已经将《中华人民共和国航空法》立法列入十二届全国人大常委会立法规划,但是法律的规定相对具有原则性和基础性的特点,为了法律能够得以有效实施,应当制定相应的实施细则,形成以核心立法为主干,配套法规、规章为支撑的较为完善的法律体系,避免一部单一的法律出台,配套措施迟迟无法跟上导致法律实施效果大打折扣的困境。

(三)利用国际资源与发展自主创新的关系

我国汽车工业发展的经验证明了单纯依靠国际合作进行产

品研发之路根本行不通。发达国家已有的成熟市场以及占据垄断地位和先进技术的企业不会愿意同后来者分享丰厚利益,自主创新是我国航空、航天、信息技术等新兴产业发展的必由之路。当然,我们也应该看到国际合作已成为推进科技发展不可或缺的重要手段,是培养高水平创新人才、提高科学实力、实现科技跨越式发展的重要手段和支撑。因此,我们的新兴产业立法可以在自主创新的前提下寻求国际合作,通过充分吸纳和利用海外资源提升我国自主创新的能力。一方面,我们的立法应当明确支持对象主要为自主研制单位,强化国家实验室和高等教育研究机构的参与度,鼓励大型企业加大研发投入,保障以企业为主体、产学研相结合的技术创新体系的建立。另一方面,立法上可以通过调整政府投资结构和重点,明确专项资金的设立,以支持对引进技术的消化、吸收和再创新;适度放宽投资比例,采取保障措施和优惠政策,鼓励外资投向技术合作领域;在鼓励自主创新的同时限制盲目重复引进。

(四) 法律与政策关系

立法的主要目的是确定管理机构、体制,确保政策的长期、稳定性,但是推动新兴产业的发展不能仅仅依靠立法,需要综合利用法律和政策,由于政策具有针对性强、灵活性大和隐蔽性高等特点,在通过立法做好顶层设计的同时,需要从国家层面制定航空工业发展的长远规划和促进产业发展的长期、中期和短期政策。但是另一方面,要明确二者的效力和适宜处理的事项并不完全相同。在产业立法的过程中,尽量区分好政策与法律的界限,对于适宜由国家或者行业政策规定的事项,交由政策规定,尽量避免将本应由政策规定的事项,或者将现有政策直接转化为立法。

(五) 政府与企业、中央与地方之间关系

产业促进立法应当对政府的产业促进措施等作出规定,但是,立法必须把握好政府行为的边界,对于本应由企业或者行业协同采取的措施,政府应当保持克制,更多地发挥市场引导和秩序维持者的作用。除政府和企业的关系外，立法还应当处理好中央政府和地方政府的关系，适度允许地方进行管理方式上的自主革新。

综上，我们建议在全国人大常委会已经将航空、航天、网络安全和广播电视传播保障等领域的立法列入第三类立法计划的条件下，立足国情和产业管理实际，认真总结我国新兴产业立法建设实践，正确处理与国际条约和其他相关法律的关系，准确把握法律定位，统筹兼顾各方利益，科学借鉴外国新兴产业立法经验，加快包括航空法、航天法、无线电法在内的新兴产业立法进程，为鼓励和推动新兴产业发展提供基本依据，为完善中国特色社会主义法律体系、推进国家现代治理体系和能力建设提供支撑。

关于大数据时代的数据资产保护立法建议[①]

随着互联网、智能手机、传感器、个人穿戴式设备等信息通信技术的深入发展和广泛应用,我国的经济已经进入一个前所未有的大数据时代。对于个人、企业乃至国家来说,数据资产已成为最有价值的资产,政府和非政府机构的决策很大程度上都依赖于数据的收集和整合分析,数据被誉为21世纪最有价值的资源之一。

近年来,欧盟、美国、俄罗斯等发达国家和地区及OECD、APEC等国际组织已经制定和颁布了一些数据保护法律文件,针对云计算、大数据条件下的数据保护问题也展开了相关讨论。我国也制定了一些个人信息保护的法律法规,例如2012年全国人大常委会出台的《关于加强网络信息保护的决定》、2013年工信部的《电信和互联网用户个人信息保护规定》、2013年修订的《消费者权益保护法》及《刑法修正案》。但是,近年来数据泄露事件层出不穷,且对于数据资产应用带来的各种问题和调整,法律缺乏必要的回应和调整。

笔者认为,大数据时代的数据资产保护立法应当重点考虑

[①] 本文原标题为《关于制定数据资产立法、完善网络管理与安全体制等建议》,2015年3月2日首刊于笔者博客"军都拾零",http://longweiqiu.fyfz.cn/b/844079。

数据保护范围、数据资产权属、数据处理规则、数据主体责任、商业数据保护、公共数据开放、跨境数据流动等方面的问题。结合我国实际，对我国数据资产法律保护提出以下几点具体建议：

一、制定统一的综合性数据资产保护法律

在国家层面，出台统一的保护个人数据和商业数据在内的《数据保护法》，明确界定数据范围，授权设立专门的数据保护监管机构，明确规定数据资产所有权的归属，明确数据主体责任和数据处理规则。

二、区别不同阶段的数据保护和处理规则

大数据应用对同意原则、自主可控原则、透明度原则、匿名原则、最小化原则等原有数据保护法律原则带来严重挑战。大数据条件下，数据的收集能力非常强，收集范围非常广泛，凡"触网"，数据必遭收集。如果严格遵循传统的数据保护规则，大数据应用和产业发展将寸步难行。因此，应当借鉴欧盟和日本等国家和地区的"放松收集环节，加强使用监管"的数据处理规则立法趋势，建议我国未来数据保护立法放松数据收集阶段的保护要求，加强数据加工处理阶段的保护要求。

三、推动公共数据资源开放利用

2013年，《国务院关于促进信息消费扩大内需的若干意见根据》明确提出"促进公共信息资源共享和开发利用。制定公共信息资源开放共享管理办法，推动市政公用企事业单位、公共服务事业单位等机构开放信息资源"。

政府部门、事业单位等公共部门拥有大量的大数据，没有被很好地利用，应当制定公共数据资源开放共享利用的法规，鼓励公共部门公开数据资源，推动社会机构研究和使用。

四、重视商业数据保护

为了加强网上商业数据的保护与管理，保障商业数据所有者的合法权益,规范网上商业数据的采集、整理、传递、使用、存储、维护和销毁等活动,应当制定商业数据保护法规,鼓励大数据企业交换数据,实现信息高效率利用。

五、强化侵犯数据保护的责任追究

"徒法不足行"。我国个人信息和数据保护方面的法律虽已初具规模,但现实中仍时常出现侵犯个人信息和商业数据的情形,究其原因,主要还是没有严格执行现有数据信息保护方面的法律法规。因此,应当合理配置数据保护责任体系,强化侵犯数据保护的责任追究。通过刑罚、治安管理处罚、行政处罚的合理配置,严格执行,加强对违法提供、使用或侵犯个人信息和商业数据者的责任追究。

关于加快完善我国网络管理与安全体制的建议[①]

网络管理与安全课题已经成为我国重要政治和法治命题。

中共十八届三中全会《关于全面深化改革若干重大问题的决定》确立了"坚持积极利用、科学发展、依法管理、确保安全的方针,加大依法管理网络力度,加快完善互联网管理领导体制,确保国家网络和信息安全"的大政方针和路线。但是,如何落实决定的精神,真正实现我国互联网安全管理体制机制的现代化,则是新时期必须解决的重要课题。当前,网络管理事务中,显得较为突出的是网络安全问题。网络安全事关我国政治安全、国防安全、经济安全、文化安全,以及社会公共安全和公民信息安全,涉及国家核心利益。正如习近平总书记所强调的,"网络和信息安全牵涉到国家安全和社会稳定,是我们面临的新的综合性挑战。"

目前来看,我国网络管理与安全体制是一个全新的需要精心研究的问题,涉及网络技术及其应用前景的广泛性、复杂性和前瞻性,其中既有规律性的问题,也有中国国情特殊性的问题。为了实现我国的网络安全,不能单纯仅仅就网络安全考虑网络

---

① 本文原标题为《关于制定数据资产立法、完善网络管理与安全体制等建议》,2015年3月2日首刊于笔者博客"军都拾零",http://longweiqiu.fyfz.cn/b/844079。

安全,而是需要将网络安全体制置身于网络整体管理体制加以设计。从世界范围来看,主要发达国家都在争夺网络信息技术的主导权和竞争优势,为此都是将网络管理与安全体制看成是整个网络科技发展及其运行体系设计的龙头。其整体思维如下:首先,必须考虑通过国家管理体制的作用,最大地促进网络技术有序发展和应用,进而争夺国际网络技术、经济和文化的主导地位;同时,又突出考虑网络安全保障这一特殊课题,精心筑造必要且符合国际国内现实要求的安全体制环节,做到科学管理和安全维持完美结合。

我国当前的互联网管理体制存在多头管理的格局,公安部、国家保密局、国家安全部、工业和信息化部、人民解放军等都拥有相应的管理权。这种格局导致部门隔阂,不利于信息的开放与充分共享,不利于军民优势互补与融合发展,也不利于根据形势的发展迅速调整政策。中央网络安全和信息化领导小组的成立,是目前为止解决上述问题的重要途径。但是,领导小组本身是一种顶级的应急决策机制,旨在通过顶层设计加快推进网络安全和信息化体系建设,其中包括至为关键的网络信息安全的体制机制设计问题。所以,在领导小组成立以后,仍然需要进一步探索建立适应新形势的网络安全管理体制。

网络管理与安全体制完善的重要途径是要制定相关立法并在其中加以科学的预立。目前,我国已出台一系列有关网络和信息安全的法律制度,但有些法律制度过于原则或笼统,缺乏可操作性,尤其是在网络管理与安全体制方面存在明显的立法空白。因此,应当在党的十八届三中全会《关于全面深化改革若干重大问题的决定》的指引下,积极探索适应时代需要的网络管理与安全体制,以立法的形式,将其法治化、体系化。

在此,建议尽早制定全面着眼于网络管理整体科学架构同时又突出安全保障的《网络管理与安全法》的专门立法,有关网络管理与安全体制的基本思考如下:

1. 在现行领导小组的基础上,主要依靠网络业务管理部门

（即工信部），同时密切结合相关方面（包括军民结合、广宣与业务结合等），设立国家网络与安全委员会作为顶层决策管理和协调机构，下设国家网络与安全管理总局作为管理和办事机构（明确总局挂在工信部之下）负责一般网络管理与安全事务，全军特设中国人民解放军网络与安全管理局，专门负责军事网络管理与安全事务。

2. 明确管理架构采取统分结合、军民结合、决策与管理分离、职权责明确与一致、加强协作与配合等原则。

3. 支持网络管理与安全的技术条件和信息基础建设。

4. 加强政府管理、企业依法运营、全社会共同参与的网络管理环境建设。

5. 明确网络管理与安全体制发挥作用的重大机制中，应该包括国家网络和信息安全战略规划机制以及网络基础设施的安全保障机制。

截至目前，已有四十多个国家颁布了网络空间国家安全战略。例如，美国早在2003年就发布了《网络空间安全国家战略》，随后又在2008年发布了《国家网络安全综合计划》，2011年又发布了《网络空间国际战略》和《网络空间行动战略》，从国内战略到国际战略，从经费支持到军事保障，都在系统、连贯且有层次地完备战略布局，以此不断提升本国网络安全保障能力和全球网络空间主导地位。我国还没有从国家层面出台专门针对网络和信息安全保障体系的规划。因此，必须尽快通过立法明确：应该不断制定和调整国家网络和信息安全战略规划，包括制定网络空间国际战略、国家战略、国防与军事战略以及具体的行动路线和实施纲要，构建积极防御、攻防兼备的网络和信息安全保障架构，全面提升网络信息空间的信息保障、网络治理和网络对抗的能力。

各国也非常重视网络基础设施的安全保障机制。目前，美国利用其掌握的互联网核心技术和垄断地位，对网络设备预置"后门"，并大量窃取我政治、军事、经济、社会等方面情报，对我国家安全构成严重威胁。因此,在网络安全保障制度中,要着重建立和完善基础设施保护制度。对此,我国要对电信终端设备、无线电通信设备和涉及网间互联的设备实行进网许可制度。同时,国家要对各类网络终端、存储设备以及操作系统、应用软件、安全软件等实行进口审查制度,进口网络设施和软件必须符合国家规定的标准并取得进口许可证。尤其是要研究全面推动自主信息产业生态环境建设的体制和机制,通过妥当的制度设计,尽快实现我国在集成电路、核心电子元器件、基础软件等核心关键技术领域的突破,积极推动关键信息技术产品的国产化替代。

关于建筑工程造价监管规定的几个问题[①]

一、关于中标合同中适当提高履约担保金额与上位法是否冲突的问题

北京市的地方性法规适当提高履约保证金的比例,是在区别于上位法一般规定的例外情况下作出的变通规定,存在特殊条件的限制,所以是可行的,不存在与上位法的冲突问题,属于合理的补充完善。

这个问题涉及两个前提:一是有关履约担保金规定的性质,二是对上位法规定的理解。

1. 履约担保金规定的性质

我们目前的立法和管理思维都将履约担保金有关条款定性为强制性条款,而未将其看作任意性条款。这种定性的正当依据在于合理保障建筑工程质量安全这一重大社会利益的规范需求。

合同法上存在很多强制性条款,有的出自国家利益、社会利益的安排,有的属于合同法上公平原则或者消费者特殊权益保障等要求的结果。考虑到建设工程造价贯穿于建设工程的全过

[①] 此为2015年9月17日笔者应北京市法制办邀请,就其委托的政府规章《北京市建设工程造价管理办法(草案)》中的有关问题,提出的专家书面审查意见。

程,与建设工程质量安全直接相关,又考虑到有必要对投标报价机制合理遵循进行一定的规制性监管,所以,有强制规定履约担保金及其比例限制的必要。

2. 上位法规定适用条件的理解

现在上位法《招标投标实施条例》已经规定,履约保证金不得超过中标合同金额的10%。那么,北京市的地方性法规可否超过这一比例呢?我认为应当区分情况。在一般情况下当然不可以,因为下位法不得违反上位法规定。

但是,我们必须注意,《招标投标实施条例》规定的是有关投标标价机制正常适用情况下的一般情况,而现在却存在一些特殊情况。北京市此次制定地方性规范所关注到的就是这样的一些特殊情况。对于特殊情况,应当允许地方性法规作出例外规定,这种情况不算是冲突,而属于必要的补充完善。

草案第13条为保障建设工程质量安全,规定了本市实行建设工程投标报价预警机制,目的是通过设定投标报价预警比例,发现可能存在工程质量问题的线索,实现对投标报价过低或者报价组成明显不合理的中标单位工程质量的重点监管。

其中,"投标报价低于本市规定的预警比例,或者投标报价组成明显不合理",属于一种区别于一般投标报价机制常态的特殊例外情况。所以,接下来采用一些例外手段,只要经得起合理论证,也就顺理成章:"评标委员会认为需要投标人作出必要澄清、说明的,投标人应当向评标委员会作出澄清、说明;经评审后中标的,招标人可以适当提高履约担保金额,建设行政主管部门应当将其作为工程质量重点监管对象。"

由此也可推论,这一规定既然是一种合理的例外,那么也就无须顾忌上位法的"招标人和中标人不得再行订立背离合同实质性内容的其他协议"规定。

二、关于在规章中限制订立合同价方式的问题

草案第16条第2款限制了采用固定总价合同的条件是否

存在合法性问题？本条中行政立法对民事合同的干预是否适度？

我认为，地方性法规关于对于采用固定总价合同的条件的限制规定，如果可以得到合理论证，其性质属于保障"建筑工程质量安全"或者其他确定的重大社会利益的必要范围，则是可行的。因为，地方对于建筑工程质量安全等涉及重大社会利益的安全需求，依法在本区域内负有保障义务，应该依法进行必要监管，其中包括制定地方性法规或规章。

这方面的依据，除了建筑法的原则和框架授权，也包括《合同法》本身作出的监管预留，以限制"合同自由"在危害国家利益、社会公共利益时的适用。《合同法》第127条规定："工商行政管理部门和其他有关行政主管部门在各自的职权范围内，依照法律、行政法规的规定，对利用合同危害国家利益、社会公共利益的违法行为，负责监督处理；构成犯罪的，依法追究刑事责任。"该条规定，既是管理授权依据，也是行政规制立法的授权依据。

立法说明文件给出的论证有一定力度，但是还不够充分，特别是没有显示出是属于建筑工程安全保障问题，而更像是单纯的合同公平问题。摘抄如下："当前，建筑市场竞争激烈，甲乙双方地位不对等，尤其施工单位竞争激烈，在工程交易阶段，存在建设单位为降低工程造价，不考虑工期长短、施工复杂程度等因素强制使用固定总价合同，而施工单位为获得工程项目一般都予以响应的乱象，产生工程量、工程难度增加但总价款不相应调整的问题。实践中诸多纠纷源于此，也给工程质量安全带来隐患。为营造公平、公正的市场环境，草案第十六条对合同价方式的应用进行了规定，并在第二款限制了采用固定总价合同的条件。"

三、关于民事业务保密协议与行政监管的关系以及行政监管尺度问题

草案第29条设定的行政备案制度由于涉及信用评级所需

要的信息监管的必要,本身具有正当性,所以咨询企业不能以签有保密协议、涉及商业秘密为由拒绝报送相关信息。但是,建议草案增加一项限定条款:"接受修正备案的部门,同时负有限于信用评级信息监管的要求接受、使用信息的义务,不得超越其权限而向第三方或公众作出不必要的泄露。"

我国目前的行政监管确实有必要在许多领域放松。但是,行政监管不能全面放弃,而只是合理收缩和节制的问题。建筑工程质量安全问题,是一个重要的社会利益问题,在各国都被视为需要通过加强立法规制和行政监管来强化保障的重要领域之一。所以,我国各级政府目前无论如何推进行政监管放权改革,在建筑工程质量安全保障领域,都存在一个必要的规制和管理的范围。

信息监管是行政监管科学化的手段之一。在建筑工程质量安全监管框架之下,存在大量的信息监管的必要性,其中包括基于对造价咨询企业及其从业人员信用监管所要求的信息监管。这属于公权力的范畴,所以,在此范围内,民事业务保密协议,不能与之对抗。

但是,这种公权力的范畴是有特定目的和利益射程的。因此,存在一个与民事业务保密协议的界限问题。一方面,造价企业不能以民事业务保密协议的存在而拒绝报备,相反必须充分报备,另一方面,有关监管方面必须尊重企业之间的经营利益和合同利益,在接受信息报备的同时,在没有必要时不得向第三方或公众随意泄露当事人民事业务的秘密。

读书杂论

张居正改革之道的历史幽思[①]

张居正改革是历史学家津津乐道的事情,尤其颇受当代历史学者的青睐。史学家对于张居正,从改革人物、改革事件、利益关系或官场纷争等方面作出历史写实,揭示万历十年新政出现了所谓君臣齐心、吏治刷新的可观成效,但最终更注重凸显它作为帝制时期中国式改革的备尝艰辛和最终无奈。但是,黄仁宇1982年出版的《万历十五年》,以皇权和相权的分踞与斗争的独特视角,把我们带到另一个想象空间,特别是当他高呼"世间已无张居正"之时,张居正改革实际被看成是一个不可置疑的成功标本(特别是相比王莽的托古改制、王安石的青苗变法),他还把这种成功归于所谓相权的胜利,而改革成而复败,大概也是因为相权丧失之故。

窃以为,黄先生在这里恐怕灌注了对于张居正太多的历史同情。如果说黄先生对于张居正改革的倍加欣赏,是出自他的所谓"大历史观"的话,那么我觉得这种"大历史观",或者其他学者所提到的"历史同情观",明显暴露出一种更大范围的视而不见的局限。因为,它不知不觉落入了以自家历史为设限的分析框架里面,其所谓"大"顶多只在中国历史范围里的大而已。笔者以为,今人之看张居正改革,固然要有"历史同情观"(即同

[①] 本文2014年3月10日首刊于笔者博客"军都拾零":http://longweqiu.fyfz.cn/b/796120。

情他的励精图治之心、备尝艰辛、坚忍不拔当然还有官场斗争智慧），但更应该能够超越历史同情观而进入历史比较的广阔视野。

从改革之道的角度来说，张居正改革值得我们扼腕叹息，却不值得我们学习效仿。张居正所作的改革，虽然在中国历史上而言有一些新意，尤其是和此前一些著名的失败改革比较，也显得轰轰烈烈，在表面上算是取得了成功，但是从本质上说它和那些失败的改革并没有什么区别。这是因为，究其实质，张居正改革并没有走出中国历史上改革的基本轨迹，它不过是那种自我循环式拨乱反正事件，在中国人治历史舞台上再一次徒劳地上演而已。历朝历代，总有许多肯于励精图治的政治家致力改革，但最终往往以积弊太多、鼎新无力而抱憾退场。

在这一方面，我们仍应认同张东润先生有关传记作品所代表呈现的立场。或者说，应当重新回到黄宗羲定律看待这场改革。这就是，我们不得不接受一种不幸的历史结论：张居正不过是中国众多悲剧改革家的其中之一而已。因为，从改革之道角度来看，他采取的改革样本，依旧是人治式的，故而最后不会取得真正的成功。表面上看，在一个时期里面，与其他完全失败的改革比较，万历新政取得了一些所谓的成绩，但从根本上看却仅仅是表面的、暂时的。所谓表面的，是因为这种改革取得的成果依旧换汤不换药，虽然吏治在一个阶段得到刷新，但是人治政治本质没有改变，天然亲近腐败、反反复复、充满变数的特点依旧。我们见到人治历史总是以一种反复交替的方式发展，一会儿是盛世，一会儿是乱世，开始的兴盛总难逃末世悲歌的宿命。所谓暂时的，是指"人治"的不确定本质，会导致改革取得的任何积极成果，都只是暂时的，最终要得而复失。人治式改革表面成功，其取得必须以时势和英明政治家兼备为条件，两个只要缺少其一，那么改革就必定立即中断，然后陷入更加腐败和溃烂。所以，从一个时间段看，人治式改革即使取得表面成果，终究难以保存。张居正在一个阶段，侥幸取得所谓成功，但很快就被证明这些是表面的、暂时的成功。

我们不妨看看张居正的改革背景和条件。改革背景众所周知,万历登基之时,明朝进入到一个政治糜烂、民穷国敝、百废待兴的低潮时期。原因是他爷爷嘉靖皇帝迷信玄修,二十多年不理朝政,又宠信严嵩等奸臣,导致纲纪废弛、吏治腐败、司法腐败(那个时候叫贪赃枉法)、人民穷弊(按照海瑞的进谏说法,是"家家皆净而无财用也")。嘉靖驾崩后,继位的隆庆皇帝体弱乏力,执政六年便驾崩。10岁不到的太子这时登基,即万历朝开始了。改革的机会则是,张居正宦海沉浮已经成熟,立志改革,有顾命大臣之一和帝师身份,且成功"附保(太监头子冯保)逐高(前首辅高拱)"而成为首辅,威权在身,太后和小皇帝言听计从。可见,改革背景与历史上其他改革大体都是一样的,但是改革条件却很不一般——从人治政治而言,相比历史上其他宰相或首席大臣所领导的改革,张居正具备绝对优势的政治资本,一边是小皇帝,一边是威权在手,简直就是摄政王在领导改革(借用当代史学家樊树志先生的说法)。

所以,从人治背景来说,改革取得暂时成功也就在意料之中了。在中国历史上,人治式改革成功的前提,在于必须顺应人治体制的政治运行规律,即先取得中央权威,特别是达到可以掌控全局、朝令夕行的程度,如此才可达成顺势而为的功效。张居正明白这一点,也备足了这一点。他和太监头子冯保掌控了小儿皇帝的朝政大权,在官场有足够的威杀力,形成改革雷厉风行的保障,史称"大小臣工,鳃鳃奉职,中外淬砺,莫敢有偷心"。张居正的改革思路当然也是聪明的(比照历史上一些政治笨蛋来说),先政治后经济。政治改革是什么,当然是鼎旧革新的那一套,即去除腐败,张扬政纪,挽救民心。那么怎么做呢?张居正没有儒家经典教导的应采取长期教化的耐心,而是直接从法家找办法(估计他也不相信政治品德教育真有什么效果,所以相比王莽推广周礼的做法,他可是务实得多)。他以破常规手段,"扫除廓清",以求迅速改变"官场人心沉溺已久"的情况。

首先，是推行积极吏治，来整顿安逸、钻营的官场风气。他采取了鞭打式的"考成法"。对官员定指标，定期考核加监督举察，做到综合名实，信赏必罚。如此，使得安逸且习惯通过走关系晋升的官员，不得不改头换面，去做勤政、善政的文章，官僚主义一下子隐迹了。当然，官员们也就觉得很累，每天都像被拉扯到极限的弹簧（这就打下了后来反攻倒算的伏笔）。其次，就是严厉打击腐败（当然是有选择性的）。按照现在的话说，就是打老虎和拍苍蝇，前者如黔国公沐朝弼、吏部左侍郎魏学曾之类，后者如大同巡抚刘应箕、江油知县赵佐等。这两招十分管用。按照人治政治的规律，只要改革者握有中央权威而且愿意励精图治，治理官场腐败（还没有到皇帝和首辅那个层次）和行政疲软，从标上来说肯定是手到擒来，甚至可以在一天就看到官场改头换面、焕然一新。当然，这种变是有条件的，只要上面压力条件发生变化，那么很快就会恢复原状甚至变本加厉。

张居正当然没有仅仅停留在整顿吏治上，他还有进一步的经济改革——振兴经济、开辟财政，或者说富国富民。首先，开源节流是要做的，包括上从皇宫、中央下到各级，推行节俭从政，限制公款花销（例如驿站经费），裁减多余位置，鼓励军垦等等。其次，张居正有相当高明的地方，他学习历史上桑弘羊"民不益赋而天下用"的理财方式，自己叫做"不加赋而上用足"。换言之，不采取杀鸡取卵的办法（不增加对民的赋税），而是通过理清税治达到增加国家财政的目的，叫做"理逋负以足国"（把偷税漏税清收回来就可以富国了），原来积年来的腐败政治，导致土豪劣绅大量地"偷税漏税"，由此亏空国库。

张居正怎么做呢？他以着重整顿户部入手，通过组织整顿和提高，建立了有效运行体系，同时通过结合"考成法"，督促地方各级。清理重点，在于对赋税账簿进行重新整理，组织清丈田亩，以此为基础清理隐蔽的田亩。结果，最后清出了隐瞒的田亩达到一亿八千亩，万历财政一下子就富得冒油。当然，张居正还推行了我们熟知的所谓"一条鞭法"，把赋予和徭税货币化，这种办法使得赋税简单化,当然也就清晰化了。这些改革要说高明的话,在于抓住要害,抑制了土豪劣绅和官员的联合的"贪国财"行为,国库收到了该收取的;对于老百姓来说,也有一些间接效果,就是间接抑制了土地兼并。但这终究并非从根子上的富民富国,与我们今天讲的促进市场经济建设、鼓励市场创造和创新,扶持民营企业发展等差距甚大(张居正当时想不到也不敢想)。这些措施的效果,也取决于特定政治气候,那就是"万历新政"成功刮起的吏治风暴。

正如前面提到的,人治式改革的命运是不可持续的。只要是人治式的改革理想,最终都是竹篮打水一场空。张居正的改革,成绩来之不易,但是消失得很快。当张居正在万历十年去世,我们看到的,很快便是官场的反正(终于可以回到以前的慵懒、腐败状态了),甚至是万历皇帝主导的全面反正(万历皇帝会嫉恨一个死去权臣,即使这个人曾经为他的家天下励精图治,这在人治政治并非罕见),吏治混乱更加荒诞,官场腐败更加猛烈(从压抑中爆发)。所谓万历新政,不仅就此终结,而且既有的改革成果立即荡然无存。甚至,更坏的是,在万历皇帝的自负之下,在官场朋党化互相逐利的恶劣风气之下,贤者日远日下,庸坏者居于高位,政治上加速向腐败顶点发展,国家治理走向极端的无能和平庸。至于经济上,张居正清丈出来的田亩赋税,据说为此后大明王朝财政顶了很多年,但是在政治腐败、昏庸吏治的前提下,表面的浮华成为实际的悲摧——因为这种该由实际田业主承担的负担很快经由官豪勾结转嫁给了老百姓,最终导致百姓陷入绝境,埋下明朝不久之后民乱丛生的伏笔。

总之,万历新政功败垂成,并非如黄仁宇先生所感叹的,乃系于张居正之死,或者说系于相权之亡。一开始,它就由自身作为人治改革的本质所决定,最后必定要如此这般地谢幕。因为人治式改革本身,不能解决人治的根本弊端。所以,要走出历史怪圈,只有另辟蹊径。

略论梁山小人物的聚义之道
——《水浒传》"打虎将"李忠人物旨趣谈[1]

1

《水浒传》中的李忠祖籍濠州定远,是个无固定职业者,作品中描写其做过家庭武师,但主要是跑江湖为生,因此为典型的流民,从其所属社会地位来说,乃诸阶层中最低微者。李忠是《水浒传》中出场最早的三个人物之一,首为史进,次为鲁达,作者在某种意义上似乎暗示这三个人物之间具有更多的一些缘际关联。他与第一个出场者史进关系最为密切,或者说缘分最深,是这位富家子弟最初的家庭武师,又是其遇祸流落江湖后遇到的第一位故人,颇有意味;二人虽然不是一个血缘阶层,但此后落草经历大致相似,并且殊途同归;最后,两人都是被乱箭射死在征讨方腊的昱岭关前。鲁达(即后来的鲁智深)大概与他为其次具有缘分的人,在同归梁山前两人数次偶遇,由此发生一些故事,可谓无巧不成书,最后共同促成三山合流,同归梁山,皆为梁山好汉;此后排位挂星,一个为天孤星(鲁智深),一个为地僻星(李忠),合起来即为"孤僻"之谓,看起来他们的人生相遇绝不是巧合(《水浒传》中诸人性格上都有一些怪异)。

---

[1] 本文成稿于2010年8月16日,首刊于笔者博客"军都拾零":http://longweqiu.fyfz.cn/b/547597。

李忠在水浒中虽然出场较早,因其武功平平,表现也颇似平庸,在梁山地位又很末微,常被评论家和读者看成是边缘人物。一种看法认为,他的存在不过是《水浒传》作者的写作技巧之使然,是作者刻意安排出来的一个配角而已,在于更好衬托像鲁达、史进这类相对重量级梁山人物的豪放、英雄气质。对此,我一直抱有怀疑,因为在我看来李忠既列一百单八将序列,那么此人就不应该只是一种"写作技法"。《水浒传》中的好汉之谓绝非如此简单,梁山聚义一百单八将之安排,绝不是一个简单的数字问题,这个古人甚为推崇的数字符号背后必定存在着一个特殊的复杂结构问题,即诸好汉不仅人数够多,而且还各有其代表性,因此构成了一个完美的梁山"忠义组合"。换言之,在《水浒传》中,虽然出现了许多其他的写作技法意味的衬托者,但是梁山好汉本身则是每一位都具有实质意义的。对内而言,存在位次的区分,有一个梁山的社会结构问题,可谓之"忠义组合";对外而言呢,梁山好汉则是一个整体,统为同聚大义者,每个人都是沉甸甸的!

2

我们可以先看看有关李忠的若干片段,由此为李忠进行人物定格。

首先,是有关李忠的出场。作品中描写,富有正义感的富家子弟史进遇祸出奔,在渭州城偶遇提辖官鲁达,两人一见如故,相邀大喝一场,结果在街头巧遇李忠。这便是李忠的正式出场。李忠此时以跑江湖谋生,正在街头使弄枪棒、贩卖膏药。从李忠出场表现的细节来看,江湖流民色彩甚浓,似为平庸,计较日常生计,为人磨唧,处世小心,相比较鲁达与史进明显缺少一些豪迈气概。

分开人众看时,中间裹一个人,仗着十来条棍棒,地上摊着十数个膏药,一盘子盛着,插把纸标儿在上面,却原来是江湖上使枪棒卖药的。史进看了,却认得他,原来是教史进开手的师父,叫做打虎将李忠。史进就人丛中叫道:"师父,多时不见。"李忠道:"贤弟,如何到这里?"鲁提辖道:"既是史大郎的师父,同和俺去吃三杯。"李忠道:"待小子卖了膏药,讨了回钱,一同和提辖去。"鲁达道:"谁耐烦等你?去便同去。"李忠道:"小人的衣饭,无计奈何。提辖先行,小人便寻将来。贤弟,你和提辖先行一步。"鲁达焦躁,把那看的人,一推一交,便骂道:"这厮们夹着屁眼撒开,不去的,洒家便打。"众人见是鲁提辖,一哄都走了。李忠见鲁达凶猛,敢怒而不敢言,只得赔笑道:"好急性的人。"当下收拾了行头药囊,寄顿了枪棒,三个人转弯抹角,来到州桥之下一个潘家有名的酒店。(第二回 史大郎夜走华阴县 鲁提辖拳打镇关西)

……

三人吃酒中间,遇到一对受人凌辱而落难卖唱的父女。鲁达当即打抱不平,挺身相助,先行捐钱,并对二位新交的朋友提出助捐要求,史进慨然跟进,李忠虽然最后也拿了二两来银子,但显得有些小气,作品描写他的银子是"摸出"来的。

鲁达又道:"老儿,你来,洒家与你些盘缠,明日便回东京去如何?"父子两个告道:"若是能够回乡去时,便是重生父母,再长爷娘。只是店主人家如何肯放?郑大官人须着落他要钱。"鲁提辖道:"这个不妨事,俺自有道理。"便去身边摸出五两来银子,放在桌上,看着史进道:"洒家今日不曾多带得些出来,你有银子,借些与俺,洒家明日便送还你。"史进道:"直甚么,要哥哥还。"去包裹里取出一锭十两银子,放在桌上。鲁达看着李忠道:"你也借些出来与洒家。"李忠去身边摸出二两来银子。鲁提辖看了见少,便道:"也是个不爽利的人。"(第二回 史大郎夜走华阴县 鲁提辖拳打镇关西)

接着,是李忠与鲁达的桃花山第二次相遇。李忠与鲁达似乎特别有缘,很快就发生二次相遇。鲁达三拳打死镇关西之后,一路逃奔,最后到五台山文殊院做了和尚,改名鲁智深,后来因喝酒闹事待不下去,有"法眼"的智真长老将其引荐给东京大相国寺。鲁智深在投奔大相国途中,发生了一串故事,其中一节,即在桃花山与李忠再次偶遇。该日,鲁智深到桃花庄刘太公家投宿,遭遇桃花山二寨主周通(后来也是梁山好汉)下山强娶刘家小姐之事,于是打抱不平,将周通一顿痛打,这就引发了大寨主下山复仇。不想,竟然故人相遇,大寨主原来是李忠。李忠立即下马相认,并请鲁智深上山叙旧。原来李忠在官府缉捕鲁达之时,也一溜烟逃了,只身来到挑花山下,路遇周通下山剪径,两人一打成交,被请上山坐了头把交椅(这里可看出周通为人的长处)。

那大头领逼住枪,大叫道:"和尚,且休要动手。你的声音好厮熟。你且通个姓名。"鲁智深道:"洒家不是别人,老种经略相公账前提辖鲁达的便是。如今出了家做和尚,唤作鲁智深。"那大头领呵呵大笑,滚下马,撇了枪,扑翻身便拜,道:"哥哥,别来无恙?可知二哥着了你手!"鲁智深只道赚他,托地跳退数步,把禅杖收住;定睛看时,火把下,认得不是别人,却是江湖上使枪棒卖药的教头打虎将李忠。……

李忠道:"小弟自从那日与哥哥在渭州酒楼上同史进三人分散,次日听得说哥哥打死了郑屠。我去寻史进商议,他又不知投那里去了。小弟听得差人缉捕,慌忙也走了,却从这山经过。却才被哥哥打的那汉,先在这里桃花山扎寨,唤作小霸王周通,那时引人下山来和小弟厮杀,被我赢了他,留小弟在山上为寨主,让第一把交椅教小弟坐了;以此在这里落草。"(第四回　小霸王醉入销金账　花和尚大闹桃花村)

鲁智深于是上山,与李忠一起义劝周通"折箭为誓"放弃了强娶的念头。接下来,李忠、周通杀牛宰马,安排筵席,管待鲁智深数日,并引鲁智深山前山后观看景致,邀其加盟山寨。但鲁智深觉得李忠等不是"慷慨之人,作事悭吝",不合自己脾胃,以已出家为理由决意要走。李忠、周通于是送行,但不改其小家子气,竟以下山劫银作为路费奉送,使得鲁智深很不舒服。鲁智深在其下山劫银期间,以一种近乎戏弄的方式离开了山寨。

> 李忠,周通,道:"哥哥既然不肯落草,要去时,我等明日下山,但得多少,尽送与哥哥作路费。"次日,山寨里面杀羊宰猪,且做送路筵席,安排整顿许多金银酒器,设放在桌上。正待入席饮酒,只见小喽啰报来说:"山下有两辆车,十数个人来也!"李忠、周通,见报了,点起众多小喽啰,只留一二个服侍鲁智深饮酒。两个好汉道:"哥哥,只顾请自在吃几杯。我两个下山去取得财来,就与哥哥送行。"吩咐已罢,引领众人下山去了。且说鲁智深寻思道:"这两个人好生悭吝!见放着有许多金银,却不送与俺;直等要去打劫得别人的,送与酒家!这个不是把官路当人情,只苦别人?酒家且教这厮吃俺一惊!"便唤这几个小喽啰近前来筛酒吃。方才吃得两盏,跳起身来,两拳打翻两个小喽啰,便解搭膊做一块儿捆了,口里都塞了些麻核桃;便取出包裹打开,没紧要的都撇了,只拿了桌上的金银酒器,都踏匾了,拴在包裹;胸前度牒袋内,藏了真长老的书信;跨了戒刀,提了禅杖,顶了衣包,便出寨来。到山后打一望时,都是险峻之处,却寻思道:"酒家从前山去,一定吃那厮们撞见,不如就此间乱草处滚将下去。"(第四回 小霸王醉入销金帐 花和尚大闹桃花村)

鲁达席卷潜走,李忠与周通回到山寨。两人有一段对话,精彩地表现出李忠为人的一些市侩气质,特别是俗于计较的一面。相比较,周通的表现则要洒脱许多。

周通解了小喽啰，问其备细，鲁智深那里去了。小喽啰说道："把我两个打翻捆缚了，卷了若干器皿，都拿了去。"周通道："这贼秃不是好人，倒着了那厮手脚，却从那里去了？"团团寻踪迹，到后山，见一带荒草平平地都滚倒了。周通看了道："这秃驴倒是个老贼！这般险峻山冈，从这里滚了下去。"李忠道："我们赶上去问他讨，也羞那厮一场。"周通道："罢，罢！贼去了关门，那里去赶？便赶得着时，也问他取不成。倘有些不然起来，我和你又敌他不过，后来倒难厮见了；不如罢手，后来倒好相见。我们且自把车子上包裹打开，将金银缎匹分作三分，我和你各捉一分，一分赏了众小喽啰。"李忠道："是我不合引他上山，折了你许多东西，我的这一分都与了你。"周通道："哥哥，我同你同死同生，休恁地计较。"看官牢记话头，这李忠、周通自在桃花山打劫。（第四回　小霸王醉入销金账　花和尚大闹桃花村）

再下来，是李忠与鲁智深的第三次相聚。此次不再是偶遇，而是李忠、周通惹上了朝廷征讨官呼延灼（后为梁山五虎上将），不得已相请在二龙山落草的鲁智深等人相助。此一节，引出了三山合流、同归梁山的情节。时为朝廷命官的呼延灼攻打梁山失利，逃到一村店寄宿，落魄之际"屋漏偏逢下雨"，李忠与周通的喽啰竟然不长眼，将其胯下踢雪乌骓宝马偷上桃花山，引发了呼延灼的疯狂报复，在青州慕容知府的协助下，引兵攻打桃花山，周通出阵，自然吃了败仗。李忠自知不敌，便决定向邻居二龙山的鲁智深、杨志、武松等人求助，并表示愿以"来纳进奉"为条件。鲁智深等人义气深重，自然不会贪图什么进奉，慨然决定拔刀相助。援军既来，李忠下山策应，遂与呼延灼先交手。是战，水浒作者用少有的戏谑之笔打趣了一下李忠的"本事低微"。《水浒传》写李忠武功之处不多，但在此偶尔一露，我们便知其底细。

说李忠知二龙山消息，自引了三百小喽啰下山策应。呼延灼闻知，急领所部军马，拦路列阵，舞鞭出马，来与李忠相杀。原来李忠祖贯濠州定远人氏，家中祖传，靠使枪棒为生；人见他身材壮健，因此呼他做打虎将。当时下山来与呼延灼交战，如何敌得呼延灼过；斗了十合之上，见不是头，拨开军器便走。呼延灼见他本事低微，纵马赶上山来。小霸王周通正在半山里看见，便飞下鹅卵石来。呼延灼慌忙回马下山来，只见官军迭头呐喊。呼延灼便问道：『为何呐喊？』后军答道：『远望见一彪军马飞奔而来！』呼延灼听了，便来后军队里看时。见尘头起处，当头一个胖大和尚，骑了一匹白马，正是花和尚鲁智深……（第五十六回　徐宁教使钩镰枪　宋江大破连环马）

呼延灼和青州官兵势大力猛，三山合流也不是对手。由杨志倡议，二龙山、白虎山、桃花山决定联合梁山军一起攻打呼延灼和青州。宋江慨然率军下山，于是马到功成。事成后，即顺理成章发出上山邀请，三山头领几乎毫不犹豫地就一体归奔了梁山。

就青州府里做个庆喜筵席，请三山头领同归大寨。李忠、周通使人回桃花山，尽数收拾人马钱粮下山，放火烧毁寨栅。鲁智深也使施恩、曹正回二龙山，与张青、孙二娘收拾人马钱粮，也烧了宝珠寺寨栅。数日之间，三山人马都皆完备。大排筵庆贺新到山寨头领，呼延灼、鲁智深、杨志、武松、施恩、曹正、张青、孙二娘、李忠、周通、孔明、孔亮：共十二位新上山头领。（第五十七回三山聚义打青州　众虎同心归水泊）

由此之后，李忠便属于梁山的一员，最后直到殒身沙场。《水浒传》此后关于李忠就少有着墨之处，但仍旧有两点信息比较重要。一是李忠在梁山队伍里位次较末，且属于典型的辅助性将领。梁山好汉排座次时，李忠挂地僻星，居位第87位，可谓十分靠后，其后即为挂地全星的鬼脸儿杜兴。他甚至夹排在本来在桃花山做过他的二寨主挂地空星的小霸王周通之后。与他几乎同时出场的鲁智深，挂天孤星，排13座；他亲手教过的开手徒弟九纹龙史进，也挂了个天微星，排第23座。二是李忠之死，一点都不轰轰烈烈，甚至可以说有些窝囊。梁山军归顺朝廷后征讨江南方腊，中间，宋江和卢俊义决定分兵两路，从不同方向攻打敌人的老巢杭州。卢俊义带二十八将而行，李忠被点为偏将之一，排在第十五位。当卢部经过临安镇钱王故都，道近昱岭关前时，遇方腊麾下第一神射手庞万春守关阻挡，于是惨剧发生了。当日，卢俊义差史进、石秀、陈达、杨春、李忠、薛永六员将校，带领三千步军前去出哨，结果遭遇伏击，近乎覆没，包括李忠在内六位将领不及反应，在奔逃中合伙被乱箭射死。李忠也因此匆忙挂上生命句号，没有等到班师封赏的那一天。

且说卢先锋军马将次近昱岭关前，当日先差史进、石秀、陈达、杨春、李忠、薛永六员将校，带领三千步军，前去出哨。当下史进等六将，都骑战马，其余都是步军，迤逦哨到关下，并不曾撞见一个军马。史进在马上心疑，和众将商议。说言未了，早已来到关前。看时，见关上痷着一面彩砂白旗，旗下立着那小养由基庞万春，看了史进等大笑，骂道："你这夥草贼，只好在梁山泊里住，勒宋朝招安诰命，如何敢来我这国土里装好汉！你也曾闻俺小养由基的名字么？我听得你这夥里，有个甚么小李广花荣，着他出来，和我比箭。先教你看我神箭！"说言未了，飕的一箭，正中史进，摔下马去。五将一齐急急向前，救得上马便回。又见山顶上一声锣响，左右两边松树林里，一齐放箭。五员将顾不得史进，各人逃命而走。转得过山嘴，对面两边山坡上，一边是雷炯，一边是计稷，那弩箭如雨一般射将来，总是有十分英雄，也躲不得这般的箭矢。可怜水浒六员将佐，都作南柯一

梦。史进、石秀等六人，不曾透一个出来，做一堆儿都被射死。（第一百一十八回 卢俊义大战昱岭关 宋公明智取清溪洞）

3

通过以上重点片段，我们可以看到，李忠既非富家子弟出身，也不是庄主员外之类，更不是什么提辖官或官吏出身，而是来自社会最底层的流民阶层；有关的字里行间，李忠似乎也只是一个无足轻重的平庸之辈，其功夫平平，英雄气质几乎没有，性格特点甚至还有些不怎么受欢迎，也没有什么赫赫成绩（包括文的方面），且梁山排名微末，来得如此平凡，走得也不精彩，虽然算是战死，也不过是一种近乎平庸的死法而已。这不就是一个普通风尘过客的人生轨迹么？但是要是我们就得出结论说，李忠乃是《水浒传》中可有可无的角色，那么就大错特错了。

绝对不应忽视的是，李忠这么一个最低微阶层出身的人，最终却成为一位梁山好汉，而既归梁山好汉序列，就不应被视为平凡之人。一部《水浒传》，其妙就妙在写出了，梁山上虽然多为原本平平常常的人物，但是由于他们风云际会，以一百单八人的忠义组合，演绎了一场轰轰烈烈的"草寇"不忘追求"忠义"的悲情大剧，从而使得他们在中国独特的历史文化中无限放大。李忠作为出身低微阶层的流民，因为其特殊的生活境遇，沦为了梁山上最为基干的组成部分，却又以其罕见的"忠义两全"的"梁山品质"，与其他好汉一同成就了梁山"忠义事业"。他们无分强弱，不分出身，因为坚定地支持和参加了梁山这场非凡的忠义聚会，进而改变了一般历史原本赋予他们作为自身阶层个体的人物轨迹，走出原本无声无息而籍没于草丛的命运，以牺牲于"梁山好汉"的悲情理想而名垂后世，可感可叹。

我们要从水浒的微言大义说起。《水浒传》绝对不是一部关于"英雄"的书，更不是关于个人英雄的书（比如堂吉诃德之类），而是一部中国微言大义式的古典作品。故人有言，少不看

《水浒》,因为这类观者最容易半懂不懂,只见其江湖演绎而不见其微言大义。中国章回小说多是近乎小说与史志之间的东西,不能完全当作小说来看,更不是英雄史诗。甚至可以说,假设以追求现代式人权、人道价值为标准,恐怕还可以说中国古代作家多不识何为英雄。但不妨碍中国古人自有其独具意义的人生观和价值追求,笔者曾在《林冲休妻》一文略述过这一问题。《西游记》《三国演义》《水浒传》等,都是旨在微言所谓大义的。就微言大义,三书又各有不同,《水浒传》与《三国演义》较为接近,均涉及儒家思想的某些方面。即都信奉半部春秋治天下,其理尽在于"忠义"之中。但《水浒传》更近乎为一部人性悲剧作品,以小人物的担当(相比较三国人物而言,梁山好汉都可谓是小人物)为展开,演绎了中国古代文化所追求的这种为人处世的理想境界,由此就更为凄凉。

  《水浒转》作者刻画李忠这个人物,典型地表现了中国古代文化里面微言大义这种东西在小小人物身上如何得以汇流的诸般主体要素。梁山本就没有大人物,从史志的角度来说,梁山演义是一部关于小人物的演义,而李忠这个人物则更是"小小人物"。李忠以跑江湖为业,食无定食、居无定居,按照现代理论的说法就是流氓无产阶级,古称流民。流民是历朝历代中严厉控制的对象,被认为是社会体制上最危险的一类人,他们惯于流浪,没有牵挂,窘于生计,一点就燃,最容易进入到造反队伍。《水浒传》安排李忠成为富家子弟史进逃亡江湖时首先就遇到的"他乡故知",这是有暗示的,因为李忠本人就是江湖。江湖不等于造反,但差不多就是落草,李忠作为一个流民,其落草因此实乃平常不过之事,他上桃花山也好,归于梁山也好,几乎就是即召即去,没有什么周折。李忠这一类型的流民,梁山之上为数并不为少,可以归入大多数,有的甚至连上山的细节都被作者略去省了交代,如早期的什么摸着天杜迁、云里金刚宋万、旱地忽律朱贵等之类,你都不知道他们是从哪里来的。当然,我们总体上还是可以说《水浒传》诸位好汉都是在奸佞当道的社会中被逼上梁山的,因为李忠等梁山小小人物表面上看虽然并没有某种"被逼"情境,但其落草总体上也实为当时生存所迫,因此也具有被动的特点,广义上也可谓之被逼无奈。

梁山聚义起于造反。俗话说,造反要么是成者为王,要么是败者为寇,《水浒传》作者却意想不到地给梁山设计了一条中间路线:既无成,也不败,梁山在宋江的引导下,最终选择了招安的道路。招安,虽然也是归顺朝廷,但不同于投降,它是基于士人理想的感召对于朝廷"明知山有虎偏向虎山行"所作的妥协式回归。招安后的梁山人从此不再是普通意义的"草寇",而成为历史上的梁山版"忠义堂"好汉。由此,梁山获得了历史正论首肯意味的升华。

但是,宋江一个手无缚鸡之力之人为什么可以引导梁山易帜,将一般的落草造反窝点改成"忠义堂"呢?《水浒传》之微言大义,放在宋江一般的士子那里固然可行,然而在小小人物那里是怎么合流的呢,后者为什么能够成为这场与之人生阅历未必相当的梁山事业的坚定支持者呢?

梁山"忠义"之路,首先当然是决定于作为梁山大哥们的宋江、吴用等士子阶层对其谓士人之道德坚持。典型的士子,如宋江、卢俊义,非典型的,则有吴用、林冲、武松等(读者不要忽略了武松也是另类士子的代表,否则就不会有武松杀嫂的故事)。《水浒传》着墨最多的情节,当然是梁山好汉聚合的过程,但其重点不是简单表达梁山人物上梁山的外在过程,而是宋江等士子被逼无奈的心理路程。宋江上山过程是辗转的,但其士子之心始终不改,因此从他上山起,梁山便注定迎来了要易帜的命运,而宋江正是如此锲而不舍的。那些士子以及接近于士子阶层出身的梁山人,他们最为理解宋江,毫不犹豫地就站在了宋江的身后,因为他们清楚就当时的社会价值来说,宋江的追求属于正途,尽管他们也明白既已落草,那么宋江引领他们从沦落于草莽而重归社会正道的努力就必定是一场悲剧理想。

梁山"忠义"之路,其次则取决于全体梁山人的共同支持。

这是十分关键的条件。如果只限于士人出身的一部分人支持招安,那么梁山必定分裂。然而我们看到,全体梁山人不分出身,都义无反顾,集体踏上宋江指引的悲情道路,从而成就了流传百世的梁山忠义故事。李忠这一类梁山的"沉默大多数",他们没有反对,但也不会真正反对。小说上安排了一些疑似异议情节,比如李逵的几次抱怨,但是仔细品味就会发现这些其实不是真正的异议,而是对于宋江的提醒:大哥啊,您觉得朝廷有诚意吗?

　　李忠这等出身社会最为卑微阶层的人,照理说是不省得什么士子理想的,但是为什么会义无反顾地支持梁山易帜,而且最终坚定地参与到那场以牺牲自身个体而成就集体,以超越造反吃饭而演绎所谓家国忠义的招安事业中去呢?普通流民聚合的特点是容易一盘散沙,通常为食而来,也为食而去,很难持续投入到一个有目的的事业中去,更不要说去演义某种注定为悲情的事业。李忠以流民出身,本属于只知计较平常生计之人,宋江士人式理想原本甚为遥远,其上桃花山也好,上梁山也好,不过是个饭碗问题,哪里需要管什么朝廷。但是,在《水浒传》中,李忠这等小小人物,居然不声不响就支持或者接受了这场招安,不仅没有缺席,而且还做到了坚持到底。这就不是从普通流民的本性而可解释的了。

　　一半理由,当然是宋江等人作为大哥以义气感召或者某种意义挟持的结果。没有义气,可以在别处落草,但是绝对上不了梁山,这是林冲刀刃王伦之后的首条梁山定律。梁山好汉之间,讲的是义气深重,彼此惺惺相惜。李忠等人为江湖流民出身,天生不乏江湖义气,这种人或许也有小家子气的,但少有酸气,更不会嫉贤妒能,在这一点要比王伦这类落第秀才强出许多。但梁山义气不是简单的江湖义气,简单的江湖义气讲的是抱团而已,而梁山义气讲的是对于江湖正道的认同,所谓盗亦有道。这是晁盖时期就在梁山树立起来的品格。梁山好汉首先认同的,便是杀富济贫、打抱不平、匡扶正义这些好汉价值。看看,后来李逵几次险险要砍杀宋江,这就是说,如果宋江真是干了伤天害理之事，李逵也是可以不认他这个大哥的，幸好都是误解。李忠虽然武功平常，为人放不大开，尤其在财字上不够大方（从其低微出身和窘于生计的实际观之，这也值得谅解，及时雨不是谁都有实力做的），但在义气上终究超出一般意义的跑江湖之辈许多，他富有正义感，能够为江湖道义两肋插刀，也能够路见不平、拔刀相助，因此与梁山好汉合流。当然，李忠虽有义，但终究为人不够豪迈大气，甚至比不上小霸王周通的痛快（我们应该还记得周通曾对李忠说那句"哥哥，我同你同死同生，休恁地计较"的话）。这大概也应该是在梁山上他终被排座到周通之后的原因，尽管之前他是周通的大哥，功夫也要更高一些，然而梁山排座次是不完全看资历和手上功夫的。

另一半理由，则更为重要，是李忠本身具有一种近乎儒家之"忠"的品质。这种品质为追随宋江领导的"忠义"事业的梁山人所必备。梁山单凭一个"义"是不够的，梁山聚义演绎的本质，不是义，而是忠。江湖上有许多流民，不是最终都上得了梁山，参与得了"忠义堂"聚义的，但是李忠不同，他是一个忠义双全之人，所以成为了梁山好汉。李忠之名，应该不是作者之无意而为；其"打虎将"之绰号，恐怕也有作者一层"亲兄弟"打虎同心的寓意在里面。儒家之忠，有不同层次，士人之忠，当然是尊奉朝廷正道，而普通人之忠，则可以是孝与义。李忠之忠，没有士人之忠的高度，而是一种近似孝与义的忠诚，具体表现为对于大哥宋江的无限忠诚，对于自己既归梁山集体的无限忠诚。李忠和其他梁山人一样，识得及时雨宋江，服其孝义，因此信任宋江易帜之志，认同并追随宋江的悲情理想，甚至不计得失，不论生死，直至被乱箭射死在沙场。关于这个忠字，李逵莽汉子之死演绎得最为感人，他用情愿同死表达了对宋江邀饮毒酒的理解和悲怆。梁山人相信，成就宋江之志，也是成就了自己的忠义。

梁山好汉"聚义"，能够历史性地由普通江湖聚义转变为重归士子们心中家国"大义"的聚义，核心便在于"忠"这个字。也正是这种"忠义"的追求,使得水浒梁山故事在中国历史上得以放大,从而从山寨版江湖之义走进中国独有的儒家春秋大义。水浒故事或者虚构居多,但是它却因此获得了主流阶层的集体认同,颇令士子为之扼腕。从领导阶层的宋江来说,他要以士子之忠,上对朝廷表现一种"顺天应理"的德性,下为兄弟寻求一条符合那一时代历史正论的出路。从梁山兄弟们的角度来说,包括李忠在内,体认和践行一份忠诚,每个人都对宋江之悲情理想,达成了不同程度的默契或者接受,在对社会正统的集体重归中,都以个人的隐忍,甚至不惜以个人最终的牺牲,来支持宋江引导的梁山"忠义"事业。尽忠而死,这或许是那个时代个人的悲剧,却符合中国古典文化之中的微言大义。(当然,在今天看来,"忠"这种价值已经有许多可减损之处,我们时代的大义,已然是民主、平等、法治、人权、良善、公平等等。)

　　李忠这一人物,可谓彰显了《水浒传》作者的传神之笔,表现了一个小小人物其梁山之道的缩影。按照"真三国假水浒"的说法,比较起《三国演义》,《水浒传》更像一部故事书,因此水浒人物也就更值得我们从作者传神的角度延伸阅读。在《水浒传》这类微言大义的经典作品里面,小小人物们绝对不能一概被看成是无关要紧的配角,相反,他们可能也是那种荡气回肠的人物。梁山不是山,而是一百单八人的忠义组合,梁山如何成为可能,为什么如此演义,这是由梁山人共同演义完成的。从李忠身上,我们可以看到,中国历史上很多并不精彩之人,却显得同样悲壮,如果加以细致品味,甚至还会平添一份凄婉。李忠,还有排在最后座次的,什么金毛犬段景住、鼓上蚤时迁、白日鼠白胜、险道神郁保四之类,这些小小人物,原本无须如此悲壮,也原本无须承担那些在中国文化历史上专属于士人阶层的道德理想,然而他们却总是在许多时刻无限忠诚、勇于牺牲,从而成就了无数的水浒传奇。

汉语拼音的中西再辩[①]

北京大学的贺卫方教授和香港城市大学的郑培凯教授就周有光先生发明的汉语拼音之于西方汉学文化传承影响有一场有趣的争辩。贺教授以《汉语拼音 文化断桥》(《苹果日报》2012年7月15日版)为题,认为周先生汉语拼音的推广,取代威妥玛—翟理斯注音法(Wade-Giles System),造成了西方汉学某种文化传承的断裂。郑教授以《汉语拼音》一文(《苹果日报》,2012年7月22日版)回应,认为"说汉语拼音忽略了'文化传承',真不知是从何说起",因为一方面"西方文化霸权笼罩世界的时代,从未忘记发展自己的文化霸权,汉语的拉丁字母拼音,也就五花八门,百花齐放";另外一方面,"西方人习惯的拼音方式,也与维护历史文化的延续性没有很大的关系。千万不要颠倒主从,妄说甚么'文化断桥'"。

两位学者识见渊博,语词也犀利有加,笔者读之受益匪浅。贺教授字里行间,情感真挚,对于汉学文化延续性关切有加;郑教授在其批驳之时,展示了关于西方人汉字拼音系统和语言文化学的丰富知识,不愧是外文系出身,令人佩服。贺先生似乎也不愿再作回应。笔者并非汉语拼音专家,本无意参与这种高深的辩论。但最近笔者偶然看到几本西方人写的书,见到作者们

[①] 本文成稿于2012年8月12日,2014年9月10日首刊于笔者博客"军都拾零",http://longweiqiu.fyfz.cn/b/824869。

都不约而同似的,花费若干笔墨解释汉语拼音系统和威妥玛—翟理斯注音法系统的选用问题,觉得很有意思,算是为两位教授的辩论做一个附注吧,以供参考。

从作者读到的几本西方著作来看,贺、郑两位教授可能都没有太关注到一点,就是西方学者关于汉拼系统其实存在一个主体再接受问题。到目前为止,西方汉学的创造主体似乎主要是西方人,因此汉语拼音法在推广之后,西方汉学家会不会很好地配合、接受就成为一个关键问题。不管承不承认,无论是西方世界关于汉语的拼音方式曾经或者依旧有着五花八门的形态,还是威妥玛—翟理斯注音法从20世纪初期开始逐渐获得强势地位,又抑或是新中国在1979年起推广周有光先生发明的汉语拼音系统,这背后绝对不单纯都是语言科学问题,尽管这个问题很重要。这后面还有什么问题呢?当然有一个自觉或不自觉的文化主体意识问题。我们注意到,威妥玛—翟理斯注音法的推广确实与英国当时在晚清帝国具有的特殊主导地位有关。郑教授使用了"西方文化霸权"一词,应该说也有这种文化意识在里面,是以在辩论里面明显有着民族主义诉求。新中国成立后,力推汉字改革,周有光先生在1954年受邀担任汉语拼音方案委员会委员,并在1958年主持拟订出《汉语拼音方案》。1979年4月,国际标准化组织在华沙召开文献技术会议,周有光在会上代表中华人民共和国发言,提议采用"汉语拼音方案"作为拼写汉语的国际标准。1982年国际标准化组织通过国际投票,认定汉语拼音方案为拼写汉语的国际标准(ISO7098)。由此可见,汉语拼音既是一项汉语注音的科学工程,也具有很浓厚的新中国在文化上"站起来"的主体意愿。

意愿终归是意愿。我们发现,文化上的事情其实是不可能通过一纸命令就可以做到四海宾服,中国方面虽然力推汉拼系统,但是到了西方汉学界的地界,接不接受就是人家的事情了。汉语拼音的推广应该说并不顺利,西方学者打折扣、做保留的可不少见。

美国当代历史学家、弗吉尼亚威廉和玛丽学院(College William & Mary)的苏珊·鲍尔(Susan Wise Bauer)教授就是一例。她在2007年出版了一本流行的《世界古代史》(The History of The Ancient World)(该书由 W. W. Norton 公司出版)。既然是一本古代历史书,就自然免不了要写中国,而要写中国,对于那些人名地名之类,该怎么使用汉语的拼音方法呢?苏珊·鲍尔教授在该书第六章"哲学王"的最后部分,专门作了一个注释加以说明。她认为,目前并没有一个被一致接受的汉字的注音方式,所以导致西方人对中国历史的说法复杂化,虽然中华人民共和国在1979年决定选择汉语拼音系统,替代此前广被使用的威妥玛—翟理斯注音法(经过1859年和1912年两次演化),希望实现中文名在其他语言中拼写的标准化,但是,很遗憾,汉拼系统并没有能够流行起来(Caught on)。苏珊认为,主要原因在于,威妥玛—翟理斯注音法广为人知以至于使用汉拼反而导致混乱。此外,部分术语虽然采取的是其他系统方式注音,但是非汉语读者对此已是耳熟能详,因而不易废弃。所以,她认为尽管汉拼看起来可能是更精确的系统,但是为了不至于引起混乱,她本人还是决定约定俗成(defaulted to),继续沿用通过使用其他系统而为人熟知的汉语术语。于是在该书中,她大量使用了威妥玛—翟理斯注音和其他注音。

这种"约定俗成"的情况比比皆是,相较像上面苏珊·鲍尔这样一般意义的学者之外,西方汉学家更喜欢以此为借口而弃汉语拼音法于不顾。例如,最近美国出版的一部关于宋美龄的传记作品,《最后的皇后:蒋介石夫人和现代中国的诞生》,从书名即可见一斑:"The Last Empress: Madame Chiang Kai-Shek and The Birth of Modern China"(By Hannah Pakula, Simon & Schuster, New York,2009)。作者还在书中做了一个近似的附记,称为方便读者更好阅读和辨认起见,决定在很多名称使用上,选择习以为惯的写法,比如蒋介石和孙中山的人名就坚决不用汉拼,而是沿用威妥玛—翟理斯注音法(Chiang Kai-Shek and Sun

Yatsen），在许多地名方面也是如此。真的是应了那句话，"谁的地盘谁做主"！

可见，文化问题到了国际的领地，总是比我们想象得要复杂，特别是由于文化不是自然形成的，而是通过文化主体创造而来的，所以，要改变其中的惯习结构，绝对不会是某个国家单方面"传檄而定"那么简单。我们今天想要改变包括西方汉学在内的所谓西方文化"霸权"地位，建立自己的文化自信，还存在一个较大的主体性障碍需要跨越。西方汉学的中国崛起，单单借助推广汉语拼音系统本身，恐怕还只能起到很有限的作用（当然这也很重要，特别在国家间表达文化政治的象征意义上来说），我们需要做的，尚有很多很多。其中，最关键的，是我们自己能不能有实力有资格担当文化的创造主体。但对此不可陷入狂妄的自闭，应取开放包容的心态。德厚寿丰的周有光先生晚年对此颇有感念，他在 109 岁寿辰时语重深长地说："要从世界看国家，不要从国家看世界。"在他看来，"现在再谈中国文化将统治 21 世纪是可笑的。统治 21 世纪的不是东方文化，也不是西方文化，而是世界共同的现代文化"。从这个角度来说，我想也可以算是对二位学者关于"文化断桥"是非之辩的一个回应吧。

《三枪拍案称奇》之"文化颓废论"[1]

文化部门最近正在提倡的"反三俗",其实有点叫人莫名其妙。因为俗气这种东西在什么时代都是常态,为什么偏偏要今天大反特反呢?最近我看了一遍张艺谋拍的影片《三枪拍案称奇》,忽然有一种奇怪想法,不知道文化部门是不是从《三枪》这样的电影里面审到了某种"文化颓废"的端倪,所以就着急火燎地反起三俗来了。要真是这样,老谋子的这部电影可谓罪莫大焉。

张艺谋前段时期拍《英雄》大片,导演"奥运会开幕式",大树中华雄风的样子,现在忽然拍了部怪怪的《三枪拍案称奇》。这部电影暗示,我们想象英雄扣动扳机,惊天动地,而且只需要一枪;但现实所见其实都是狗熊而已,现实中的所谓扣动扳机,是很滑稽的无厘头的三枪悬疑。老谋子在这里调子一转猛给英雄主义拍砖,戏称"不要崇拜哥,哥就是个传说"。所以就引起猜想,他到底是要崇拜哥呢,还是真的要"不要崇拜哥"呢?他导演的东西,究竟是属于文化雄起,还是属于文化颓废呢?

鄙人觉得,文化部门不必过度揣测,更无须恐慌。仅凭老谋子这样的《三枪》之类的作品,不必引起关于文化颓废的恐慌。电影就是电影,玩的不过是噱头,赚得观众眼球就好。在真正的

---

[1] 本文于2010年8月13日首刊于笔者博客"军都拾零":http://longweqiu.fyfz.cn/b/547310。

电影人看来,噱头就是电影的本质。对于电影来说,什么文化、商业,都是外壳表象,是赚取眼球的皮肉,只有赚名、赚钱才是实实在在的内在驱动。电影从根子上就不是有关文化艺术追求的东西,从它产生开始就是为了赚眼球的,间接的结果就是造出了一类社会幻影——电影明星,对应的就是众多粉丝。在拥有了众多电影和电影明星(对了现在也包括电视节目和电视明星)的今天,社会就变得无比的夸张和虚拟。可以说,电影制造了一个真真假假难分难解的世界。

所以,作为一个电影人,采取模糊于文化与非文化的定位本身并没有错。错的是我们想赋予他以别的人物身份,有时导演自己无意识也会这样,比如张艺谋在拍《英雄》和导演奥运会开幕式的时候,他几乎就把自己弄成国粹大师或者文化工程师之类了。的确,如果真要从文化艺术的角度来论(而且假设这样的角度对于电影来说很重要的话),包括张艺谋的电影在内的众多影片其实都是经不起这种审查的,相反据我观感恐怕不少在这方面是很不严肃很不认真的,甚至有些就是玩弄文化的。《三枪》即为一例。

人类电影中,也有部分在追求某种文化倾向上态度认真,但是这样的电影其实与真正的电影就分道扬镳了。当然,电影的意义虽然不是以文化为属意,但是并不意味它就没有任何的文化感知。电影可能也会加入某些文化因素在里面,但通常都不会是真要表达这些文化,而是草船借箭、借船出海之类的意思而已,或者叫作炒作文化。很多时候,社会大众或者特定观众有什么文化倾向,电影人就玩什么文化招数,投其所好!有的时候不那么直接,需要培养开发出观众的某种潜在的狂热兴趣和观看倾向,电影人就需要费点心思,这就玩得更加心跳。像美国的好莱坞大片,还有近些年拍的大小朋友都爱看的动画大片,就是这种成功的范例。电影不会是要追求文化的,它顶多只会关心文化市场。文化市场是水,只要能够推波助澜之,那么就可以兴风作浪。

再回到张艺谋的电影，老实说并不怎么喜欢，我感觉他作为导演欠了一些纯粹。有一种说法认为，张艺谋的电影，早期是有文化艺术追求的，像《红高粱》《大红灯笼》，后来为了赚钱才变成商业的，所以没了文化艺术的那种品位。但这种看法过分夸大了张艺谋的阶段蜕变。其实，在我看来，张艺谋没有什么变化，特别在努力自我炒作方面是那么的一如既往。他在不同时期能够用不同的办法炒作，而且明白一些中国之道和世界之道的对接，也就是说具备一些两边都能够忽悠好的本领。但是总体上来说，他由于不够纯粹，时不时就露出了某种文化情结。

《三枪》也是如此，其最糟糕的地方，不是它找噱头的做派太明显以至于沦为刻意滑稽戏，而是在鸡肋般的表演中，潜意识地触及一种张艺谋独有的"英雄文化式忧患"。这个忧患的起因，就是《三枪》——假设社会草根部落不再迷信英雄，那会怎么办！《三枪》演绎的是狗熊发飙的故事，而且大有使之"破皮啦"（popular）的意思，希望我们的观众在看完后感到很狗屎，而且相信自己就是那么狗屎。因此，就引发一场信仰危机：这世上的英雄不过如此。

所以，假使文化部门由此而产生了对文化颓废的担心，一定意义上，也是可以理解的。但我有个提议，操作起来很简单，根本无须兴师动众，就能够达到整顿的效果。也就是说，可以给张艺谋抑或其他受选者一笔钱，让他多拍一些《英雄》之类的东西。至于观众的观感呢，这就不要多管了。要是老谋子不听话呢？我觉得这是不太可能的，据我观察，他这个人还是比较识时务的。但是真是这样，那么电影会变成什么呢？

追求真正意义的自主办刊[①]

《北航法律评论》终于创办了。俗话说,办刊者事大!学术刊物是学术传播、评价和引导的主要平台,办刊即意味着对学术阵地的经营。这项事业属于北航法学院一群雄心勃勃、才华横溢的年轻人,他们个个摩拳擦掌,希望大展一番作为。这使我不胜感佩,激动之余,欣然应邀,不揣冒昧,写下数语权作寄语。

"法律评论"是美国独具特色的一类法学刊物,其特点是由法学院的学生自主组织办刊,以创办于1887年的《哈佛法律评论》等为代表,在美国乃至世界范围的法学刊物界享有崇高威望,俨然为法学家之"鲤鱼跳龙门",一文即名,盛况空前。

美国人的"法律评论"既贤,一向崇尚见贤思齐的我们自然乐于"移而植之"。1998年,北大法学院率先仿效先进,学生以自主之名创办了《北大法律评论》,此后其他法学院也纷纷竖旗。迄今为止,这种由国内法学院学生名义兴办的"法律评论"恐怕已经不下十余家,甚至更多。

现在北航法学院也愿意加入到这样的一种办刊序列之中,当然也是受到"法律评论"成功鼓舞的缘故,诚可谓"学习不分先后"。

[①] 本文成稿于2010年8月1日,系《北航法律评论》(明辉、李昊主编)的创刊寄语,刊于该刊第一卷创刊号。

那么,应该如何学习呢?我想关键应该是学习其成功的真正原因。

俗话说,成功没有偶然。

美国"法律评论"之所以能够成功,从形式上看,在于它引入了一种所谓学生自主办刊的体制。美国法学院的"法律评论"无一例外均由学生自主组织编辑,通常由JD三年级和二年级的优秀学生组成,每年定期吐故纳新(以哈佛法学院为例,每届编辑约42人,总计约84人)。这种完全由学生自主组织编辑的全新体制,一般认为,一举解决了办刊者最容易纠葛的两个难题,即学术成见问题以及学术官僚化问题,因为学生总是更要单纯些,更要理想主义一些,而且更新很快。

但是,我们今天沿袭"法律评论"这种刊物模式,不能够只停留在形式上对美国法学院"法律评论"做简单的体制模仿。这是因为,我们经常看到这样那样的所谓学生自主办刊,最后我们发现这些自主办刊最终并没有导致一种高质量的办刊结果,而只是沦为了一种简单的主体决定论。这是为什么呢?当然是因为只学了别人的皮毛而忽视了精髓的道理。

美国法学院"法律评论"的自主办刊,其真正体现的精髓,不在于以学生为主体自主决定刊物方向这种形式与外壳,而在于通过这种更少官僚化而更具鲜活且更具学术雄心的编辑组织体制来更好地保证刊物不偏离学术方向、始终坚持高水平学术标准的实质。换言之,学生自主是"表",坚持以绝对的学术品位办刊才是"里"。其实,在美国甚至在西方,无论学生组织的刊物,还是机构组织的刊物,其最核心的原则都是一样的,那就是必须坚持"唯学术是举"的办刊方向,这才是真正意义的自主办刊——为学术而自主。

《北航法律评论》既冠以"法律评论"之名,就应该深入到"法律评论"致力追求"唯学术是举"的办刊精髓中去。也就是说,我们不能只刻意在表层学习由学生自主的办刊形式,而是必须深入内在去学习为追求学术而自主的办刊实质,学会锲而不舍地以学术追求为办刊唯一目的。此外,既为学术,办刊者就应该以兢兢业业、诚惶诚恐的心态,为刊物和学院的声誉计,更以学术公器为计,认真对待,力求规范,精益求精,甚至不惜呕心沥血。甘为嫁衣,是为编辑!

祝愿《北航法律评论》见证法学历史,创造刊物辉煌!

认真对待我们置身的空天法时代[①]

当今世界空天科技、经济和政治突飞猛进,使得我们忽然之间便进入到一个崭新时代:在既有的现代性特点诸如"全球经济一体化""信息化"等词缀之后,我们的时代忽然又可以加上另一个新的标记——空天化!从技术与资源的角度来说,土地经济、土地财政、土地政治,曾经是古老文明中长期持续但今已渐褪色的一个中心话题,接着,由海洋文明开始兴起的贸易经济、贸易财政、贸易政治,在航海技术中轰然而起,成为近代以来的曾经热烈而今仍然长盛不衰的另一个中心话题。但是,我们文明的中心话题忽然就出现了第三纪元,它在空天技术的轰鸣声中,排山倒海向空天经济、空天财政、空天政治蔓延而来。

航空飞行及空域资源的开发利用、航天器飞行及太空开发利用,已经成为我们今天十分热衷的事务;而与这些利用事务问题接踵而来的,是国家与国际的空天政治、军事、外交等诸事务的错综复杂。"法律与和平",格劳修斯这一永恒命题,焕发出一股尤其沉重的现实意味!也就是说,在空天科技已成蔚然之势的今天,国与国之间的竞争与合作不再仅仅局限于土地和海洋的层次,而是已经发展成为空天的层次。在法治理应被提升为世界普识价值的今天,空天的法治建设问题应该成为各国政

[①] 本文成稿于 2010 年 3 月 7 日,为作者主编"航空法与外层空间法"丛书(法律出版社)的总序。

治、国际政治的头等大事！

然而，自从空天高科技出现的第一天起，人类中的良善者就不得不深感忧惧：我们如何保障这一可以造福于我们也可以毁灭我们的高科技系统，真正得以在造福于我们人类的范畴而被开发、利用和发展？一个世纪以来，人类的空天化过程充满了纷争和悲惨，在20世纪的空天技术兴起的初始岁月中，我们人类差一点被我们自己发明的空天技术所毁灭：先是在天空，后是在太空，近乎无约束的空天技术军事化，导致了二次世界大战的疯狂空战，冷战中飞天核武的相互威胁和星际大战的跃跃欲试，半个世纪以来的毁灭性导弹的无节制开发和利用，以及近期空天大国之间悄然兴起的太空军备的硝烟弥漫等等。世界岌岌可危矣！然而，我们之中许多人似乎还浑然不知，特别是一些所谓技术上的领先者，兀自还在单纯的空天技术观、空天经济观、空天军事观的只论片解中玩着火。

幸运的是，一个世纪以来，空天法律和政治的伦理化运动不仅没有停息过，而且越来越成蓬勃发展之势。我们的世界总是存在一种向上攀升的力量，这股力量不屈不挠为一种健全的空天体制而呼吁和努力。许多人、许多机构甚至许多国家，逐渐扩展地加入其中，他们或者它们不遗余力，旨在探索和推动一种良好的空天开发利用体制的形成，一个世纪里面，也实际产生了许多非凡的成就。比如说，20世纪20年代以来的民用航空国际合作体制的逐渐发展与成熟；又比如，联合国和平利用外空委员会60年代末以来先后起草和推动缔结的《外层空间条约》《营救协定》《责任公约》《登记公约》《月球条约》等，在错综复杂的国际环境下，殚精竭虑地建立了初步的和平利用空间的国际法准则；又比如，近期在机构和学者的呼吁下，各国和国际组织对于空间碎片减缓问题的重视和形成有关合作规则的积极行动；还有，国际组织和机构包括区域性组织正在为推动太空非军事化而做出呼吁和努力；等等。

遗憾的是，迄今为止，一个真正意义的空天技术时代的可以全面保障和促进我们的世界福祉、让我们享受空天经济繁荣和方便而又远离空天灾难与毁灭威胁的国家和世界的空天法体系还远未形成,我们甚至还不确信未来还有多远的路要走。美好的未来取决于无数的前提,例如良好的国际政治架构,充满合作色彩的国际环境等等。但无论何种情形,首先有赖于我们投入足够的智识储备,做好深入研究和思考。北京航空航天大学法学院依托学校在航空航天技术领域的优势,其法学研究和法学教育可谓特色鲜明,在空天法(航空法与外层空间法)研究方面,经营日久,颇有所长,已是我国空天法研究的重镇,因此理应在学术资料积累和法治建设建言等方面走在前面。

  抱着这种意识,我们在法律出版社的支持下,发起组织了本丛书,冠名"航空法与外层空间法",旨在集中这一领域的全国研究力量,对国内、国际的空天法理论与实践作一个立于现阶段的较为透彻的整理,同时展开一些急迫的专题研究,并在一些个别的或者系统的方面提供急需的国内法和国际法的建设方案。所以,这个丛书既有资料性的,又有理论性的,也有建设性的,为典型的三合一。本丛书第一辑暂定为 10 本,以后根据研究进度,再陆续推出其他丛辑。我们殷切希望,我们的这项丛书工作,一方面可以呼应中国作为正在崛起的空天大国的理性现实,一定程度为其提供在空天方面的国内法治建设和国际法律政治合作的智识支持;另一方面,可以弥补国内一直以来在航空法和外层空间法资料建设方面的若干空缺,同时能够牵引和激发更多的法律学者和机构关注和投身该领域的研究和立法之中,与时俱进,认真对待我们所置身的空天法时代。

斯感做学问真难[1]

民法学的基础研究,严格说起来,是在一种力求全型研究思维下集制度、思想、实践与问题为一体的理论作业。这种研究风格,在民法先发国家,可谓世纪相传,为民法学者所热衷,既是一种极尽人生学问追求的一种方式,也是希冀学者思想理论有所建树的一种途径。在民法后发国家,这种研究尤有意义,它是一种在更具全面和更具综合的意义上继受和发展舶来民法的有效和必要方式。然而,这种研究却也是一种取其难者的学术训练和研究方式,几乎属于"磨砖作镜"的做法,投身其中者到头来多是发白了,笔秃了,还在望纸声叹。就是有几个幸运者,回首起来,往往也是投入多,产量少,往往好不容易似乎要做出点成果来了,却总是一触即倒,全盘重来。不过,尽管如此,民法研究者还是乐此不疲,因为研究旨趣往往总是胜于研究功利,所谓意义尽在过程,乐趣也尽在过程。

从研究角度来说,民法学的基础研究,在今天可以划分两大范围:一个,是对工业化进入新时期之前的民法历史资源的整理和发掘。这一范围可归为民法传统问题。这些传统资源,或见诸表面的各式各样的制度文本、实践材料之中,或潜伏于社会、政治、历史的复杂情态变化及与之关联交织的各种重要学理的

---

[1] 本文成稿于 2009 年 8 月 3 日,刊为作者《民法基础与超越》(北京大学出版社 2010 年版)前言。

复杂进态之中。对此研究的功效,在于对既有的制度知识和制度思想作出有深度的阐释,是为建设与反思的一个教义基础。另一个,是对工业化进入新时期之后的民法资源的现实考量和凝神运思。这一范围可归为民法现代化问题。这些资源正以一个无限零散、在全球范围进展不一、实验性压倒确定性的方式而呈现,它们多以挑战问题的方式提出来,与既成历史、思想和制度存在某种对抗的或分离的趋势,由此形成法律制度与思想的现实变革的动力和压力。对此研究的意义,在于对我们现实的难题和新题及时给予深刻回应,并努力帮助塑造一种新时期正当有效的并适合于我们自身情况的法律体制。在本书,作者侧重在综合的意义上,从历史探寻和当下对策两个论域,试图对每个研究论题予以发掘和运思,作出处理和权衡,因此既有历史的探测和实证,亦兼有当下的分析和凝思,是将历史清理与现实超越混合的双向。

本书是由作者自己从曾经发表过的基础型论文中,挑选其中具有关联者,按照主题分类,通过适当修订和加工,汇集而成。从研究风格来说,本书大抵属于民法学的基础研究范畴。全书由主体和附录构成,其中主体部分,包括民法的观念基础、民法发展、主体理论、物权法理论、债法理论 5 个主题,具体由 16 个研究论题构成。附录部分,则收录了与基础研究旨趣有关联的一篇法理学论文,涉及法律实在性或曰客观性问题的讨论。

具体而言,"观念基础"部分,涉及民法的确立基础("公法与私法的关系")、民法实现的特性("民事救济权制度简论")、民法继受的根源("罗马法的传统性和法律方法")、民法制定的形式特点("民法典体系问题探讨")4 个论题,作者的研究分别就民法的私益目的、民法的自主属性、民法的理性与科学传统以及民法的体系化特点进行实证发掘和思想阐发,同时作出当下回应式讨论。

"民法发展"部分,主要限于就中国当下民法历史的回顾和盘点,通过《民法通则》实施 20 周年("法治进程中的中国民

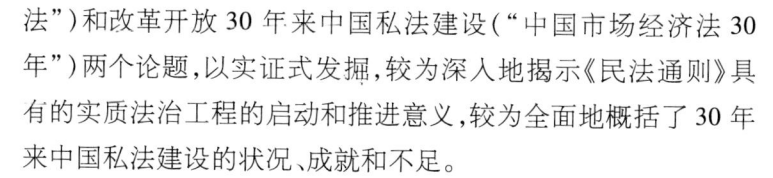

法")和改革开放 30 年来中国私法建设("中国市场经济法 30 年")两个论题,以实证式发掘,较为深入地揭示《民法通则》具有的实质法治工程的启动和推进意义,较为全面地概括了 30 年来中国私法建设的状况、成就和不足。

"主体理论"部分,包括主体概念的实证意义及其超越("法律主体概念的基础性分析""民法秩序的主体性基础及其超越")、自然人人格权的制度进路及其超越("自然人人格权及其当代进路考察")、法人的主体本质实证及其超越("法人主体性本质及其基本构造研究""法人的主体性质再探讨")、合伙的主体本质及其形式特点("合伙的多种形式和合伙立法")4 个涉及民事主体根本的论题,作者发掘认为,主体概念在传统民法上被赋予了基础性地位和作为第一概念的方法论价值,自然人人格权在民法典时期存在受制于民法规则主义的严重局限,法人主体问题在特殊时期下由于与拟制主义思想结盟导致了其特殊的法律本质处理及其制度结构,合伙由于功能取向的特殊性以及形式多样化的特点导致其主体问题的复杂性,作者并以此作出对有关论题的重新诠释和超越思考。

在"物权法理论"部分,作者以物权法的立法政策("物权法政策之辨")、物权法的立法基础("物权立法的合宪性问题")、物权法出台后的中国物权制度实况("中国物权法制的变迁与展望")为论题,对于中国物权法的现行立法政策的保守性、物权制定中的僵化合宪情结以及新近出台的《物权法》的财产有限性予以检讨,并提出应向市场经济体法权基础的政策转型、应在深化物权法意义上重新理解物权法和宪法的关系以及应在观念和制度上继续突破以创制完全物权法的建议和思路。

在"债法理论"部分,只收录一篇研究,即有关债的关系的根本定位问题("债的本质研究:以债务人关系为起点"),作者从关系本质探讨的角度,澄清了长期存在的"债权本位"式的简单观念误解,论证了既有实证法和有关理论上在债的关系中如何且应将债务人作为考虑起点的制度实际和思想基础。在本部分，作者原打算补入有关合同责任基础以及侵权法的历史结构与现代革新的两个研究，但由于时间上的原因，也由于一些其他考虑，最后还是决定留待将来再版时再作增补。

作者专门从事民法学习和研究几近二十年，斯感做学问真难！从努力程度上，自以为还算得上是勤学苦读、辛苦耕耘之辈，但总结起来，成果却十分有限。究其原因，一方面是自己资质有限，属于驽马笨鸟之类，要做出真研究尚需时日和运气。另一方面，从用心上，则是因为自己吃力不讨好，对于基础型研究情有独钟。多年来，由个人知识旨趣和思维特点所致，所作研究，很大程度上自觉不自觉地采取了这种基础面向的进路。然而，多数研究努力无疾而终，这是因为，要么觉得属于有思路而难做材料的类型，而不得不浅尝辄止，搁置封存，要么觉得属于怎么做都属于难至臻境的类型，反反复复推敲修正，终不能定稿。部分研究因为这种原因那种原因发表出来现诸于世，若干年后回过头来重新一读，也是经常为之气馁甚至气结。

今北大出版社资深编辑蒋浩先生，对于我以往公开发表出来的那些基础研究类论文表现出极大兴趣，希望我能够汇集成书。思之再三，我最终接受了这个编辑成书出版的提议，理由是既然已经发表，便有责任不断地使之完善，以对读者负责。同时，我相信，所谓学问，应该是在不断回头思考和修补的基础上才渐渐成立起来、积厚起来的。所以，借助这个机会，我断断续续用了近一年的业余时间，很花了一些心思，将过去的上述这些作品作出系统的整理、修订。当然，无论如何，瑕疵、错误甚至谬误在所难免，恳请读者批评指正。

期盼农家法律书的繁荣[①]

　　《出版人》杂志的编辑朋友让我推荐一些农家法律书籍,鼓励农家读者多读书,读好书,我觉得这是一件很有意义的事情。生活百事,读书为高! 自古以来都是这样,今天更应如此。

　　读书不仅可以以一种简洁而系统的方式获得生活的知识和经验,而且更重要的是可以陶冶精神情操、培育生活情趣、提升文化境界。

　　我们今天提倡新农村建设,我想其中重要一项应该有读书建设:用鼓励读书的方式,在鼓励知识学习的意义上,促进农村旧貌换新颜。这里面有很多工作要做,但我认为有两项最为重要。

　　一是,我们的各个方面的政府和社会组织系统应该负起文化和社会建设责任来,建立各类方便农家读书、促进农村文化发展的体制、机制和机构,包括广建农村书屋。

　　这里有一个关键点,就是我们的政府和社会组织系统要切实体会到这是一项由宪法赋予的社会建设的神圣任务,应旨在服务而不是管理,应旨在送书下乡而不是卖书营利。

　　很多年以前,民国著名学者梁漱溟先生曾经对于农村新文化建设情有独钟,然而他的努力由于仅靠个人之力又在旧体制

[①] 本文系《出版人》杂志约稿,载《出版人》2009年12月"农家导读"。

羁绊之下自然是收效甚微,那么今天,我们完全可以依凭新体制的优势以及能够举社会之力的保障来做好这件事情。

二是,我们的出版机构和书籍作者们应该齐心协力,用心打造,精心策划,促进农家书籍的繁荣,做到农家有书可读,有好书可读,有好多书可读。

农家人同样渴望并且有权利获得各方面的知识涉猎和精神熏陶。我们国家书籍市场有很多适合城里人阅读的书同样适合农家人阅读,比如那些经典著作。在这方面来说,我们的农村书屋不能唯农书而农书,而是应该首先做到陈书广泛,平等待客,要使自己面面俱到。

但是,农家书屋也应具有特殊的服务功能,那就是要能够同时提供农家人特殊需要的可读之书,即农家书。农家书,顾名思义,是指特别针对农家人各种特殊知识需要而撰写出版的书籍,特别是那些与当今农村生产和生活形态直接相关的知识书籍。

今天是一个我们国家正在走向法治国家的时代,那么法律书籍的意义在农家书屋中自然具有不可忽视的分量。从农村基层组织建设到农村的土地所有权、承包经营权、宅基地使用权、乡村企业组织和经营,再到农家人开展特种经营、从事特种贸易、进城务工等等,这些各类各样的法律形态、法律关系和法律事务,无不要求应有一个农家法律书籍繁荣的局面,以此来方便获得丰富的知识支持。

我感到有些遗憾的是,这种繁荣似乎还没有出现,在这次受托推介法律书目的过程中,我发现值得推介的农家法律书籍品种明显不够丰富,而其中写作用心、质量高的更是微乎其微。几经犹豫,下决心推荐了几本,就算是有聊胜于无吧,但仍然是忐忑不安。在此,我衷心希望我们的各个方面重视这个问题,能够多一些投入,务求实效,在更快的时间里改变这个局面,努力促进农家法律书籍的繁荣。

民法讲坛

民法典编纂要警惕"宪法依据"陷阱[①]

两办(中办和国办)不久前以文件方式,部署中共十八届四中全会各项任务,其中一项,即为授意全国人大常委会法工委负责协调民法典编纂任务,并责成最高人民法院、最高人民检察院、国务院法制办、中国社会科学院和中国法学会五家作为具体支撑。这一部署使得民法典编纂机构的神经立马调动起来。

近日,从微信渠道浏览了一下某个"民法典编纂"机制快速拟制的一个《民法总则建议稿》(征求意见稿)。由于时间关系,我对其中条文还没有作展开阅读,只是随眼看了看。

但其第1条还是立即就引起我的一些忧虑。该条表述说,系"依据宪法,制定本法"。这使得我产生了有关民法和宪法关系的"视角联想"。近些年,我国几乎所有的民事立法,都喜欢在第一条加上"依据宪法,制定本法"的字样。但是,这种做法,又都在不同程度遭到包括我在内的一些民法学者的非议。这一次又是"既见君子,胡得不思",我于是就立即再次产生了评论商榷的愿望。

因为,民法典(或民法总则)应不应该加上"依据宪法,制定本法"的字样,这里涉及一个关于民法与宪法关系的重大辨析问题,不可不加以明察。

[①] 本文于2015年4月21日首刊于笔者博客"军都拾零",http://longweqiu.fyfz.cn/b/849193。

单纯从立法权及其机制来讲,今天中国的任何民事立法,都应该说是"依据宪法"来制定的。我国现行《宪法》也明确规定了,民法这样的基本法律,乃属于全国人大的立法权事项。在这种意义上,可以说,应该由全国人大依据宪法赋予的此项立法权及其运行规定(包括依据《立法法》相关规定)来制定或编纂民法典,如此可谓立法行为正当。

如果拟制建议稿第1条"依据宪法,制定本法",本来就是这个意思的话,似乎不应该有什么问题。因为,这种表达符合了我国民事立法必须遵守现行宪法关于全国人大立法权和立法程序的明确规定嘛!在这个意义上来说,在民事立法中写上一句"依据宪法制定本法",其意义通其量是表明立法主体正当、立法权有据而已。

但是,要是这样,就该把话写得更详细一些,应为"全国人民代表大会依据宪法＊＊条制定本法",这样一看就一目了然没有其他歧义了。

但如果是这种情况,完全可以不写。原因有二:其一,民法应由全国人大依据宪法立法权来制定,本身是一个立法要求问题。宪法里面已经要求了。你在民法典或者重要民事法中写一遍,只能算是一个重复表达而已,或者最多算是在语言上表现了一次立法机关对于宪法的尊重而已。其二,民法实际上是不是按照宪法规定的立法权和程序制定的,是一个事实问题,如果存在立法权和立法程序的违反,你写了也无济于事,该说你违宪,你还是违宪。

现在写了,而且写的是会引起歧义可能的"依据宪法,制定本法"字样,这就会带来一个十分严重的本不应该有的后果。即,在民法和宪法的实际关系上,势必导致一种后果很严重的理解错位的可能:人们可能说,从字面上看,这里的意思是指,民法不仅在立法制定权依据上,也在所有内容依据上,都必须以有明确的宪法规定为授权依据,否则就属于没有依据宪法而制定本法。

由此推论,凡是现行《宪法》没有对于民事权利作出实际赋予的地方,就不应该有民事规范的空间。当然,更毋庸说,《宪法》除了对于民法内容构成积极限制外,更要构成一种消极限制,比如早年就有人提到,现行《宪法》里面一直有"社会主义公共财产神圣"的提法,既然说民法必须依据《宪法》而制定,那么就意味着民法(《物权法》)必须以此为服从准据,如有逾越(例如物权平等的规定)即为违宪。大家应该还记得2005年制定《物权法》时的那场争论吧。按照这样的观点,民法典必须依据《宪法》而制定,意味着应该在积极和消极的方面都受到宪法实质依据的限定,否则就是违宪。

在这里,"依据宪法,制定本法"的写法,就立即带来了对民事立法的"宪法依据"的全方位限定问题。如果坚持要在民法上写上"依据宪法,制定本法"的字样,在这种全方位限定的意义上,就意味着会导致这样一种有关民法和宪法关系的荒谬解释:民事立法需要逐条地经过"宪法依据"检测,无论是哪些条款,都必须接受既符合宪法积极授权又不触犯宪法消极限制的双重检验。

那么,我们真的是这种意图吗?

民法上真的需要积极"依据宪法"吗?

民法规定必须以宪法明确授权为依据吗?

民法历史其实已经清楚地回答了这个问题:根本不需要!

历史上的事实,是民法在前,宪法在后,是民法促成的市民社会,发育到一定程度之后,才培育出了政治上代表市民夺权的所谓"宪法"。宪法本身是一个历史很短暂的高级法,在它作为成文法也好、不成文法也好的真正宪法(以宪法至上作为自身定位,但以奉行民主和自由政治作为宪法原则)之前的很多岁月,民法无论作为制定法、习惯法还是判例法,早就以自己独立的方式,自己发生、自己发展着。

换言之,宪法是在民法之后新发展出来的所谓高级法,尽管叫作高级法,也只是限于所谓公法上面的高级法,在私法社会它从来就没有真正高级过什么。

宪法出场之后,在其与民法的关系上,其实主要是甘当私法世界以外的一只应声虫。从人类的私法经验来看,民法从来就不需要也不会打算,在私权的扩展和保护方面,对历史迟到的"宪法"去乞讨什么依据。宪法作为立法的实质依据,从其产生起,只在有关公法、政治权利立法事项的范围显见了其现身的机会和必要。

正因为此,作为近代民法典的代表——《法国民法典》,它在1804年以制定法系统名义出世之际,特别彰显了民法不证自明的立法原理,即,它虽然采取了法典化制定法的形式,但自始至终都没有宣布自己需要任何什么依据。《法国民法典》一如既往地在制定依据上遵循了一种来自遥远的传统——一种自我即可加持的自明之理,即那些牢牢扎根于市民社会的理念。所以,民法典从制定的角度来说,它自己就是一种高级法,根本无须以任何其他什么现实的高级法作为自己的依据。在当时,法国人把这样的民法典的市民社会理念依据,甚至提到了天赋人权高度。这和近代宪法的依据定位几乎是同样的,是一藤两瓜。只是,民法结在前,宪法结在后。

这种在民法中以先天罡气为依据的做法,一直作为传统维持在后世的主要民法典之中,包括著名的《德国民法典》《日本民法典》《瑞士民法典》等,都毫无例外地没有去作什么制定依据的宣示,都显示了民法典在内容依据上的一种浑然天成的姿态。

或许是担心有人不太明白这个道理,《法国民法典》专门在第7条宣示了一条被后世归结为"公私权(法)相互独立"的法律原则,特别值得我们品味。该条称,"(民事)权利的行使,与市民资格相互独立,后者依宪法取得并保有之",1889年又略加修改为"民事权利的行使,与依宪法和选举法取得并保有的政治上的权利的行使是相互独立的"。这是什么意思呢?这是在强调民事权利与政治权利在根本上的相互独立。这一条被法国学理的释义是:必须坚持公私权(公私法)相互独立,坚持二者各有依据,为此二者不互相依赖,也不互相影响,民事权利以民法(私法)为依据,政治权利(公民的资格、选举权)则以宪法与选举法(公法)为依据。民事权利所依据的私法,因为自身在依据上具有不证自明的区隔性,甚至完全不受宪法和其他公法的任何干扰,包括被剥夺公权(政治权利)的人仍可享有并行使其民事权利。

可见,民事立法或者民法典中,该不该写上"依据宪法,制定本法",实为兹事体大,而不可不慎。如果不仔细考虑,就轻率地在即将编纂制定的民法典中写上这八个字,可能会使得我们的民法从此陷入所谓全方位"宪法依据"陷阱,由此则势必要与自身自证其理的伟大历史传统永别了矣。真如此,岂不可叹乎!

中国民法"典"的制定基础[①]
——以现代化转型为视角

一、中国民事立法之现代化抉择

（一）从 2002 年民法典制定之议说起

2002 年 12 月 23 日，第九届全国人民代表大会常务委员会第三十一次会议对"中国民法典草案（审议稿）"进行了"一审"（以下简称民法一审稿），意味着民法典制定正式提上立法日程。[②] 此后，促生了多部学者版"民法典建议稿"[③]。然而不久，民事立法又转入了各项单行法的制定模式，除了 1998 年就已经

[①] 本文系笔者在北京航空航天大学法学院和台湾政治大学联合举办的第二届"两岸民商法前沿论坛"上所作的主题报告。全文发表于《中国政法大学学报》2013 年第 1 期，并收录于龙卫球、王文杰主编《两岸民商法前沿》第二辑（中国法制出版社 2013 年出版）。

[②] 该审议稿计 1200 余条，分 9 编。第一编总则，第二编物权法，第三编合同法，第四编人格权法，第五编婚姻法，第六编收养法，第七编继承法，第八编侵权责任法，第九编涉外民事关系的法律适用法。总则、物权法、人格权法、侵权责任法、涉外民事关系的法律适用法五编，是在现有法律基础上重新起草的，其他部分则属于既有相关法律的汇编。

[③] 例如，江平教授提出开放型模式，梁慧星教授主张德国模式，王利明教授主张中国特色发展，徐国栋教授提出"新人文主义"为基础的"绿色民法典"体例。参见江平：《制定一部开放型中国民法典》，载《政法论坛》2003 年第 1 期；梁慧星：《中国民法典草案建议稿》，法律出版社 2003 年版；王利明：《中国民法典草案建议稿》，中国法制出版社 2004 年版；徐国栋：《绿色民法典草案》，社会科学文献出版社 2004 年版。

制定的《合同法》,2007 年制定了《物权法》,2009 年制定了《侵权责任法》,2010 年制定了《涉外民事法律关系适用法》。[1] 按照有关学者的披露,这意味着民法典制订计划实际已被搁置。[2] 那么,此种搁置是暂时的,还是彻底的呢? 暂时的,那么意味着在将来逐个单行法全部出台后还会对民事立法予以系统化、法典化;而如果是彻底的,那么意味着我们的民事立法从此可能会依单行法的分解式样态而定。学者对此存在不同看法,也产生了不同意见。[3] 从应然的角度说,民法典并不是民事立法形式的绝对选项。[4] 一是现行宪法本身并未作此要求。苏永钦教授对此已有论述:"宪法要求民事立法,但没有要求非订一套民法典不可。"[5] 目前学者们赞成制定民法典的理由,都是从法典化具有的某些益处立论,包括认为民法典是我国经济和社会发展的迫切需要[6],或

---

[1] 按照全国人民代表大会法律工作委员会的思路,目前提上议程的是对《继承法》的修改,另外《人格权法》有可能成为接下来的立法任务。但是,江平教授在 2011 年北京航空航天大学举办的"民商事立法与理论前瞻——首届两岸民商法前沿高峰论坛"所作的报告中,主张下一步立法任务应该是对《民法通则》进行修改,使该法顺乎时势、与新时期出台的诸部单行法协调。
[2] 参见梁慧星:《中国物权法的制定》,载《私法研究》2008 年第 1 期。梁慧星教授说,转变是在 2004 年 6 月发生的,第十届全国人民代表大会常务委员会决定了变更立法计划,搁置民法典草案的审议工作,恢复物权法草案的修改、审议。
[3] 当然,多数人仍然相信是暂时的搁置,认为立法机关在时机成熟时会启动民法典编纂计划,对于现行民事单行法来一次系统整理。
[4] 1986 年《民法通则》制定之后一段时间,制定民法典的呼声有所沉寂。但从 1992 年左右,我国民法学界开始又出现民法应尽快法典化的呼声。1992 年年底,时任中国政法大学民法教研室主任的著名民法学者杨振山教授在北京组织召开了一场有关中国民法法典化的在京学者座谈会,明确提出了应尽快制定中国民法典的呼吁。笔者记得到会人员中甚至有林亨元等老一辈学者,精神令人感佩。在此次会议之后,关于制定民法典的呼声日益高涨。1994 年中国政法大学组织了第一届主题为"罗马法·罗马法与民法法典化"的国际会议,使得法典化呼声成为主流声音。
[5] 苏永钦:《寻找新民法》,台湾元照图书出版公司 2008 年版,第 54 页。苏永钦不赞成制定一部"整全"不同单行法的民法典,但同意制定一部"原则民法"。
[6] 参见王利明:《论中国民法典的制定》,载《政法论坛》1998 年第 5 期。"民法典的制定的必要性并不仅仅在于法律工作者的热烈企盼,而主要在于我国经济和社会发展的迫切需要。民法典的制定,正是依法治国战略,完善社会主义市场经济的法律体系的重要标志。"

认为法典化乃是一种民法传统①等。这些显然只在特定的角度来说具有说服力,并不能得出民法在当下必须法典化的截然推论。特别是所谓"民法典传统"这个问题,通过分析我们也发现它不是绝对的,从世界法律图景可知,民事立法完全可以以不同的方式呈现不同的模式;不同模式的民事立法之间,甚至是互有优劣,只要各自扬长避短,都可以达到自己的优化。② 由此而论,中国是否应当制定民法典以及应当制定怎样的民法典的问题,从理论上讲是一个可以多样化选择的问题,或者说仁者见仁、智者见智的问题。

但是从实然上看,中国学者和立法机关可能更倾向于考虑选择制定民法典,其理由有三项:

第一,实用主义的理由,即法典化可以快速满足全方位建立中国私法体系的要求。民法典形式所包含的全面性和系统化因素,可以促进我国民法在体系化和制度化方面迅速完善,这对于民法后发国家是一个巨大诱惑。③ 制定民法典具有补课的功能,特别是鉴于新中国成立初期即废除六法全书,在当代如果在更短时间里出台一部民法典,似可期望在更快的时间里在没有民法传统的基础上重建"民法新传统"④。

第二,立法机构和学者相信,民法典可以成为代表民族崛起和文化高度的一个较好的形式标志。谢怀栻先生就曾大声呼

---

① 参见由嵘:《从法典化传统看中国制定民法典的必要性》,载杨振山主编:《罗马法·中国法与民法法典化》,中国政法大学出版社1995年版,第163页。

② 例如,大陆法系和普通法系就传统各异,存在制定法与判例法法源形式的根本差异,彼此之间很难说孰优孰劣,可谓"花开二朵"。还应当看到,民法典传统内部千差万别,存在民法典作为制定法唯一渊源(如1804年时期的法国民法与1900年时期的德国民法)与兼顾其他法源形式,如习惯法、学理法等的差异(如1907年瑞士民法),存在事理主义模式(例如法国所谓的"法学阶梯模式")与学理主义模式(例如德国所谓"学说汇纂模式")以及其他所谓混合、融合模式(如后来的意大利民法典、荷兰民法典、魁北克民法典)的差异。凡此种种,都说明了多样化方案的可能性,而不是非此即彼的关系。

③ 参见杨振山:《一部历史性的基本法律——纪念〈民法通则〉实施十周年》,载《中国法学》1997年第1期。

④ 杨振山、龙卫球:《罗马法的传统性与法律方法》,载《中国法学》1995年第1期。

吁:"中国的法律工作者正在最大限度地利用这个大好时机,尽可能多地制定一些法律,并且在自己的面前,设置一个美好的前景:制定一部足以与拿破仑民法典、德国民法典鼎足而立的中华民族的民法典。为什么要提出民法典?这不仅是因为民法典较之刑法、诉讼法等,更足以代表一个民族的文化高度,而且只有一个全中华民族的民法典才能表明中华民族已攀上历史的高峰。"①

第三,路径依赖的便利。在晚清以来西法东渐一百多年过程中,中国民事立法的形式思维主要是由大陆法系继受而来,经由日本而继受欧陆。无论是晚清的《大清民律草案》还是1929年《中华民国民法典》,都已经成为有关民事立法形式的深刻记忆和"中国民法新传统"的重要部分。在这种情况下,"路径依赖"不失为一种更容易上手的立法选择,也容易获得多数支持。当然,我们也应该看到,中国自改革开放初期,以"急行先立单行法"的实验式思路,似乎也促进了另一种"路径依赖",即"单行法加司法解释"的经验立法模式。从1986年《民法通则》,到1999年《合同法》,再到2007年《物权法》和2009年《侵权责任法》等,同时不间断地辅助以司法解释及其更新机制。所以,学者也可以此认为,现行单行法模式是一种更切合实际的选择,法典化已经不必要,即使要作整理,也无须也不适宜采取民法典过度系统化做法,只需作适度整合即可。②

(二) 当前民事立法之现代化抉择

选择民法典模式与否,归根结底只是一个形式问题。民法的核心问题是制度内容问题,无论采取怎么样的形式,都必须首先考虑内容的合理构建,形式最终应服务于内容需要。立法机关最终决断选择制定一部民法典,无论如何不是为了民法典形式而民法典,而是通过民法典制定,从立法形式到制度安排上,

---

① 谢怀栻:《大陆法国家民法典研究》,载《外国法译评》1994年第3期。
② 参见张礼洪、高富平主编《民法法典化、解法典化和反法典化》一书的有关观点(中国政法大学出版社2008年版)。

都创造一种先进民法的典范,以此而"造福国家、傲立世界"。

中国当前民事立法的关键在于,是否能够建立一套在内容上富于前瞻、立足现实,适合于当前民商事生活需要,促进经济繁荣和人格发展,兼济人际关系和社会公正,可最大程度造福于人民的先进民法制度。此之所谓先进,当然有很多方面的要求,其中一项突出标准,应该以时间坐标为定位,即"时代进步性"。1804年《法国民法典》和1900年《德国民法典》之所以屹立于世一样,都是因为它们是顺势而为的时代作品,较好反映了时代进步需求,前者是19世纪的号角,后者则是19世纪的尾声。是以,中国当前民事立法之开展,我们无须期望它的万世流芳,而应追求它的当世合理。所谓"时乎,时乎"! 顺者昌,逆者亡。

那么,我们当前民法的时代进步性是什么呢?当然是"现代化"。"现代化"并非一种陈调滥词,它是一种真实的存在。几个世纪以来,我们都未间断地处在一场全球范围的可称为"现代化"的变革之中,而且是越来越加速,其特点是寻求用迅速发展的科学技术来解决古老的生存问题。[①] "现代化"作为一个一般术语,是指人类科学革命以来所经历的一场涉及社会生活诸领域的深刻的高速变迁过程,这一过程以某些既定特征的出现作为完结的标志,表明社会实现了由传统向现代的转变。[②] 按照现代化理论家布莱克的研究,人类经历了三次革命转变:第一次是人类出现,原始生命经过亿万年进化之后产生人类;第二次是人类从原始状态进入文明社会;第三次则是从农业文明或游牧文明过渡到工业文明,此谓之现代化。

"现代化"是一个动态过程。在这个过程中,人类不断获得可称为"现代性"的品质,它们逐渐成为在技术、政治、经济和社会发展诸方面处于最先进国家的共有特征。[③] 工业文明已经经

[①] 参见〔美〕C.E.布莱克:《现代化的动力:一个比较史的研究》,景跃进、张静译,浙江人民出版社1989年版,第1页。

[②] 参见同上书,第1—4页。

[③] 参见同上书,第5页。

历了三个阶段:蒸汽机文明,即从 18 世纪 60 年代开始的机器文明;电力文明,即 19 世纪 70 年代开始的电器文明;然后是现在的信息工业文明,也称新型工业文明,从 20 世纪四五十年代以来,以电子信息、能源、航空航天、生物科技的发展为标志。信息工业文明发自于现代高新科技,作用于人类社会、政治、经济、文化方方面面,并且以信息化、国际化为其突出特点。我们现在正处在第三个阶段最为活跃的时期,可称"飞速现代化"阶段。因此民法当下之发展,应与当前的"飞速现代化过程"紧密联系在一起,赋予我们的民事立法或民法典以合乎时宜之现代性。

二、中国民法与现代化之变

(一) 中国民法源起与现代化之变

中国历史上并无民法,其发展民法或制定民法典的动因,是与"被动式"的现代化进程联系在一起的,旨在"师夷长技以制夷"以及通过建立西方式法治收回"治外法权"[①]。中国曾经有过发达的农业文明,但在进入工业文明方面相当迟钝。在历史上,中国是一个善于融化别的民族、吸收他人思想的国家,但是在现代化模式开始出现于世界之时,西方国家纷纷以"早发内生型"模式启动或完成前一阶段的由农业文明、游牧文明转入工业文明,中国似乎无动于衷。1840 年第一次鸦片战争之后,中国作为"后发外生型"代表,由于敌人侵导致的"刺痛反应",开始被动接受现代化。[②]

中国接受现代化文明,首先是在科技技术方面开展学习西方,洋务运动是其体现,之后逐渐走上了制度变迁的道路,先是维新变法,后来发生以"西法东渐"为特点的法制改革等。晚清在大约 1907 年左右开始启动民法制定,《大清民律草案》转道日本、师

---

① 许红霖、陈达凯:《中国现代化史(1800—1949)》(第 1 卷),上海三联书店 1995 年版,第 3 页。转引自公丕祥:《法治现代化研究》,南京师范大学出版社 2009 年版,第 38 页。

② 参见〔美〕吉尔伯特·罗兹曼主编:《中国的现代化》,陶骅等译,上海人民出版社 1989 年版,第 1 页。

法德国,但未及颁行;1929年中华民国制定正式民法典,师法德国、瑞士。作为民法后发国家,其民法发展始终有一个重大命题,就是配合国家法律文明转型,或者说进行法律近代化、现代化。

1949年中国建立社会主义政权,前三十年内追求激进社会主义,全面废除六法全书,尤其排斥以私有利益维护为中心的民法。

1978年年底,在对"文化大革命"进行拨乱反正和力求改革绝对公有和计划经济弊端的基础上,中国开始进行"以经济建设为中心"的改革开放,由此开始恢复和发展民法。之后的三十多年,以持续的改革开放,一步一步在宪法上确立社会主义市场经济目标、依法治国目标和国家尊重与保障人权的目标,进一步促进了民法建设的扩展和深化。

(二)中国当前民法发展与现代化

1. 中国当前特殊背景与现代化多重内涵

中国当下立身于全球现代化之浪潮,以其特殊政治形态追求和改革开放语境,呈现出一种特殊的时代背景和特点,并由此形成了一种复杂多重的现代化图景。具体而言,中国当下现代化之进程,呈现出三个方面复杂内涵:

第一,(面向世界和未来之)横向现代化。中国早在20世纪就提出现代化目标,应面向世界、面向未来。换言之,中国之现代化是世界现代化的洪流之中的一部分,即应由发展中国家向发达国家转型。此为横向现代化。现代化开始于蒸汽机发明之后,数个世纪以来是"西化""欧化"的,这是因为西方较早通过自发内生的现代化确立了自身的现代性优势。但是现代化还远没有结束,从其无限的可能性和难以预见性的向前发展的特点来看,所有的国家又都充满了平等的机会,例如,日本和其他一些国家在20世纪在现代化方面发生了一些重要的变化。中国现代化起步晚,错过了前两轮的文明转型,现在置于第三次转型中,可以抓住此次机会平等之机遇,后来居上。

第二,(立足自身转型阶段的)纵向现代化。中国强调自身的时代特色,坚持现代化有自身特殊出发点和阶段性定位,此为纵向之现代化。1978年开始,中国启动以经济建设为中心的"摸着石头过河"式的改革开放工程,此后经过三十多年的激荡和努力,阶段性目标提法越来越清晰,就是"社会主义市场经济""依法治国""国家尊重和保障人权"等,由此纵向现代化的任务也就逐渐明确,即"计划经济向市场经济转型""人治向法治转型""不够重视人权向越来越尊重人权转型"。

第三,(公有产权语境下的)社会主义现代化。中国自1949年以来确立了社会主义政治、经济、文化和社会体制,一度以财产领域的高度公有和计划性,取消了民法的存在空间。1978年开始,出于拨乱反正和搞活经济的现实考虑,启动改革开放,由此逐渐恢复和发展民法、商法和市场经济法。但是,随着改革开放的深入,一些尖锐的体制矛盾不断呈现出来。1982年《宪法》确立的财产体制和正在发展中的民法的关系日益紧张。2006年前后发生的"物权法合宪性之争"即为一例。中国在宪法和民法上明确表示坚持"特色社会主义"和"公有制主体地位",这种情况下民法发展的广度和深度问题就成为关注焦点。公有制为主的产权领域,主要为土地和国企。[①] 在这些领域,我们到底可以进行多大范围的改革?民法的土地物权制度和国企法人制度将来如何发展?我们究竟是要多大自由度的民法?是继续开放、公退私进,构建自由度较高的民法,还是基本维持现状,坚持公有主导,只需自由度较低的民法?这些正在成为困惑的问题。

2. 中国当前民法现代化工程的复杂性

中国当下上述特殊背景和现代化复杂内涵,决定了中国现代化及其要求的民法现代化工程之复杂性,即它们必须首先整合好这三个不同层面的现代化范畴的关系并使其和谐并济。上述现代化所具有的三个方面内涵,它们并非在一个水平线上,但

[①] 谢怀栻先生很早就在一篇很有影响的文章中考察过我国制定民法典所面临的问题,他认为有三个:"第一,民商法典草案的产生途径和基本结构;第二,土地所有权;第三,国有企业。"对这些问题,他坦率承认,我们基本上还在摸索。参见谢怀栻:《大陆法国家民法典研究》,载《外国法译评》1994年第3期。

同时构成了中国目前开展现代化的独特背景和框架,体现出中国当代现代化之转型有多重性质,有不同层次的现代化任务,更有传统和现代化关系处理之复杂。它们相互之间存在重合的地方,但同时存在差距、甚至相互抵牾或矛盾的地方。例如,横向现代化要求的科技高新化、政治民主化、社会现代化、工业信息化、国际扁平化的趋势,很可能受限于纵向现代化特定阶段任务的制约,更可能受到公有制改革过程中的特殊背景的牵制。这种情况处理不好,就会形成体制矛盾,出现多重问题交错[1],例如,经济效益与公平不断错位、贫富差距持续扩大、劳动关系日益失衡、城乡发展加大失衡、城乡人口流动和土地开发加剧冲突、人际关系日趋紧张、自然环境越来越不和谐等。[2]

(三) 中国民法现代化与传统关系的处理

民法现代化首先是一个创新问题,但是这个创新本身不是简单向前式的,它也存在如何向后处理现代化与传统的关系问题。我国现阶段多重现代化内涵,很大一部分可转化为现代化与传统的关系,无论是横向现代化、纵向现代化还是公有产权改革的现代化,各自内部或相互之间很多问题都可以化约为现代化与传统的关系。

法律的历史学派或者法的社会理论学派,都正确地看到了法律传统的问题。前者如密尔松,认为法律首先是一个某种程度上独立于社会而存在的、需要分别进行调整的实体规范体系[3];后者如伯尔曼,认为法律具有世世代代向前发展的特点,换言之,法律有自己的历史基础,即使是变革也必须看作是对法律发展的内在逻辑的回应。[4] 法律拥有自己独特历史或者说传

---

[1] 参见公丕祥主编:《法治现代化研究》(第12卷),南京师范大学出版社2009年版,第39页。
[2] 很多所谓的现代化之社会化问题,不过是法律政策没有协调好现代化合理发展的矛盾表现而已。
[3] 参见〔英〕S. F. C. 密尔松:《普通法的历史基础》,李显冬等译,中国大百科全书出版社1999年版,第二版序言,第2页。
[4] 参见〔美〕伯尔曼:《法律与革命》,贺卫方译,法律出版社2008年版,第44页。

统,民法甚至更是如此。我们更要注意民法的产生、发展有自己的制度历史基础,它更多的时候按照自己特有的机制惯性运作,有时当其制度基础出现问题时,甚至严重偏离于时代而缺乏同时性。所以,我们在对当前民法作出发展时,必须审视民法典的传统,并不是简单就它的规范与社会的同时性加以研究,即规范必须做到真正有意识地告别传统,才能够在其相符的新社会现实之上建立。

一般而言,民法现代化与传统关系处理存在三种情况:一是民法现代化对于传统的继承关系。现代化的科技文明与社会转型,在很多方面只是对传统的继承、发展和完善。在这种情况下出现民法现代化与传统的融合。二是民法现代化之合理要求与传统的不合理之间的矛盾关系,这里存在一个改革求新的要求,以民法现代化取代传统。三是现代化之不合理要求与民法传统合理性的矛盾问题,这里需要依靠维护民法传统来压制、化解现代化的不合理之危机。

作为"后发外生型"(布莱克语)的现代化国家,现代化与传统的关系处理还存在更为复杂的一面。[1] 作为后发外生型的国家,往往呈现出一种特有的传统保守和顽固。这正是一百多年来中国现代化与民法建设的一个症结,中国现代化与民法建设过程,总是意味着与强大的传统守旧力量的对抗以及由此引发的各种新现实矛盾的纠缠。自晚清开始,中国在外力下加入现代化进程的,但一直遇到来自各方面特别是内部历史传统惯性

---

[1] 现代化理论从萌芽至成熟,大致经历了三个阶段。第一个阶段为萌芽阶段,从18世纪至20世纪初,以总结和探讨西欧国家自身的资本主义现代化经验和面临的问题为主,代表有圣西门、孔德、迪尔凯姆和韦伯等;第二个阶段是形成时期,从第二次世界大战后至20世纪六七十年代,以美国为中心形成了比较完整的理论体系,代表有社会学家帕森斯、政治学家亨廷顿等;第三个阶段从20世纪六七十年代至今,研究处理非西方的后发国家现代化建设中的传统与现代关系。有关理论情况,可参见〔美〕吉尔伯特·罗兹曼主编:《中国的现代化》,国家社会科学基金"比较现代化"课题组译,凤凰出版传媒集团、江苏人民出版社2010年版;金观涛、刘青峰:《中国现代思想的起源:超稳定结构与中国政治文化的演变》,法律出版社2011年版;以及中国科学院中国现代化中心编:《中国社会现代化的新选择》,科学出版社2010年版等。

的影响,转型并不顺利。现代化与传统矛盾激烈甚至导致革命不断,常常使得国家陷入狂风暴雨之中。

作为外生型现代化国家,民法现代化与传统的矛盾关系主要体现为两个方面:一是作为后发外生型,本身缺少民法传统的起点①,而现代化又不容从容补课。一百多年以来所以存在民法移植与民法自发之争尽在于此,但都不能解决问题。二是作为没有民法传统的国家,自身非民法传统往往又成为民法发展和民法现代化的反基础、反力量。针对这种情况,解决的办法有两个:一是建立中国"民法新传统",以填补民法传统不足。在这种情况下,必须通过必要的域外民法引入或借鉴来加以建设,这种引入式建设应有时间坐标的观念,经受现代化眼光的检视。二是在尽可能相容的情况下融合旧传统,使其不与现代化抵牾,必要时可以有所改造发展。

三、中国当前民法现代化的若干重点

(一) 民事立法观念现代化

现阶段民事立法必须保持民法现代化意识,确保民事立法观念的现代性。这种现代性首先应是世界视野的。② 那种依旧

---

① 今天中国的民法发展与晚清时期的民法制定一脉相承,所不同者,所处的现代化阶段已然迁移变化,现代化动力也从外生逐渐发展为内外结合。但总体上还是缺乏民法传统资源。

② 梁慧星教授可谓这种横向现代化的热切期盼者,他呼吁制定中的中国民法典,应以致力于现代化为目标,即"适应世纪以来的社会生活的新发展,借鉴20世纪的最新立法经验。20世纪以来科学技术和工业、交通、通讯事业的进步,促成市场经济和社会生活的现代化,并引发各种各样的社会问题,民法典要有正确的对策和措施,要求实现自身的现代化"。参见梁慧星:《关于制定中国民法典的思考》,载《人民法院报》2000年2月5日、12日。徐国栋教授也提到民法典的现代化问题,他甚至主张制定"理想主义"民法典,称"我所称的理想主义,指最大化地利用法典编纂的立法性充分改造我国民事立法的结构和思想基础,与法律汇编拉开距离,实现我国民事立法的现代化","遵循继受国家制定民法典的普遍规律,是"为了中华民族的光荣","现在是一个民法典风起云涌的时代,正如梁老师所言,我们正处在第三次法典编纂运动的洪流中,中华民族正好可以一显身手,向世界奉献一部值得称道的民法典。"参见徐国栋:《两种民法典起草思路:新人文主义对物文主义》,载徐国栋主编:《中国民法典起草思路论战中》,法律出版社2001年版。

在旧时代的民法典或者民法制度中作简单继受的观念必须加以改变,应该学会发挥后发而比较挑拣的优势。苏永钦教授在《借箸代筹中国大陆的民事立法》一文中强调,应以"未来人"来定性立法者①,即使去作继受或借鉴,也应该以发展变化的视野去做好功课,否则"新一代的中国立法者如果还要选择旧德国模式的买卖法,可能将来发现问题要送原厂维修都找不到地方"②。那么,如何对待中国社会转型的地域性呢? 当然应该尊重地域性,所以纵向现代化必定是现阶段中国民法典制定必须考虑的不可缺少的特殊内涵。③ 强调尊重现代化的地域性,要求以一种务实的方式来处理中国现阶段的现代化。但尊重不等于迁就,更不等于刻舟求剑。特殊性不能成为改革开放的障碍,不能成为拒绝面向世界、面向未来的横向现代化之理由。应以前瞻性为指引,兼顾地域国情的转型处理意义,在于更好改革实际情况,实现现代化过渡。

从世界的范围来说,民法现代化是对科技现代化以及由此而引起社会变化的民事立法跟进。以1804年《法国民法典》和1900年《德国民法典》为代表的19世纪、20世纪民法是现代化前两个阶段的产物,反映的资本主义兴起初期或发达时期的政治、社会、经济的理念要求,表达的是与蒸汽机文明或电力文明相适应的生产生活方式所提出的私法调整需求和特点。当今处于现代化第三个阶段,是一种由以电子信息、航空航天、生物技术等高新科技革命所引起的包括社会各方面的大转变,我们无法逆动,只能顺势而为。这是时代潮流,顺者昌、逆者亡,机会平等但稍瞬即逝。此一阶段民法现代化体现为:一方面,丰富和发

---

① 参见苏永钦:《寻找新民法》,台湾元照图书出版公司2008年版,第43页。相对照,司法者为"过去人",行政者为"现在人"。
② 苏永钦:《寻找新民法》,台湾元照图书出版公司2008年版,第45页。
③ 王利明教授称:"颁布一部体系完整、内容充实、符合中国国情的民法典,将为我国市场经济健康而有序的发展奠定坚实的基础,也将为我国在下世纪经济的腾飞、文化的昌明、国家的长治久安提供强有力的保障。"参见王利明:《论中国民法典的制定》,载《政法论坛》1998年第5期。

展私法形式与机制,促进高新科技文明与应用,致富人类,其中包括创造财富、方便生活、提升管理的利用。其中,对于私法变革的要求,应以适应和促进新型科技文明发展与应用本身为出发,同时应站在社会转型的高度进行广泛的私法机制升级调整,尤其妥当应对包括人格复杂化、财产无形化、市场资本化、居住城市化、生活福利化、人口流动化、工作专业化、社会大众化等在内的深刻变化,还要站在信息化、国际化的前沿作出融合式私法发展。另一方面,又应该调整对策,在私法内外建立相应的引导机制、调整机制和危机化解机制,避免科技的"暴力""危机"和"陷阱"。

《荷兰民法典》《魁北克民法典》等以其全新法典的形式和内容构成,颇能反映这种新趋势。《法国民法典》和《德国民法典》通过多次修正,特别是《法国民法典》在经过1994年、2004年对于人格权的增补(第一编第二章、第三章),《德国民法典》在经过2002年对于债法部分大幅度修改(特别是在买卖法、时效、消费交易)之后,也使其民法具有了更多的现代性和融合性(与欧盟消费者保护指令、国际买卖法协调)。中国自改革开放以来,走向现代化即成为国家目标之一,特别是在经济现代化和全球化方面进步较快,2001年加入世界贸易组织之后,中国更快地成为世界经济共同体的一部分,飞速向世界工厂、全球市场发展。这一时期的中国民法建设不是对于民法的简单补课,而是同时添入现代化的要求。1999年《合同法》、2009年《侵权责任法》在很大程度反映了现代化和国际融合的趋势。不过,总体上,基于各种原因,我国现阶段的民法乃至商法、经济法,与信息化、国际化为气质的快速现代化之要求仍然具有相当的距离,尤其是1995年《担保法》、2007年《物权法》以及2010年《涉外法律关系适用法》,步伐显得较为保守。至于《继承法》《婚姻法》等,则因制定较早,即使不断通过司法解释加以填补改进,也不能改变其明显落伍的处境。

（二）民事立法形式的现代化

民事立法形式也应当现代化，民法现代化首先及于内容，而内容的变化也会影响到形式范式。这里至少有两个形式问题需要重新打量：

第一，采用民法典模式问题。前已述及，民法典传统并非绝对项。从现代性所具有的复杂性、多元性、开放性、融合性、分叉性等特点来看，以形式逻辑为基础的全面法典化越来越不适合这种复杂多变条件下的民事立法需求。从这种意义上来说，更多地利用单行法甚至经验式立法方式（如判例法、司法解释）更合乎现代化社会的时宜。如果继续沿用民法典模式，那么无论如何都不能使用过于简陋的自然法式样的法国模式，也不适合使用形式逻辑、法律科学主义意味过重的德国模式，而应该使其努力适应现代化形式需求。目前在民法新型法典化模式探索方面，已经存在五种较好选择：一是荷兰民法典、魁北克民法典等新型民法典体现出来的融合式、相对抽象化之民法典模式；二是由欧洲统一合同法、统一侵权法运动推动形成的机构学者建议稿体现出来的集束式整合民法典模式；三是美国法学会各法律重述、统一商法典那样以一定程度的系统化为基础的经验式整合模式；四是苏永钦教授提出的作为原则法的"纯粹民法典"模式，其以构建理想自治空间为必要，建立自治与管制的介面，并将特别民法、混合立法等采取单行法留在法典之外；五是江平教授提出开放式的，以修改后《民法通则》为中心汇编而成的联邦式民法典。[①]

第二，民商关系的处理问题。19世纪、20世纪的民商分立，建立在工业文明的早期阶段，主要是"主体区划"的产物，而民商合一又多存在重民轻商的问题，对商事重视不够，对今天这种高新科技背景下之商业社会组织与管制的复杂性更显得前瞻不足。现在看起来，民商截然区分或者简单统合的方式，都不足以

---

① 参见苏永钦：《寻找新民法》，台湾元照图书出版公司2008年版，第41页以下。

解决实际需要。应该按照实际情况,既要关注民商之间的"主体区划""行为区划""目的区划"等多重式分离标准,又要关注民商融合的某些新趋势,从整体上重新加以立法调整,放弃过度整合或过度分离的策略,运用融合与多重区划并用的方式,在加大融合区域之基础上关注特殊化问题,依此处理好现阶段民商立法的合理关系。

(三)民法有关制度的现代化

1. 民事主体制度之现代化

民法传统特别是德国以来的民法传统,在主体制度尤其是法人制度方面存在过度理念化、过度概念化的弊端。应予以以下主体现代化转向:(1)从哲学人格论转为社会学人格论;(2)从主体理念主义转为主体功能主义;(3)从主体绝对论转为主体相对论;(4)从民商主体整合论或分立论转为民商主体融合论;(5)给予新型人格以规范发展,包括赋予信托、基金等组织形式以应有的特殊主体地位。①

2. 法律行为制度之现代化

传统民法以德国民法为代表,将法律行为抽象概念植入民法,高举意思自治理念,并以主观化极强的意思表示之构成,强化个人自主品格。到了现代化一定程度之后,随着交易形式日趋复杂与多样化、人际关系日趋社会化、有关交易日趋社会定型化,这种高度主观的意思自治之法律行为规则,其贯彻常常不符合私法交易的实际,也常常背离私法正义的追求。法律行为现代化体现在三个方面:第一,以人际关系的信赖利益为基础,对法律行为构成及其在一些领域进行客观化、外观化甚至社会化处理。例如缔约过失、事实契约、情事变更规则的引入和发展。第二,法律行为制度尽量去抽象化。例如,《荷兰民法典》将法律行为降为财产行为的改革,一些国家甚至在考虑废除法律行为的一般规范。第三,明确引入私法正义作为对法律行为一般

---

① 有关方面的论证,可参见龙卫球:《民法主体的观念演化、制度变迁与当下趋势》,载《国家检察官学院学报》2011年第4期。

机理的限制。包括:确立契约正义或私法正义原则,广泛运用善良风俗概念,引入消费者保护理论等。

3. 人格权之现代化

民法传统存在人格规范的简单化,其理由在于:第一,当时社会条件简单,人格关系的复杂性并不凸显。第二,人格规范存在阶段性意识局限。比如,罗马法主要解决自由格、市民格等所谓"前人格"问题;法国民法时期主要解决人格平等问题;德国民法时期则开始出现某些具体人格的强化保护要求。第三,人格理念化的结果。例如,罗马过重强调自由民、市民观念;法国法高举人格平等理念;德国法强调自然人人格伦理主义和法人拟制论。

随着现代化日益加速,社会关系之复杂,尤其是城市化和各种科技技术的应用,导致人际关系格外复杂,由此促生越来越多具体人格的重要性和保护上的复杂性,导致人格权规范的剧增和日趋发达。人格权复杂化和具体保护的强化,逐渐成为20世纪以来特别是50年代以来的一种趋势,这种扩张包括以下方面:(1)人格权的内涵,从具体类型的增加到一般人格权的承认;(2)人格保护的方法,从侵权保护到更大范围的保护,包括人格请求权以及非财产损害赔偿制度的发达;(3)人格财产价值的承认,以及对某些人格在经济利用上的容忍和扩展;(4)人格权提升到宪法保护的层次,日益凸显其公共秩序的价值。[①]

今天,因新型科技之应用,特别是通讯、传媒、医疗、生物技术(遗传基因)的应用,导致所谓人格新型关系的规范问题,最具复杂性格的是隐私权以及所谓身体完整权之人格新型关系等。《法国民法典》1994年、2004年作出的人格权增设以及魁北克民法典作出的人格权创设,都是在这种意义上发展起来的,涉及在医疗、实验、器官移植或捐献等活动中"尊重人的身体完整权""对人的遗传特征进行检查以及通过遗传特征对人进行

---

① 参见苏永钦:《寻找新民法》,台湾元照图书出版公司2008年版,第86页以下。

鉴别"以及监禁、精神看管导致的人格复杂关系等。[1]

4. 物权制度之现代化

目前各国物权制度的现代化,主要体现为四个方面的趋势:一是物权的理念化、意识形态化逐渐被打破,一元论逐渐发展为多元融合论,并且关注分配正义的动态贯彻[2];二是物权由社会结构功能日益向财产经济功能方面发展,物权形式和其他财产权之间的藩篱日益被打破;三是物的形式日益丰富,物权形式日趋发达;四是物与物权的流动性日益增进,物权自由化程度越来越高,物权证券化趋势加速,以此适应现代化背景下物的利用以及流通更为经济的需要;四是与合同法、侵权法甚至商法的融合互动。中国2007年《物权法》一定程度上反映了这种趋势,但是步伐有限。其中,最突出的问题,是在理念化方面仍然体现了过度强调物权的政治功能和社会结构功能的特点,公有物权范围较宽,包括土地产权、国企产权在内其功能化程度不高;在物权经济化、流动性以及与其他有关民商法融合方面也有所不足,存在明显的滞后;物权取得制度设计的事理化取向上继续留有巨大缺憾。

5. 债法之现代化

首先,是债与合同制度现代化。表现在以下三个方面:一是债与合同的形式体例逐渐扁平化。德国式的债与合同的抽象分层体系做法逐渐被扬弃,合同法的实体化程度越来越高。二是债与合同内容与理念之现代化。目前正在世界范围开展的债与合同制度的改革,从内容和理念变化来看,主要体现为两个层面和三个重点。两个层面,是指国际化或区域化统一层面及内国

---

[1] 参见龙卫球:《人格权的立法论思考:困惑与对策》,载《法商研究》2012年第1期。
[2] 早期关于财产权理念和私有制正当性的著作,见〔古希腊〕亚里士多德:《政治学》,颜一、秦典华译,中国人民大学出版社2003年版。关于物权或财产权的观念基础、传统形成和发展变迁情况,可参加〔英〕彼得·西:《反思财产:从古代到革命时代》,陈高华译,北京大学出版社2011年版;〔美〕詹姆斯·戈德雷:《私法的基础:财产、侵权、合同和不当得利》,张家勇译,法律出版社2007年版。关于财产权多元主义思想的著作,参见〔美〕斯蒂芬:《财产理论》,彭诚信译,北京大学出版社2005年版。

债法改革层面。前者,主要体现为合同统一法运动的蓬勃发展,这种统一是以深度市场化和国际交易全球化开展为指向的;后者,则主要表现为主要国家纷纷改革自己的债法,特别是在其结构基础层面作出重要变化,以求债法规则不仅在个别发展上而且也在结构系统上与现代交易复杂特点能够契合,总体上的做法是开放而富有弹性、融合而易于包罗,并致力于回应效率化和社会化的双向吁求。三个重点,则分别是整合、融合、现代发展。因此,当代债与合同法的改革,以其内容和理念发展变化重大,不能看做是私法领域的一般化意义的法律发展或者说是某种仅具技术意义的法律调整,而应该认识到它体现着当今私法面对时代变迁正在展开一种根本转型,标志着私法历史上第三次的重大发展的序幕。三是债法、合同法与商法的融合越来越明显。[1] 中国合同法应该说在形式、理念和内容的现代化发展方面都非常不错,特别是在交易自由化、国际融合发展方面可圈可点。但是对于许多新时期出现的交易类型典型化处理不足,比如旅游合同等;对于消费者类型的合同规范不足,比如消费信贷合同等;对于复杂现代型交易类型关注不够,与商业交易的融合不够等。

其次,是侵权法律制度的现代化。从世界范围内来说,侵权法的现代转型始于20世纪初期,到了70年代之后,随着产品普及、高新科技、复杂人际关系以及风险社会的飞速发展,最终促成了侵权法的"过错责任"与"危险责任"的二元并立或多元并立,客观化过错、因果关系推定等广泛应用,所谓"特殊侵权法"发展为"危险领域之侵权法"或"客观责任之侵权法"。中国2009年《侵权责任法》在现代化方面有很大进展,尤其在突破既有一元论体系方面较为果断,明确确立了二元并立。但是,这部立法在形式构建上并未采取多元体系基础上的集束整合,而是仍然因循传统一元论的"总分"架构,加以一定改造,导致了一

---

[1] 参见龙卫球:《当代债法改革:观察与解读》,载《南昌大学学报》(人文社科版)2012年第3期。

种"分散式总则和混合式分则"的体例。此外,这部立法的规则合理化在若干方面仍然有待完善,尤其对新型侵权的规划和细化方面遗有不足。

6. 亲属法和继承法之现代化

20世纪以来,各国的趋势是亲属法私法化,系以"家庭脱功能化"为起点,逐渐在家庭身份法和家庭财产法两个领域向平等、自由方向发展。① 继承法则是进一步的财产法化,逐渐摆脱身份继承的痕迹,演进为以财产自主处分为中心的适度兼顾家庭最低利益与义务的死后财产处置制度。中国1980年《婚姻法》经过多次修正和司法解释的发展,私法化程度已经较高,但是在家庭作为社会单位的功能方面还是作了较多坚守;至于1985《继承法》,则以其在遗产管理上的粗略,以及相当程度地不符合现今遗产的复杂性和家庭脱功能化趋势的特点,迫切需要做出大幅度修改。

四、余论:建构者无须焦虑

拥有民法典的那些国家,早已进入到了法律释义学或制度化法学成熟或者烂熟时期。作为制度化法学下的法学家,民法学者所关心的不再是如何建构问题,而是在业已固定的法律体系如何通过实践理性加以制度改进问题。②

中国还在制度建构中摸索,但是我们似乎无须焦虑。一个时期以来,我国民法学者总有一种使命感,即早日完成民法典建构,结束民法制度的基本建构,将民法实践发展到"制度化法学"层次,这种愿望确实可敬。不过,我们置身在今天这个因现代化加速而变动不居的时代,这种愿望的最终意义却殊值怀疑。无论是飞速发展之横向现代化,还是改革转型之纵向现代化,都

---

① 参见苏永钦:《寻找新民法》,台湾元照图书出版公司2008年版,第97页。
② 德国法学家称作法律释义学、法律教义学或者法律论证学,美国法学家称制度法学。参见〔德〕罗伯特·阿列克西:《法律论证理论面临的问题和进路》,舒国滢译,载《法哲学与法社会学论丛》(第4辑),第78页;〔英〕麦考密克、〔德〕魏因贝格尔:《制度法论》,周叶谦译,中国政法大学出版社1994年版。

需要不断试错和探索,而实难以毕其功于一役。没有民法典的羁绊,民法之于现代化规划,倒似乎更有用武之地——由此,有了更加开放思考和接纳现代化的立法空间,有了更多的比较和融合不同国家有关民商事立法精华的机会。对于民事立法,我们可以依凭的,或许是效果而不是激情!

现今民商法的社会基础与变化趋势[①]

【题记】 如同一切岁月所发生的那样,这个时代的伟大命运也将来临。其特色巨大,其力量可怕……每一个男人和女人都将共同分担这种命运,而这种命运正是他们人生的依凭。

——拉尔夫·爱默生:《日志》(1841)

一、引言:民商法的时代属性

很早之前,著名社会学者马克斯·韦伯就对法律与经济的关系作了一种论述:法律驱动着经济活动,法律规则质量越好,经济表现越好。这种洞见被称为"韦伯的遗产"[②]。但是,人们同时也发现,现实中的经济似乎总是比法律活跃得多,其不断发展的一个原动力,就是在既存法律设计的治理领域和经济领域涌现诸多"创造性破坏行为"(creative destruction),因此事实上,法律与经济之间更像是前者对后者的一种追赶关系或说得好听

[①] 本文系笔者在北京航空航天大学法学院和台湾政治大学法学院联合举办的第三届"两岸民商法前沿论坛"上的主题报告,刊于龙卫球、王文杰主编:《两岸民商法前沿》第三辑(中国法制出版社 2004 年版)。

[②] 参见〔美〕柯提斯·米尔霍普、〔德〕卡塔琳娜·皮斯托:《法律与资本主义:全球公司危机揭示的法律制度与经济发展的关系》,罗培新译,北京大学出版社 2010 年版,第 5 页。

一些是"螺旋式关系"。① 也就是说,社会经济总是充满了发展性、创造性,于是就导致了法律稳定的危机。

在这种意义上来说,韦伯的洞见给我们带来一种提醒:我们的法律特别是民商法具有显著的时间属性,它应当以保障质量为前提而不断发展,否则就难以发挥其应有的促进社会经济的效益功能。社会经济发展的前提势必导致法律也必须得到发展。这种通过法律发展促进经济活动的保障思考,继而推广,可以到法律促进功能的其他各个方面。总之,由于社会和经济的发展,法律应该是动态的,我们不能臆想存在什么万世一系的法律方式,法律必须不断进步才有法律规则的质量保障可言。

纵观民商法的产生和发展历史,正是这样。民商法自其产生到发展,始终像机动车那样不断行进,不断升级改进,以与社会经济和政治文明发展同行,成为世俗社会进步的护航者和驱动者。首先,是古罗马民法,在历史上作为一种特殊的人类文明制度形态而出现,直接由特定的社会经济基础和其中蕴含的政治文明所支持和形塑。因为偶然的机遇和条件,罗马人发展出一种独特的以商品经济和市民平等关系为特点的"市民社会"形态,并由此创制发展最早的以私人利益为维护、以私权本位为中心、以平等关系为调整方法的民商法(私法)。②

其次,是近代之民商法,它是近代个人理性主义运动、近代工业革命和自由资本主义经济的产物。随着启蒙运动的开辟,

---

① Michael Dorf and Charles Sable, A Constitution of Democratic Experimentalism, *Columbia Law Review* 98(2):267—473. 转引自〔美〕柯提斯·米尔霍普、〔德〕卡塔琳娜·皮斯托:《法律与资本主义:全球公司危机揭示的法律制度与经济发展的关系》,罗培新译,北京大学出版社 2010 年版,第 7 页。
② 从人类历史整体上看,罗马及其民商法的发展是偶然现象。按照历史学者或者社会思想家的解释,罗马法的社会基础乃其独特的市民社会形态。罗马人在特定的政治社会条件下,接受了早期朴素的自然平等观念,并且发展出早期商品经济实践,促成了罗马市民社会的形成和发展,由此形成公私区分的思想以及私法上的私本位观念和平等关系法律思维。但是,人类社会其他区域包括古代中国在内,以典型农耕文明为社会基础,发展出来的法律是以刑为主、诸法合体的观念和形态,私本位观念和平等关系意识没有得到发轫。以上可参考吉本、孟德斯鸠、梅因、马克思等思想家的相关著作。

个人理性主义运动一路狂飙,个人自由平等社会政治思想得以滥觞,同时导致近代科学的发展、近代科技①和工业文明的横空出世、新生的资本主义市场经济发展以及近代民族主义国家崛起。于是,近代民商法以复兴名义产生了,旨在与个人理性主义运动和自由竞争经济需要相互契合,以人格平等、私有权神圣、契约自由、过错责任等价值原则和相应的具体规则体系,奠定了近代市民社会发展的基础,作为其代表的 1804 年《法国民法典》、1900 年《德国民法典》、1907 年《瑞士民法典》一度成为神圣化法典。②

近代以来,人类社会经济和政治文明的发展并没有停止,而是呈现一种不断向前演化的趋势。其中,最为突出的是近现代以来科技文明的突出发展,即科技发展经历了一个不断加速的过程。近代以来科技革命的不断性导致了工业革命的不断性。总体上来说,工业革命经历了多个阶段,每一次工业革命都直接对经济产业结构和人们的经济生活产生重大影响。按照美国著名社会学家杰里米·里夫金(Jeremy Rilkin)的分析,工业文明可区分三次:第一次工业革命以蒸汽机、电力为基础,造就了 19 世纪的工厂文明和运输业文明,第二次工业革命以冶金科技为基础,造就了 20 世纪工业区和城市房地产的繁荣,第三次工业革命即当下正在发生的,以互联网技术、可再生能源的发明和开发为基础,将使我们步入一个"后碳"可持续时代。英国学者彼得·马什则认为,迄今为止工业革命可以划分为五个阶段:前四个阶段为 18 世纪 70 年代开始的蒸汽机革命、19 世纪 40 年代开始的运输革命、19 世纪 90 年代开始的冶金科学革命、20 世纪 40 年代后期以来的计算机革命;进入 21 世纪之后,产生了第五

---

① 从既有的文明史来看,我们人类首先是经历漫长的文明蒙昧时期,之后进入逐渐开化的农耕文明时期,之后在近代因为蒸汽机的发明才开始进入到工业文明时期。
② 著名现代社会学创始人马克斯·韦伯对于资本主义的诞生史以及资本主义在西方产生的特有社会历史条件,作出了成熟的研究。可参见〔德〕马克斯·韦伯《社会经济史》一书中的观点(郑太朴译,中国法制出版社 2011 年版)。

次工业革命,它以 3D 打印等高新科技的发展为契机。①

科技工业革命的不断升级,从其积极面而论已经成为人类文明极大的推动力,从而以一种特别的方式影响着人类的方方面面,其带来的变化不仅涉及经济社会,也涉及政治和文化,甚至包括两次世界大战、一次冷战和 20 世纪末开始的全球化进程。这些都给我们的法律生活包括民商法生活形成持续撞击。但是,总体上来说,以往的多次科技工业革命似乎没有导致产业和社会的根本转型,毋宁说是渐进的非本质的,因此近现代民商法在一段时期内实际是以一种微调的缓慢的姿态向前发展。

但是最近的新一轮科技工业革命却有着不同的特点,特别是进入 21 世纪以后,它以高新科技革命、生产商业模式变革、金融工具创新等为标志,其创新之大、变化之深可谓是一次质的飞跃,严重打破了此前由蒸汽机、电器、运输工具、冶炼科技等接续性形成的所谓旧工业革命时期的技术体系,以及由此促成社会经济基础发生某些显著变化,甚至可以说是正在迅速形成新的社会基础及其专属特点,人称"第三次工业革命"或"新工业革命"。②

新旧时期交接之处,总会有法律文明的动荡和转折发生。一个国家或者一个法律体系的时代崛起,其机遇在于此,其挑战也在于此。那么,我们如何看待和迎接新一轮工业革命以及引起的社会经济基础变化呢?当今民商法是否应作出某种重大或者根本的改变呢?如果答案是肯定的,它们将会是一种怎么样的重大或者根本变化呢?具体到中国,由于我们曾经是在一种被动的情况下通过借鉴而发展起民商法,在很长一个时期既存在一个不断学习补课的过程,同时又存在如何按照民商法的时

---

① 以上关于工业革命的阶段划分和论述,参见〔美〕杰里米·里夫金:《第三次工业革命:新经济模式如何改变世界》,张体伟、孙豫宁译,中信出版社 2013 年版。〔英〕彼得·马什:《新工业革命》,赛迪研究员专家组译,中信出版社 2013 年版。

② 〔英〕彼得·马什:《新工业革命》,赛迪研究员专家组译,中信出版社 2013 年版,第 262 页。

间属性及时作出时代发展问题,所以,这是一次重要的可以后发而先进的机会。这正是本文一个美好的初衷。

二、当前社会基础的急剧嬗变

(一)新一轮工业革命:网络信息等高新科技的兴起和大量应用

对于目前人类正在进入的一场新的工业革命,人们对如何称谓它存在分歧,杰里米·里夫金称之为第三次工业革命,彼得·马什则称之为"新工业革命"或"第五次工业革命"。我们不妨称之为新一轮工业革命。关于新一轮工业革命的样态,我们很难有一个统一的描述,甚至很难再像对过去的工业革命那样可以有一个较为彻底的预见。这是因为,新一轮工业革命本身是一次如此复杂的革命,而且其展开的新型科技与产业方式本身就处在剧烈的变化过程,我们甚至难以猜测下一个革新是什么。

但是关于新一轮工业革命的情状,主要学者的认识基本上是一致的,那就是它是一次新型科技与产业革命,其特点是科技工业的一次飞跃性的质的提升,并势必且正在引发产业经济、社会结构的急剧变化。

杰里米·里夫金认为,第三次工业革命重点源自于绿色科技革命,即互联网的信息技术与可再生能源的新能源体系的兴起和蓬勃发展。里夫金认为,新工业革命的支柱包括五个方面:(1)向可再生能源转型;(2)将每一大洲的建筑转化为微型发电厂,以便就地收集可再生能源;(3)在每一建筑物以及基础设施中使用氢和其他存储技术,以存储间歇式能源;(4)利用互联网技术将每一大洲的电力网转化为能源共享的网络,这一共享网络的工作原理类似于互联网;(5)将运输工具转向插电式以及燃料电池动力车,这种电动车所需要的电可通过洲与洲之间共享的电网平台进行买卖。①

---

① 参见〔美〕杰里米·里夫金:《第三次工业革命:新经济模式如何改变世界》,张体伟、孙豫宁译,中信出版社 2013 年版,第 32 页。

彼得·马什大体从科技全面和超越发展导致的经济模式变化角度，描述新一轮工业革命(即所谓"第五次工业革命")。他指出，"新工业革命"至少存在以下变化：一是从21世纪开始，技术在整个制造业发挥前所未有的作用。无论是应用的领域还是应用的数量都大大增加，包括电气、网络、生物和激光技术等。[1] 2010年，全球制造业投入了1.2万亿美元进行新产品开发，开发新产品的过程包括使用智能软件进行数据处理。[2] 二是产品的一般特性发生变化，对产品制造商来说，由于需求和分工的发展，集中制造的方式被改变，生产本身已经只是"价值链"的一部分，其他环节被发展出来，包括设计和开发、产品的维修或安装后的服务。随着全球化深入，价值链的不同环节被逐渐拆分给不同国家的不同企业。[3] 三是互联制造或混合制造模式。产品价值链各部分联系起来的方式称为"互联制造"，从2000年开始全面呈现，而且日趋紧密、复杂和容易受到技术与市场变化的影响。推动互联制造的最后驱动力是"世界各地的技术和质量标准趋同，具有制造能力的国家数量不断上升，为价值链的进一步分化提供了机会"。[4] 在发达和发展中国家同时可以开展制造业务，互联制造也就同时成为混合制造。当然，互联制造也受益于通讯技术和物流网络的发展。四是"无工厂"制造的出现。由于价值链分化到一个公司可以成为"纯设计"制造商，这些都导致了"无工厂制造商"越来越多。在价值链中，设计上是利润最大的获得者之一。[5] 五是个性化量产定制。个性化量产始于2000年，与第二次工业革命后期促生的标准化

---

[1] 参见〔英〕彼得·马什：《新工业革命》，赛迪研究员专家组译，中信出版社2013年版，第20页。
[2] 参见同上书，第36页。英国计算机科学家查尔斯·郎对于计算机辅助分析软件对于新产品开发和设计的意义，评价说："以前一直被认为是深奥的技术现在已成为主流。这意味着各种制成品，无论是烤箱还是导弹，其制造过程可以更可靠、更高效，开发时间可以更短，功能可以更强大。"(同书第37页)。
[3] 参见同上书，第52页。
[4] 参见同上书，第84—88页。
[5] 参见同上书，第100页。

量产并行,今后将逐渐占据主导地位。① 六是利基产业或者说"新概念"产业尤其发达,因为科技融合,网络营销的作用,创新"微小"领域的发展具有非凡的机会,新概念企业、产业应运而生。总之,新一轮工业革命所具有的显著特点,可以概括为科技化、全球化、互联化、绿色化、定制化和利基产业。②

著名的未来学家挪威学者乔根·兰德斯(Jorgen Randers)的看法独特,他从对未来忧惧的角度看待目下的高新科技革新。他在《2052:未来四十年的中国与世界》一书中认为,目前我们所处的时代仍然还是"以化石燃料推动的经济增长"作为特点的工业化时期的后期,可称为"后工业化时期",这是一个加速时期。到2052年,工业革命将在富裕国家完成,在此期间,工业化程度尚未发达的国家也将尽其所能,以最快的速度追随前人的脚步。全面的绿色科技和可持续性革命是四十年以后因为气候等问题倒逼出来的要求。在今后的四十年期间,向可持续发展的转变也会同时发生,但是它只是日益形成气候,而且在2052年只会完成一半,并在21世纪后半叶遭遇巨大困难。人类要想成功向可持续发展转变,需要根本改变一些体系,特别是要从永久性的物理增长转向地球可承受力范围的可持续增长。这一体系变化涉及五个关键问题:改进资本主义;限制经济增长;解决民主决策过慢问题;维护代际和谐;处理好人类和气候的关系。我们应该致力能源效率的进步,更多关注人类福祉而不是人均收入的增长。③

(二) 当前社会基础的急剧嬗变

新一轮工业革命的直接后果在于,其带来的社会经济基础

---

① 参见〔英〕彼得·马什:《新工业革命》,赛迪研究员专家组译,中信出版社2013年版,第71页。个性化量产和16世纪之前普遍采用的少量定制方式的工艺流程有相似之处,但是个性化量产是精量技术发展的产物,通过采用一些自动化流程以降低成本、确保精确度(同书第72页)。
② 参见同上书,第114页、第129页等。
③ 参见〔挪威〕乔根·兰德斯:《2052:未来四十年的中国与世界》,秦雪征、谭静、叶硕译,译林出版社2013年版,第11页以下。

剧变是狂风暴雨式的。

由于科技以无数倍增的方式得到应用,特别是新型科技或其方式的推广和应用,使得我们的世界存在的方式,特别是其中的社会经济基础发生了重要变化。这种变化包括经济生产、生活方式本身的改变,更体现为由这些方式改变导致的人类社会人们相互之间关系的重大变化。这些变化既发生在产业经济领域和经济生产生活关系内部,也进而影响到政府与经济组织之间、社会与经济组织之间,政府与社会之间,政府内部、社会内部,甚至也发生在国内政治与外交政策等方面。仅仅就经济领域或者产业领域而言,就存在以下急剧的特点变化:

1. 技术手段和需求价值的重大变化

这是新一轮工业革命导致社会经济基础的第一个显著变化。由于新型科技的无限可能性,新时期人们在需求方面要求新的品质,这些就是"舒适度""能源""安全"和"信息"。新一轮工业革命是以这些需求为导向的,新型科技促生的许多领域不是简单地像第一次、第二次工业革命那样促成产品数量和规模的增长,而是尽可能满足人们越来越挑剔的上述需求。

这种变化对于产业经济来说就是直接提出一种急迫的价值意义的转型要求,而不再是过去某些工业革命阶段的那种单纯的主要限于技术更替性的转型要求。微灌技术(农业领域)、纳米技术(利用碳的新工具)、生物技术(合成基因产品)、新材料(钛在航空材料制造等尖端行业的应用)、高纤维(新的机械加工系统)和新能源(波浪发电、太阳能照明)、医疗工程技术(诊断、治疗技术)等众多新兴产业都是在这种满足"四大新需求"的意义上开展的,并因此为全球财富的创造提供广阔的平台和空间。[①]

中国政府已经意识到这种新需求和产业转型关系的特点,国家规划部门(发改委)在 2010 年公布了推动中国由低成本车

---

① 参见〔英〕彼得·马什:《新工业革命》,赛迪研究员专家组译,中信出版社 2013 年版,第 226 页以下。

间转为高价值、先进材料、可替代能源、新一代汽车、"高端"工业设备、环保产业和新一代信息技术(包括塑料芯片)。① 中国政府的这一举措受到国内外未来学家的高度瞩目,称之为富于新思维的决策。② 当然,如何从政策变成现实将会是艰巨的。显然相关的制度保障就成为关键。

2. 经济基本模式的重大变化

这是新一轮工业革命导致社会经济基础急剧变化的另一个显著特点。当今信息科技和能源革新的结合将释放出巨大的合作性力量,引发以分散、合作为特点的产业革命,从根本上形塑新的经济和商业模式,重构人们的生产、商业和生活等各种关系。

杰里米·里夫金认为,第一次工业革命前所未有地加速了商品生产过程,市场机制就成为支配定律;第二次工业革命促生了工业巨型公司的发展和石化能源的疯狂使用,使得经济走向集中发展,金融资本主义因此获得极大发展,因此伴生了保护竞争和控制金融风险等课题;但是第三次工业革命以新型分散、合作式的能源和通信,不仅重新改变财富的概念,而且促使走向新型分散的资本主义模式,导致生产、商业方式由集中走向扁平,使得社会资本和金融资本同样重要,由此伴随着前两次工业革命而生并取得合法地位的古典经济学或者其中相当一部分内容,肯定不符合这种新型经济模式。③

按照杰里米·里夫金的分析,仅仅就经济基础来分析,新一轮工业革命导致经济组织模式发生剧变。经济方式,由生产的统一组织走向分散组织,产品的合体管理走向产品分工管理,行为的个体化作为走向社会网络(合作)行动,总之由传统的集中

---

① 参见中华人民共和国国家发展和改革委员会令第43号。
② 参见〔英〕彼得·马什:《新工业革命》,赛迪研究员专家组译,中信出版社2013年版,第253页。
③ 参见〔美〕杰里米·里夫金:《第三次工业革命:新经济模式如何改变世界》,张体伟、孙豫宁译,中信出版社2013年版,序言第xxvii,第27页以下以及222页以下。

主义走向扁平化。即,"第三次工业革命 40 年的基础设施建设将创造无数的新商机和就业机会,这项工程的结束将标志着以勤劳、创业和大量使用劳动力为特征的 200 年商业传奇故事的结束;同时,它标志着以合作、社会网络和行业专家、技术劳动力为特征的新时代的开始。在接下来的半个世纪,第一次和第二次工业革命时期传统的、集中式的经营活动将逐渐被第三次工业革命的分散经营方式取代;传统的、等级化的经济和政治权力将让位于以社会节点组织的扁平化权力"①。

新一轮工业革命形成的扁平化经济模式产生的直接后果,是当代经济的产业模式和商业模式的重大转型。

在产业方式上,发生"制造业数字化"和制造业由产品模式到要素模式的革命。过去制造商主要是依靠"产品模式"来安排生产关系,产品是从一个集中的平台生产出来。但是现在不同了,全球化、互联网使得技术差别已经不重要,依靠信息科技和各种新型平台的作用,全球的技术要素和市场配置方式发生了革命的变化,全世界在技术上趋同或者可以互通有无,新时期主要考虑市场便利、生产成本等问题,因此出现了一种崭新的产业模式"要素模式",把产品生产的环节分解出来,并且是作出延展性分解,进行要素化,建立一种围绕产品的制造业互联分工。产品过程细分为研发和设计、实验、生产(可以再化解为无数环节、零部件化)、营销、维修和服务,分别经由不同国家不同企业分工合作,各自立足自己的独特优势(包括劳动力、原材料、产地、市场、政策等)。如此企业独享权利、义务和责任的产品模式就不得不让位于彼此分工、彼此关联协作的共享模式。②

---

① 〔英〕彼得·马什:《新工业革命》,赛迪研究员专家组译,中信出版社 2013 年版,第 2 页。
② 迈克尔·波特提出,制造业国际分工模式由产品分工向要素分工转变之后,价值链在产业链上体现为一条"微笑曲线",上中下游的增值空间存在差异,从研发、制造到销售的全部环节中,附加值更多体现在上游的开发设计环节和下游的品牌服务端,行业中游的产品生产、组装环节利润较少。参见巴曙松等主编:《中国资产管理行业发展报告》,中国人民大学出版社 2013 年版,第 5—6 页。

在商业模式上,也以相似的原理而发展。商业与制造业、售后服务互为交融;商业分拆、互联模式已经悄悄形成;连锁分店模式、连锁经销授权方式、连锁代销方式已经成为商业组织结构的常态;网上交易和无商店商业急速发展;混合商业急速发展;信用商业形式不断推陈出新、五花八门。这些都大大方便了用户和消费者,但是也带来新的问题和困惑。

在需求价值革新、产业模式革新和这些商业模式革新的综合基础上,人们对于交易形式、品质、内容的认识和需要与既往不可同日而语,甚至越来越细化、越来越个性化、越来越不断求新,因此催生了许多新的交易类型和交易辅助手段的变化。交易范围大大拓展,几乎无所不可交易化,在金融资产管理创新工具的支持下,原来属于传统行政或者社会管理领域的事项甚至也越来越多借用、引入或者采用交易手段、交易机制,例如土地管理、以房养老、住房公积金营运等。商业交易类型、交易品种和交易工具得以急剧增长和革新,人们根据自己所处时代的经济需要和特点不断调整既有各种交易实践形态,导致现有的民商法规则看起来是向不规则、极不规则的方向发展。这就提出了必须根据现行发展而作出民商法革新要求,否则就有削足适履之患。

3. 金融服务市场或资产管理市场的地位飙升和经济进一步虚拟化特点

这是新一轮工业革命引起社会经济基础变化的第三个显著特点。金融业兴起于大规模集中时期的第二次工业革命,金融资本主义开始步入发达是我们上个时期最显著的经济特点之一。从公司金融开始,证券市场股票、债券的发展,到银行、票据、保险、信托等不断创新,特别是后来风险投资、各种资产管理手段使得资本以无限可能的方式得到汇集和流转,极大地刺激了新型红利产业的发展,也使得我们的经济社会极为复杂并且充满不确定的投机性和风险。

新一轮工业革命对于金融带来同样深刻的影响,与产业和商业模式变化的情况相似,金融服务和资产管理也同样获得前所未有的网络信息手段,在这种背景下,金融产品的价值链条同样存在细分化、混合创新等等新特色,并且呈现扁平化的趋势。特别是当它与分散经营、科技研发、产品研发和设计、利基产业、新能源开发等结合之后,迸发出前所未有的活力,导致金融交易类型、形式和手段也不断复杂化、"非典型化",金融混业越来越成为趋势。然而,相伴随的是,金融风险和破坏也在不断增长之中。由此,如何适应新的金融基本模式变化和需求,合理促进和规范好新的金融创新,也就成为挑战。

中国在 2012 年开始,经济金融发展进入一个急剧的转型与结构的调整期,也进入了创新异常活跃的时期,形成"自上而下的放松管制和自下而上的探索突破相结合发展态势"。[①] 一方面,是市场创新的强劲需求和实践态势。多年以来,从房地产融资到矿产融资,从中小企业融资到政府平台合作,这些导致金融产品创新的极大需求,银行、券商、基金、私募、信托、保险、财富管理机构等资产管理行业,都在绞尽脑汁满足投资者需求或者引导投资者需求。另一方面,则是监管部门决定改变政策环境。这些包括:淡化原来的分业经营格局,允许不同金融机构开展类似的资产管理业务;特别是券商、保险等机构可以直接开展公募业务,有实力的机构可以全产业链参与资产管理[②];从特许和管控模式全面转向自由和监管模式,旨在金融市场化机制的推进和市场化空间的拓展。不过,从目前金融创新和市场活力的急剧消化和需求看,更为内涵的金融法制改革已经同样迫切。

---

① 参见巴曙松等:《2013 年中国资产管理行业发展报告》,中国人民大学出版社 2013 年版,推荐序。
② 资产管理行业过去是由各自领域的监管部门主导不同领域的分工格局:基金公司和券商设计产品和投资,银行和券商进行基金产品和券商理财产品的市场营销,保险作为机构投资者配置基金产品和券商理财产品,不同机构根据各自机构的特点,在资产管理行业产业链条上形成分工。

三、传统民商法的范式局限

（一）从德国法院的几个新案例看传统民商法的缺陷

1. 1995 年德国联邦法院屋顶案（Dachstuhlfall，BGHZ127, 378）

被告建筑师与不动产出卖人签订了关于不动产估价鉴定合同，之后出具了一份关于建筑物保存状态良好的鉴定书。原告看到鉴定书，相信并与不动产出卖人缔结了含有免除出卖人瑕疵担保责任的买卖合同。之后，原告又将房屋卖给第三人。1989 年 3 月，第三人发现屋顶存在瑕疵就要求原告赔偿。原告以和解的方式了结案件。之后，原告将被告建筑师以合同责任告到法院，请求被告承担赔偿责任，理由是如果其评估鉴定正确那么原告就不会购买该房屋。

此案引起广泛争论，主要是如何超越债的相对性原理的问题。最后法院判决原告胜诉，依据是合同的第三人保护效力。法院认为，合同关系中存在市场中的匿名交易关系，从而依次扩张第三人保护的范围。在这里法院的依据是所谓"合同相近关系"（Naeheverhaeltnis）理论，第三人的可保护性是以合同本身为基础，合同以此种方式扩展到对第三人的保护，建立在针对第三人的危害性考虑的基础上。

2. 2003 年德国联邦法院阿波罗案（Apollo-Fall，BGH ZIP2003, 2030）

本案是德国联邦最高法院 2003 年的一个著名案例。被告 Y 是全国经营眼镜销售的连锁店总部公司，旗下有 150 家直营分店、90 多家加盟店。原告 X 是通过特许经营合同加盟进来的连锁店，对外以自己名义与总部 Y 指定的货物供销商签订供销合同。为了获得更大优惠，总部 Y 以代表所有加盟店的名义与货物供应商谈判并取得最高额 52% 的优惠。最终，各加盟店被分配到的优惠价为 38%，差额在各加盟店不知情的情况下由供销商直接付给了总部 Y。1999 年初，X 知道情况后向法院起诉，要求被告返还差额部分。①

此案在德国引起广泛争论,主要争论特许经营合同本身是否包含委托事务处理授权。最后法院采纳了卡纳里斯的思路。卡纳里斯认为,特许经营合同属于混合合同,其要素包括事务处理、雇佣和租赁,认为可以通过合同解释的方式在目前合同法或债法的传统契约类型框架来来解决问题。② 法院因此通过解释具体条款和格式条款的手法,判决原告胜诉,认为根据格式条款(AGB)规定总部必须一般性援助特许经营加盟者,所以总部必须将利益继续分配给加盟者。有趣的是,此案之后,格式条款被修改并删除了总部的援助义务,这就导致以后的新判例不得不认为,总部不需要再分配利益。

3. 私法社会学家托依布纳的批评和解决方案

德国著名法社会学家卢曼的追随者、私法社会学家托依布纳针对上面两个案件的法律判决和学理见解,提出了尖锐的批评。他认为这些是对于一个时代的法教义学的固守,而漠视时代对于民商法发展的要求。这里最核心的问题是人们习惯在传统的契约法里停步不前,因此没有找到正确的办法。对于上述案件,应该按照新的思考,引入新的理论——契约"制度性"理论、合同结合理论、"契约网络"理论等,建立新的规则来加以调整,而不是继续在过去完全孤立化的规则中找寻牵强的解决办法。

托依布纳分析,对于屋顶案,关键应该引入"制度性"(institutionell)理论。在今天这种以高度社会分工为背景的社会情境下,合同交易不能简单看成就是完全个体性的。合同具有三个维度:个体的、制度的,还有社会系统的。首先是个体的,在这个维度建立当事人之间意愿的交换关系;其次是制度的,在这个维度,将合同嵌入相关制度体系中,如鉴定合同就应该嵌入鉴定专家制度之中,经营合同往往嵌入竞争制度之中;再次是与一个社

---

① 参见〔德〕贡塔·托依布纳、顾祝轩:《私法的社会学启蒙:对话当代著名法学家托依布纳》,高薇译,载《交大法学》2013年第1期。
② Canaris, Handelsrecht, 24. Aufl., Beck, 2006.

会系统相连,在功能分化的今天,这种社会系统是具体功能分化且独特的。在屋顶案,之所以保护第三人,是因为鉴定制度作为一种规范的专业性制度对于鉴定合同提出了制度要求,这样就使得鉴定合同和后面的买卖合同因此形成了一种"合同结合",合同法律义务就产生了。①

托依布纳认为,对于阿波罗案,这里涉及的是特许经营系统的结构性问题,应认定特许经营合同同时具备团体和市场双重要素。市场的这一部分,由当时约定义务。作为团体的这一部分要素,体现为一种"特殊结合"(Sonderverbindung)关系,是一种当事人之间的特殊交往关系或社会互动关系,这样的关系如此紧密以致产生了法律义务或法律责任。在我们现在的交易活动中,由于社会结构的变化,这种"特殊结合"越来越多。所以,在合同交易关系中,当存在社会联系高度紧密之际,那么当事人之间的关系就不能限于合同义务,必须承认合同的非合意要素,这一部分属于法律义务,它们或者以国家关于合同的强制性规定表现出来,或者以社会规范的形态表现出来,是一种社会关涉性义务。这就是著名的"契约网络"(Vertragsnetz)理论。托依布纳认为,阿波罗案正确的解决方式应该是,直接承认这种特许经营合同存在团体目的,总部的行为不是自己的而是属于团体的,因此就产生了总部必须将利益再分配的义务。②

(二) 传统民商法的简单图式的局限性

托依布纳的上述批评性的分析,直接击中传统民商法的一个软肋,这就是近代民商法作为近代特定社会经济基础和思想理念上产生的制度实在本身存在深刻的时代局限性。

按照一些深刻的社会学者的看法,近代民商法作为工业革命初期的产物,其真正的基础不是工业革命经济基础本身,而更

---

① 参见〔德〕贡塔·托依布纳、顾祝轩:《私法的社会学启蒙:对话当代著名法学家托依布纳》,高薇译,载《交大法学》2013 年第 1 期,第 18—20 页。
② Teubner, Netzwerk als Vertragsverbund (Baden-Baden: Nomos, 2004)。英美国家也有类似的理论即"网络契约"(network contract)理论。

多来自当时从启蒙运动中形成的个人理性主义自然法理念和后来的法律科学主义理念,某种意义上是观念的简单要求而不是现实提出的立法。这些理论假设的基础是以较为单纯的个人关系为出发的。特别是在契约领域,近代契约制度是纯私人性的,契约义务原则上反应的只是个人之间的利益自由交换关系需求,其效力也是相对的只及于彼此。这些理念对于打破封建等级和宗教野蛮具有极大积极意义,但是与此后兴起的工业社会现实复杂性并不完全呼应。甚至毋宁如卢曼所说,"工业时代的法律基础实际上尚没有开始进行系统性的立法规划。而一些根本性的成就就是通过教义抽象的方式而取得和被巩固的。"①当然,这一时期社会结构也确实还没有到那么复杂的程度,虽然已经出现技术的专门化和工业的组织化问题,但总的来说从当时生产和生活关系的基本组织特点来看,主要还是一般劳动分工所导致的社会分工的那些组织化要求。所以,这个时期,尽管法人诞生了并且日趋发达,但它主要是比拟自然人的个体性而构建的,其内部关系尽量通过法人人格化来淡化和单纯化。某个时期也产生了社会合作的认识,但还主要是涂尔干所提出的非常有限意义的"社会团结"问题。②

时过境迁,如果我们观察几个世纪以来的变化,就会发现一波一波的工业革命已经导致近代以来教义法学的适用甚至发展的困局,它们和现代社会结构性问题存在严重抵牾。"如果社会复杂性作为不断增加的功能分化的结果以及作为不断增加的经验处理前提之抽象性的结果而出现,那么这个简单图式就难以提供充分的解释理由了。现在,把行为看成面对规范的唯一变量已经不再充分,正是规范自身发现自己处于变迁的压力之中。"③具

---

① 〔德〕尼古拉斯·卢曼:《法社会学》,宾凯、赵春燕译,上海世纪出版公司2013年版,第384页。
② 〔法〕埃米尔·涂尔干:《社会分工论》,渠东译,生活·读书·新知三联书店2001年版,第30页。
③ 〔德〕尼古拉斯·卢曼:《法社会学》,宾凯、赵春燕译,上海世纪出版公司2013年版,第127页。

体到契约法上而言,传统民商法契约之债的纯私性以及效力相对性原理构造,到了当今时代,因为工业文明日趋成熟、社会功能日趋分化,在今天的契约实践领域已经变得如此不合实际。当今契约丰富多彩的实践,其所置身于"社会功能分化日趋精细 + 社会耦合日趋复杂"的新背景,导致一种契约制度革新呼之欲出。托依布纳正是在这个意义上提出了契约的个体性、制度性和社会关涉性的多个层次面向。

四、现今民商法的变化趋势

(一)民商法的总体趋势

当今高新科技引起的新一轮工业革命,导致社会功能趋于急剧分化,社会特定化的程度与以前不可同日而语。社会整体要求的方式和特点也与过去有了重大差异,"社会发展促使了各种意义层次更为深入的分化,这些意义层次在整体上使得期望结构更加复杂和灵活"[①]。此时的社会分工不再是一般意义的劳动分工或产品分工,而是成为一种价值链意义的阶段分工,社会经济组织模式不再是简单的规模经济的集中主义,而是系统功能整合下价值关联的分散主义。再加上金融创新的发展、商业服务模式的变化、消费需求的丰富,社会经济的复杂程度无与伦比。

近代启蒙思想家心目中的以纯粹个体化交往为中心的市民社会基础已经越来越远,现实社会结构在功能分化的基础上产生了十分复杂且易变的特点和需求。这种社会基础变化对于现今民商法提出新的要求,即必须同时具有两面性:必须更加能够兼顾社会功能分化日趋细化所导致的私人之间更为细腻且极具个性化的独特需要,同时又必须充分兼顾契约当事人所置身的社会耦合之网所提出的体制性要求。由此而论,既要走向私人更加个性化的深度,又势必走向私人之间更加进行社会合作的高度,就后者而言,势必突破私法关系的私人绝对性,甚至突破

---

① 〔德〕尼古拉斯·卢曼:《法社会学》,宾凯、赵春燕译,上海世纪出版公司 2013 年版,第 127 页。

传统的公私二元区分模式的上位结构。

具体来讲,在一方面,导致民商法适用及其发展指向特定化。如杰弗里·索尔(Geoffrey Sawer)所说:"法律发展的趋势并不是指向一种一般化和形式上的简单化,以及相伴随的一种僵化——耶林和惹尼曾对此提出过反对;它指向的实际上是一种没有安排好的概念的复杂性和特定性。从立法者的角度来看,由于社会已经具有了极度的复杂和结构流动性,他们进行的就只是对规则调整以使其与社会形势相适应。但从实践者的角度来看,它就或者意味着极度的特定化,这一特定化会有损于一种一般的社会意识。"①

在另一方面,社会功能的分化,同时导致民商法对社会系统整合和社会关涉性义务的不断加强。如卢曼所见,"进而,各种意义层次都必须被看成一个整体,并相互关联。这些意义层次相互假定了各自的存在。例如在设计和评价程式时,就必须假定价值的制度化。不过,反过来也是如此"②。可见,在此存在社会系统整合要求,就不适宜再以单纯孤立化的市民社会观为基础,而不得不转向体现进一步分化需求和加强社会协作的社会整合的市民社会观。这种社会系统整合不再是集中主义的,而是以保持各个系统独立为基础的系统之间的结构耦合或"系统整合"。从社会整体来看,原来的纯私化就可以开展的关系现在演变为由存在的无数个功能分化的社会子系统支持的相对独立、彼此又发生结构耦合的复杂社会关系。我们过去很多孤立的形式之间具有了更加紧密和复杂的社会相关性,很多情况下单纯的私人关系已经不存在了,过去孤立的私人关系现在开始越来越多地演化成一种包含越来越多社会性的关系,私人主体在负担私性义务的同时,在很多情境下增加了社会关涉性义务的必要性。

---

① Geoffrey Sawer, *Law in Sociaty*, Oxford University Press, 1965, p.209.
② 〔德〕尼古拉斯·卢曼:《法社会学》,宾凯、赵春燕译,上海世纪出版公司 2013 年版,第 125 页。

（二）民商法的原则发展

1804年《法国民法典》首先确立了近现代民法的基本原则，即著名的四大原则：人格平等、私有权神圣、契约自由和过错责任。后来的几部欧陆民法典虽然作出了一定发展，包括引入诚实信用原则作为修补，但是总体上并未动摇上述四大原则的基本框架。近现代民法的这一原则体系，其基础正如上面所分析的，是单纯的"个人—个人"平等自由关系观念和相对简单市场经济道德法律理念的表达，旨在维护以尊重个人理性尊严为起点的经济自由主义和人格平等主义。

现今社会基础发生了剧变，当代民商法的社会经济结构基础情况已经很有别于此前民商法的社会经济结构基础情况。这种要求，不再只是过去的那种简单劳动分工基础上的一般社会团结要求，而是社会系统功能分化及其系统整合要求。在有些领域，甚至由于系统功能独特性，导致了基于经济管制、社会公平或市场安全的管控或监管要求。例如，从世界范围看，互联网技术在应用的初期，考虑到其具有产业重大更新的价值而又需要经历孕育过程，一度受到严格准入管制的规制[1]；金融服务领域目下正在经历不断创新，但由于其涉及金融信用这种尤为复杂的系统功能问题，也不同程度地受到高度管制的要求；还有现代消费产品领域，各国均以一种消费者权益的社会保护视角对其作出规制要求；等等。这些都从整体上导致传统民商法原则基础受到动摇。传统的平等、自由、责任等主观性极强的价值体系经受着时代调整，公平、安全这些更具社会客观的价值凸显重要作用。

新近的《欧洲示范民法典草案：欧洲私法的原则、定义和示范规则》，便试图全面反映新时期以来民商法价值原则变迁，它以几乎全新的方式确立了与近现代民法典不一样的一套原则价

---

[1] 关于美国互联网工业早期管制的情况以及后来解除管制的情况，可以参见 J. Gregory Sidak, Daniel F. Spulber, *Deregulatory Takings and the Regulatory Contract*, Cambridge University Press, 1997.

值体系,即自由、安全、正义和效率四大原则。① 很明显地,"《欧洲示范民法典草案》并不认为,私法,尤其是合同法,仅为均衡实力相当的自然人和法人之间的私法关系之工具。"②

(三)民商法结构特点的变化

传统民商法的另一个重大变化是其结构形式方面。按照近代个人理性化观念主义的布局,法律通过主体角色加以结构安排,但是在今天,由于社会功能分化导致了一个个功能系统高度整合的要求,民商法结构形式遭遇前所未有的挑战。按照卢曼和托依布纳的见解,应将现行法律的特定角色决定生成结构转变为社会互动结构。"如果我们在一个全包围的社会系统中来考虑法律的地位,我们就不再会将法律规范仅看做为特定决定角色而设的决定生成程式,而应在原初意义上,将其理解为对于社会互动中的所有参与者的期望结构。这样一来,法律进行实证化的许多重要条件和随之产生的问题就会出现。"③

这种挑战主要来自三个方面:

一是从立法角度来讲,那种以"主体角色"为出发的公私区划基础被认为日益模糊,相反社会系统功能法的理念正在发轫。私法之中有公法,公法之中有私法,越来越不罕见。例如,现行侵权法在很大程度上就成为应对日益增加的社会风险的重要工具;而合同法或者商法也成为许多商业特许制度的温床。从这个意义上说,民商法从纯粹私法不断向行业私法分化,这些行业私法不再以角色为关注,而是关注有关领域的系统功能,在规范技术上体现出公私综合的特点。例如矿业法、林业法、渔业法、海洋法、土地法、民用航空法等行业法律的出现。

---

① 参见欧洲民法典研究组、欧洲现行私法研究组:《欧洲示范民法典草案:欧洲私法的原则、定义和示范规则》,高圣平译,中国人民大学出版社2012年版,第50页以下。按照该草案的解释,该四大原则相并而称,但有次序之分,效率原则最普遍因此最低,自由、安全、正义是更高目标。

② 欧洲民法典研究组、欧洲现行私法研究组:《欧洲示范民法典草案:欧洲私法的原则、定义和示范规则》,中国人民大学出版社2012年版,高圣平译,第8页.

③ 〔德〕尼古拉斯·卢曼:《法社会学》,宾凯、赵春燕译,上海世纪出版公司2013年版,第301页。

二是从民商法相互关系来说,那种因主体角色而区划的做法日益淡化,立法更关注因功能的区划,产生大量的功能意义的法律定制,观念民商法正在向功能民商法转变。过去,在主体区划的基础上,形成了所谓民商分立和民商合一两种模式,但从本质上来说,这两种模式彼此之间的差异性并非想象得那么显著,最终二者或多或少都要在实际上投射到某些功能区划上,进而形成特殊规范。时至今日,民商法越来越关注因商业功能分化而提出的商业诸功能系统的规范问题。证券法、票据法、破产法、信托法、商业登记法等都是在这种意义上得到极大的促进。当前的互联网金融规范结构,更是呈现这样一种基于功能规范的要求。

三是从民商法结构层次来说,产生体制私法—机制私法—自治私法的多层次结构特点。一方面,体制私法越来越退到教义领域,逐渐限于充当对私法主观价值的宣导作用,成为私法纲领。另一方面,机制私法风起云涌,它们主要以单行法的方式面世,体现一个个私法具体子系统的政策功能要求。从某种意义上说,最高人民法院庞大的司法解释系统也可以被看成是机制私法系统,其特点就是灵活性和实践性。在产业、金融、专业服务等领域,为了发挥监管作用,一些监管机构根据法律授权可以颁布监管规章作为依据或指引,也可以算机制私法。此外,法律本身的作用也开始显现局限,"非制定法"逐渐增多,特别是在经济、劳动和职业领域中,我们可以看到大量增加了的组织规约、公司章程之类,也就是说出现了大量的次级法或次级民商法。[1] 我们可以将之称为自治民商法。"形成于现代工业社会的这种次级法遥遥地可以与早期高度文明时期的'家庭法'和中世纪的'社团法'相呼应。它源于一种只能在高度复杂的和流动的社会中得以发展的特定机制:形式化的组织。"[2]

---

[1] 〔德〕尼古拉斯·卢曼:《法社会学》,宾凯、赵春燕译,上海世纪出版公司2013年版,第305页。
[2] 同上书,第306页。

人格权立法面面观[1]
——走出理念主义与实证主义之争

一

人格关系的调整与保护在民法上居于十分重要的地位,这种重要性按照民法学者的理解,应该较财产关系的调整与保护显得"更为首要"。然而,有趣的是,在民法历史上,人格关系规则与财产关系规则比较起来却显得特别单薄,后者无论是从理念上还是从法律形式上都显示出雍容华贵的特质。打个不恰当的比方,财产法好像披金戴银的贵妇人,人格法却犹如穿着简陋的灰姑娘。

财产法的雍容华贵,首先体现在规范总量上,一部民法从规则分布上看几乎就是财产法。例如,1804年《法国民法典》统共三编,占据主要篇章的是第一编"财产法",第二编和第三编分别是"财产"和"财产的取得方式";又例如,1900年《德国民法典》统共五编,占据主要篇章的也是财产法,即第二编"债务关系"、第三编"物权"以及第五编"继承"。财产法的雍容华贵,其次体现在其法律形式的高度发达上,财产法规则主要是调整性规则而不是保护性规则,即旨在调整财产关系而不仅仅在于

---

[1] 本文原载《比较法研究》2011年第6期。

保护财产。法律事先建立了一套实在的财产权体系,里面层次复杂、构成精细,好似山林叠嶂。以所有权为例,包括所有权类型、内涵、取得方式及变动方式、特殊保护方法、相邻关系等,现代社会甚至还出现了建筑物区分所有等制度的设计与展开。德国民法甚至以概念法学的极致,明确债物二分,将之贯彻到财产权的体系设计,形成一套严密的物权、债权区划体系,这种形式化设计延伸到法律事实,还产生了所谓债权行为与物权行为的区分。

相反,人格法在十分漫长的历史时期里,在民法上主要体现为薄薄的一些保护性规则。无论是罗马法时期[①],还是1804年时期的《法国民法典》和1900年时期的《德国民法典》,观其人格立法,都只是主要从侵权保护客体的角度简单地对人格问题加以规范:法国是概括式的,《法国民法典》第1382条规定,"任何行为使他人受损害时,因自己的过失而致行为发生之人对该他人负赔偿的责任",人们由此而解释认为,"人格"系在"他人"概念的应有内涵之内,受到禁受侵权的保护;德国则是具体式的,《德国民法典》第823条第1款规定,"故意或有过失地不法侵害他人的生命、身体、健康、自由、所有权或其他权利的人,有义务向该他人赔偿因此而发生的损害",该条款直接点出了生命、身体等具体人格为禁受侵权的保护客体。总之,民法上的人格立法直至近现代都体现出法律形式简易的特点,不仅量小,而且体系简陋,尚未发展出一套确认型规则,而是仅仅体现为一些简单的保护型规则。这种情况直到晚近才发生变化。

[①] 罗马法的人格立法主要体现为以下消极式的保护规则,即《法学阶梯》J.4,4,1规定:"侵害行为的构成,不仅可由于拳头或棍杖殴打,也可由于当众诬蔑,如诬赖他人是债务人而占有他人的财产,而行为人明知他人对他不负任何债务;或写作、出版诽谤性的诗歌、书籍,进行侮辱,或恶意策动其事;或尾随良家妇女、少年或少女,或着手破坏他人的贞操。总之,很显然,侵害行为有各种不同方式。"

二

那么,是不是可以说民法历史上"重物而轻人",即重视财产、轻视人格呢?

如果仅从法律形式之发达与否言之,似乎可以这么说,财产法在民法上受到了特别复杂的设计,其规范外在体系上体现出远比人格法成熟的特点。无论是狭义民法上的债务关系法与物权法,还是商法上的商业组织法、商事交易法、金融资本法,或是知识产权法上的无形财产权制度,都主要在积极调整层面展开,体现为调整为主兼顾保护的复杂规则体系,因而成为现实丰富多彩的财产关系或经济关系的促进和调整规范、鼓励和导引依据。现实财产关系,因为这种重在调整规定的立法的促进与保障,显得异常发达,且能够及时更新,可以说,从效果来说,民商事财产法的发达史,就是人类财产关系的促进史、人类财产与财富的增长史。

然而,民法上人格立法从来没有体现为一种理念的落后,或者说从思想观念上讲,民法在历史上从来没有专重财产而轻视人格。毋宁说,其法律形式上的简单,乃是独特理念作用的结果。归纳起来,民法历史上的财产理念乃是经济实用主义(罗马法时期)或经济自由主义(近现代);民法历史上的人格理念则是自然保护主义(罗马法时期)或人格先在论(近现代)。关于财产的独特理念导致了财产法向权利机制的汹涌发展,关于人格的独特理念却使得人格立法缺少权利化的动力。在人类民法学说史上,关乎人格问题时,从来都是理念上高度重视,但是这种高度重视在效果上却导致人格权利化束之高阁!

罗马法早期,人格问题和财产问题一样,呈现一种由人类早期自然主义法律思维指导的简单规则形态,即主要体现为一套简单诉权机制规则,无论是对人之诉还是对物之诉,早期法是在应对"私犯"意识下自然形成的,是一种私法保护法的特点。但是不久就发生了分离。人格领域,由于人格关系依旧简单、冲突形态清晰,仍然体现为简单的相互尊重、不犯他人的需求,只需在消极面调整即可维持,人格法因此继续维持自然主义保护规则特点;财产领域,现实生活中人际关系很快复杂化起来,经济功利主义脱颖而出,"人为财死,鸟为食亡",随着生产、生活方式的进步,现实生活中的财产调整的矛盾不断凸显,人们对于财富的追求和合理分配要求也不断增长,这就对于财产规则提出了更复杂的要求,既要在消极面更细化保护规定,更应该在积极面建立一套严密的确权调整关系———人们不满于事后的冲突解决,而是不断地提出各种事先调整的要求,于是有关财产权及其体系的概念与规则产生了。从对物之诉中追溯产生了所有权等对物权,从对人之诉中追溯产生了对人权或债权,从所有权到债权,一个以旨在积极调整为特点的财产法体系开始发展起来。

近现代的法国民法和德国民法是在人文主义鼎沸时期应运而生的,作为对于漫漫中世纪的思想反动,以个人主义和权利自由为张扬的人文主义,是一种高度的理念化的思想运动,在财产和人格两方面都有着清晰而透彻的主张。在财产方面,是以市场和竞争为重心的财产自由主义,在新时期以一种全新的内涵促进财产法权利规则的发展,由此形成以私有权绝对为指导的物权制度和以契约自由、过错责任为指导的债法制度。在人格方面,是以人格平等、人格尊严为重心的人格天赋论(法国)[1]或者伦理人格主义(德国)[2],其共同点都是主张人格的法律先在,

---

[1] 法国当时的人格观代表了一种人文浪漫主义取向。1804 年《法国民法典》制定时,深受当时启蒙以来风行法国和欧洲的人文主义法学的影响,这种法学的根基主要是以个人自由与尊严为张扬的欧洲近代自然法思想和政治哲学。这种思想导致了 1789 年法国《人权宣言》的轰然面世,它宣称人生而自由,个人拥有作为人而享有的天赋权利,是国家主权意志所不能加以侵犯的,限制着国家的权力当然包括立法权力。因此,《宣言》第 1 条称"社会的目的是共同福利。政府是为保障个人享有其天赋的、不可剥夺的权利这一目的而成立的",第 2 条称"所有政治组织的目的都是保护个人的天赋的、不可剥夺的权利"。

[2] 德国当时的人格观代表了一种人文理性主义取向。康德的伦理学和哲学从人的理性出发推导出人具有无上尊严,将自然人的人格拔高到法律先在论的高度,由此导致了伦理人格主义的滥觞。这种观念是由民法巨匠萨维尼介绍到德国 19 世纪的民法法学中去的,最后对温德夏特(《德国民法典》的主要起草人)产生了重要的思想影响。参见〔德〕拉伦茨:《德国民法通论(上)》,王晓晔等译,法律出版社 2013 年版,第 46 页及注释 1。

将人格高高举起,然而这种思想在民法人格规范实在化方面却停止了脚步。人格被看成是天赋的超法律的,法律(民法)当然不敢径行确认之,否则即为一种冒犯。是以,在法律形式上,民法上的人格保护仍然被处理为禁止侵害式的简单保护规则。这种法律保护形式在形式上仍然与罗马法相似,所不同者是"不法行为"构成概括化(法国)或者类型化(德国)了而已。但是,在观念上,这种简单保护型法律形式的背后,此时却不再是自然主义,而转为高扬的人文主义——人格权因其天赋论而不得实证化。

三

21世纪的中国当下,当法治建设成为主旋律,制定一部先进的民法典成为国人的强烈愿望,在《合同法》《物权法》《侵权责任法》等诸民法财产法组成部分初步立法告竣之后,是否应该启动人格权立法以及应该在何种方式上展开此项立法已经提上日程。在试图努力将自己置身于民法历史与民法未来的交汇意识中,我们发现,人格立法远比财产立法更为难以决断和把握,由此产生了多种主张。一种主张认为,人格权具有高于由民法规定的价值位阶,民法对人格只可言保护不可言确认;第二种主张认为,人格权民法实证化并无障碍,不过为了更好体现人格权与人格主体本身不可分离的特点,应当置于总则的人法之内;第三种主张认为,人格权不仅应当实证化,而且应当单独成编,惟其如此才可以在内在逻辑上符合其与物权、债权等均为实证权利的体系安排要求,同时也可以凸显新形势下人格权发展和保障的需求。那么,应该如何看待这些主张呢?我们应该如何对当前的人格权立法作出合理抉择呢?

首先,有一个如何正确对待历史遗产的问题。第一种主张让我们立即想到它不过是人格立法民法历史的回声而已。然而,通过观念考察和剖析,我们已经认识到近现代民法上的人格先在论,不过是极端人文主义的人格理念化而已。在一个时期,它对从思想上打破中世纪基于宗教和等级观念的神启论与人格等级论有着重要作用,大大推进了欧洲的人文化和自由化运动,但是后遗症也出现了,由于它反对让人格权落地,即坚决拒绝人格权民法实证化,导致了其对现实人格关系的调整作用极为有限。

过去一个时代,当现实人格关系简单到只需消极保护之时,这种只容忍保护性规定的立法模式,尚可敷其所用,但是自近现代以来,社会形态发生巨变,人格问题因为传媒、科技应用、医疗服务、机构监禁、精神评估、侦查科技、生物实践、基因检测等方面的突飞猛进,日益呈现出前所未有的复杂性,人格关系开始复杂化,甚至出现了许多人格新型关系,如此摆在人们面前不再只是简单社会的人格保护问题,而更多的是复杂社会的复杂人格关系的调整问题。例如,如何平衡人身完整与医疗的关系,如何处理个人隐私与传媒的关系等等。如此,如果继续固守人格保护型的简单立法模式,就会使人格调整实践在法律形式基础上显得十分虚空,现实人格实践全然无法获得确定性法律依据。人格权拒绝实在化与法治确定性要求是如此抵牾,以致观念上对人格高度尊崇与民法上拒绝人格权实证化之间的奇特关系,导致了十分荒谬的悖论:当社会复杂导致人格关系也十分复杂之时,尽管高举人格理念的大旗,但法官在"依法治国"而应"忠实于法律"的语境下,往往限于法律形式而不能满足现实对于人格关系的调整要求,换言之,理念追求与现实规范呈现出貌合神离的关系。

其次,是人格权实证化的限度问题。如果说在"法治国"的语境下,随着人格关系调整需要的不断增进,人格权确认立法越来越显得不可或缺的话,一种忧虑必然伴随而生,那就是人格问题确乎不是一个简单实证化问题。第二种主张和第三种主张,应该时刻注意,它们的实证主义观点不应该是毫无顾忌的,应该抱着一种审慎的态度,时时警醒不能遮蔽人格问的特质,即人格权具有"与生俱来"且"挥之不去"的伦理内涵。尤其是第三种主张,应特别注意人格权利化绝对不能被简单理解和论证为法律科学逻辑的产物,以致将之与物权编、债务关系编同等化,否则,必定损及人格权制度应有的伦理价值与功能。[①] 人格与生俱来的伦理特质提醒我们,人格问题与财产问题有着天然的伦理价值上的基本差异,前者因与人身不可分离始终是一种伦理存在,而后者即使在自由主义的观念下也主要是服务于自由市场的经济功利要求。可见,人格权在民法上的实证化必须保证一个限度,这就是不能破坏人格自身的伦理性要求。

这里最重要的是人格权的确认方式问题。一个时期,人们按照支配权的方式来构思人格权实证化,但是这种方式会使得人格权沦为与物权同化而失去伦理品格。支配权式的人格权构造,不仅导致了人格客体化,而且也势必在逻辑上重新唤起伦理人格主义关于"自杀合法""自残正当"的忧虑。人格权实证化与人格权伦理保持之间的矛盾,其解决,取决于必须突破传统权利的构造思路,对人格权确认方式加以创新。一种崭新的权利构造模式应运而生:将人格权设置为一种受尊重权。这种人格受尊重权,其规定方式如下:首先正面确立自然人享有何种人格受尊重的权利;然后规定其排除效力,具体可体现为若干并列或不同层次的禁止行为;此外,还可以将特殊保护方法一并加以规定。通过受尊重权的设计,人格权既获得了实证化形式,又保全了其应有的伦理品格,可谓"落地而不入凡俗"。

[①] 当下颇具争议的人格权是否独立成编的争议其实不具有实质意义。从体系上而言,将人格权确认规范放在总则人法之中确实具有形式与实质贴近的直观性。但是,人格权单独成编毕竟只是一个形式化的问题,而形式本身的问题均可以通过形式自身来解决。形式与实质的贴近不一定只有直观性一种方式,如果立法者打算达成某种特殊体例功能,必要时也可以采取不直观的形式。所以,尽管人格权与人格本体伦理同一,但是如果立法者愿意将人格权独立成编,而处理得当,不损及人格权与人格本体的伦理关联,那么也是可以接受的。

由于受尊重权法律形式的发现,人格权立法在当代焕发了前所未有的活力,除了一些新型民法典如 1991 年加拿大《魁北克民法典》之外,一些原来拒绝人格权实证化的传统民法典也通过修改走上了人格权确认立法的道路。法国最堪楷模,它通过创造性运用"受尊重权"或"不受侵犯权"的全新权利模式,以 1994 年第 94-653 号法律和 2004 年第 04-800 号法律的两次修正,力推人格权实证化,同时兼顾人格权的伦理化特质,对人格权进行了较为系统的确认立法并致力于其现代化,成功解开了人格权立法上理念主义与实证主义不能兼容的历史纠葛,恰当因应了现实中日益复杂的人格关系尤其是人格新型关系的调整需要及特殊保护需要。

四

人格权立法应由哪些内容组成?

第一,民法必须明确人格权的首要地位及相关规范的公共秩序性质。

第二,确立关于人格受尊重或保护的一般规范,同时规定人格权一般保护方法。如此,可避免挂一漏万,开放地指引司法实践。

第三,对人格交往实践中已经特别化了的应当加以明确受尊重界限的那些内在人格权逐个规定。其规定方式,均应该体现为受尊重权方式以及由此产生的排除效力的表述。

第四,应该对人格实践中的某些极为特殊或者关系极为复杂的情形加以延伸、细化规定,特别是针对在新时期高科技应用、复杂社会管理等背景下应运而生的新型人格关系给予规范。例如,身体完整权在涉及医疗、器官移植、人体捐赠、生物实验、遗传检查和鉴别、代孕、机构监禁、精神评估等活动时的特殊关系。

第五,对于死后人格保护问题,特别是死后身体的受尊重作出规定。

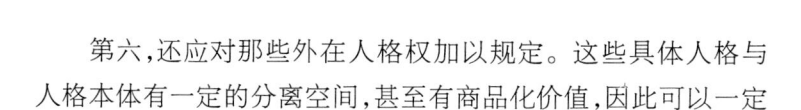

第六,还应对那些外在人格权加以规定。这些具体人格与人格本体有一定的分离空间,甚至有商品化价值,因此可以一定程度客体化,包括姓名权、肖像权、个人数据等。

最后,至少还应该对人格、自由等的禁止让与、放弃、限制等作出原则规定。

《侵权责任法》出台的意义与后续工作[①]

感谢主办者邀请我来做个发言。今天在这个场合，当然首先是要表示祝贺。制定《侵权责任法》这么一个重要立法，原也是我们民法学人这么多年的期盼。刚才，在从下面到上面来的时候，我在想该怎么发言，基本上和梁老师有一个共同的感受，就是面前的这个法是很丰富的，但我拿到这个法的正式文本的时间是26日晚上，没有时间去细读，所以现在就要做一个真正的评估，还非常困难。今天这个场合，匆匆之间，我想就做两点发言吧。

第一点，谈一下这部立法出台的意义。我觉得，也许可以说至少有四个方面的积极意义。

第一，彰显了我们现在的立法机构即全国人大及其常委会对民事立法的重视。大家知道，《合同法》《物权法》的出台，已经体现出了新时期国家立法机构对于民事立法的重视。但是，在立法过程中，例如《物权法》是有一些曲折过程和争论的，克

[①] 2009年12月29日，中国人民大学法学院举办了由全国人大法工委立法工作负责人和部分高校民法专家出席的"《侵权责任法》通过研讨会"，笔者作为专家代表应邀出席并做例行发言。本文系笔者的发言整理稿，首刊于http://www.edu1488.com/support/qqzrf/Show.asp? pkNo=30；后自校版再刊于笔者博客"军都拾零"：http://longweqiu.fyfz.cn/b/541312。

服了很多困难才出台。今天这部《侵权责任法》能够在两年之间就拿了出来,表明我们立法机构对民事立法的很多观念和意识已经非常清晰了。立法机构这个重视民事立法的态度,对我们民事立法界、司法界和学术界来说,是一个很好的讯息。按照这样子下去,我国民事立法的突破局面指日可待。

第二,表明了侵权责任法独立成编完成了基本构建。我们一直有一个理想,就是我们的民事法律体系构建要有所突破。侵权责任法能不能独立成编,是其中一个主要思考点。《民法通则》时代,我们就一直在尝试但是不清晰,今天这部侵权责任法的出台,表明我们在体系上已经尝试出来了。在对这部侵权法进行立法的时候,面临一个命名的问题,有人主张叫侵权责任法,有人主张叫侵权行为法,也有主张叫别的名字的。最后叫了《侵权责任法》这个名字。我理解,侵权规范问题如果独立成编,应该三合一,既是规制行为法,又是保护法、保障民事权益的法,同时又应该是责任法,即可据以裁判,所以三合一。现在,《侵权责任法》出台了,应该是建立在三合一基础上的,这才使得侵权规范独立成编成为可能。这是一个很重要的意义。

第三个意义,是这部立法赋予了中国新时期民事法律的可裁判性。《民法通则》也是新时期的立法,但属于偏早的,之后发生了一系列的变化。特别是《合同法》《物权法》出来之后,我们的民事法律体系有了新的构建。但是,在新的民事法律体系中,就民事权利的保障而言,要有与之相配套的制度出台才算完全。今天,《侵权责任法》的出台,意味着我们在民事权益保障上终于超越了《民法通则》时代,意味着我们对于新时期出台的中国民法重新赋予了可裁判性。这一课题当然还可以充分的讨论,但是今天时间不够。

第四个意义,是这部立法中有不少方面可圈可点。首先,它突出了生活规范重点。大家注意到,其在具体的或特殊的规定上,例如,产品责任、机动车交通事故责任、医疗损害责任、环境污染责任、高度危险责任,包括刚才梁老师特别提到的物件致人损害责任等主题上，这些都属于我们今天生活的重点，现在都独立成章了，因此很有针对性。其次，它也注意兼顾中国的实际。我在立法起草讨论过程中，比较关注的是医疗损害这部分。比如说，对医院责任到底应不应适用或然因果关系，甚至是不是还要适用推定因果关系，我记得二审稿是这么个态度，现在最后的定稿不这么做了，我觉得这是符合中国实际的。大家注意到，中国有广大的农村地区，特别是乡镇医疗条件还远远没有配置好，如果赋予这些简陋的医院太重的责任，可能会恰得其反，产生社会上的问题。将来肯定要改进，但前提是，应该在国家不断地进行增加医疗投入之后，在医院条件本身普遍改进之后，再将法律责任跟上去，这才符合中国实际。再次，这部立法也注意到了中国现时性的一些要求，比如说关于公共服务或者活动组织者的安全保障责任规定，关于网络服务者的侵权责任规定等，都明显具有现时的意义，富有现代感。

第二点我想谈一下《侵权责任法》出台后的我们面临的一些急迫任务。应该至少有三条：

第一，要立即着手做不少立法配套工作。《物权法》出台以后，很多既有立法包括国务院的不少法规，不适应的，我们并没有立即配套去解决它，今天出了很多问题，特别是在拆迁上，一些旧规则仍然执行，引发了严重的损害物权法威信的问题。《侵权责任法》出台后也会有这样的问题，如果对于很多不适应的立法，特别是那些不适应的国务院的法规、部门的规章、地方的法规，不及时清理的话。有的是要废止，有的是要配套制定。

第二，司法工作要跟上去。不仅是司法解释工作，还有怎么执行这个法的问题。司法解释有没有空间？刚才杜庭长讲了，他觉得空间还是很大的，有许多具体的篇章要去做。我觉得还有一些很复杂的裁判技术问题，这部立法总共92个条文还是比较弹性的，很多问题需要进一步明确。例如，这部立法追求好读，但是就不免"碎"，那么不同条文之间的关系应该怎么处理便成为问题。比如产品责任这一章，第41条、第42条的规定和

第43条的关系怎么处理？第43条和前面看起来有所包含。所以这个条文关系还要进一步去明确。又例如，侵权法很多规则应该是裁判规则，因此许多应该涉及实体法中的程序规范问题，美国人特别注重这个，我们看到学者整理的"侵权法重述"条文繁多，为什么呢，就是许多要涉及程序问题的规范必须明确，否则不好指导裁判。侵权法应该在很多地方关系到实体意义的程序规范问题特别是举证责任的分配问题，但仅仅92个条文不可能完全展开。以第10条即共同危险行为这一条为例，究竟对于具体侵权人的举证应由谁来进行？是受害人还是加害人？条文规定上并不清楚，可能是没有注意去规范，这就需要在实践中进一步的完善。

第三，以后还要加以修改和完善。当年《公司法》在1993年出台的时候，在当时也是很有积极意义的，但免不了修改，特别是在2005年做了一次巨大的修改。我们面前的这部《侵权责任法》在若干年后准备进入民法典的时候，我想修改和完善工作还是要做的。当然，目前来说，有了这部法，与没有这部法，其意义是完全不同的。

积极推进和完善我国侵权立法与实践[①]

北航法学院非常高兴有这个机会一起与北京律师协会联合举办今天这场十分有意义也十分必要的研讨会。首先热烈祝贺"理解·适用·完善——《侵权责任法》实施一周年论坛"召开，并对出席论坛的各位嘉宾和朋友们表示热烈的欢迎！

北京律协是中国首善之区的律师自律组织，可以说是我国法律实务界象征性群体组织之一，我想举办这样一场论坛可谓恰如其分，主体正当。今天还有与《侵权责任法》实施同样密切相关的法院、行政执法机构以及社会组织等实务机构的嘉宾出席，以及来自法学院的专家参与，大家相互交流，对话丰富，因此今天的论坛必然会很精彩，对我国《侵权责任法》会起到交流、研习和建言作用。

我觉得本次论坛至少有三个意义：

第一，立法纪念的意义。我们可以利用这样一个机会，从纪念一部重要的民事单行法即《侵权责任法》实施一周年的角度，回顾1986年《民法通则》以来民事立法的情况，特别是自1999年《合同法》开启中国民法典立法工程以来的民事立法情况，尤

[①] 本文是笔者2011年6月11日在北京航空航天大学法学院与北京律师协会联合举办的"理解 适用 完善 《侵权责任法》实施一周年论坛"上的致辞（会议地点：北京航空航天大学如心楼第一报告厅）。

其是其中侵权法原则和规则的发展。《侵权责任法》作为中国民法典制定工程的一个环节,是过渡性的阶段和窗口,我们可以从它来认识民事立法这个阶段的制度观念和规则样态。

第二,立法评估和研习的意义。我们可以利用这样一个机会,在实施一周年之后,评估《侵权责任法》的立法得与失,同时研习一种切合时宜的侵权法律适用模式。立法自身不是目的,能够达到满意的法治效果才是立法的最终目的。立法者不容易体会一部法的得失,往往付诸实践一段时期之后,才能由法律实践者切实体会到一部法律好不好用,规定是否妥当,是否符合实际,是否达到了满意效果。此外,《侵权责任法》无论是从立法条件还是立法背景,都处于过渡性的立法阶段,其法律适用模式值得我们深加研习。从服从立法的角度来讲,我们应该提倡一种规范的法律适用,应该遵循法律解释学适用这部法律,但是《侵权责任法》作为过渡性立法和典型裁判法的特点,又提醒我们要反对绝对的规范主义司法模式,应适当强调功能的应用和填补,这里面就有一个度怎么拿捏的问题。

第三,立法建设的意义。我们利用这样一个机会,可以思考《侵权责任法》下一步完善的问题。我们注意到个别学者已经提出了司法解释的建议案,像中国人民大学的杨立新教授,就提出了144条。我看非常好。实务界更有条件也更有责任来系统思考《侵权责任法》的适用完善问题。一部单行法出台会带来很多问题,也会遗留很多问题。带来的问题,例如与其他法律衔接的问题,有关法律法规配套的问题,这就需要作进一步的法律整理或修补。遗留的问题,比如规范不足的问题,规范过于粗略的问题,规范尚不确定,疑点难点,等等。我们今天的会议一定会提出很多来自第一线的法律完善建言。

《侵权责任法》的请求权基础暨立法逻辑[①]

刚才听了我的两位同事的发言,我还是感触比较深的,很受启发。学者研究问题,思维一般都是批判性的,这是可贵的一种真诚风格,我这两位同事的研究风格就是这样。我们平常经常讨论问题,感觉他们思路清晰,立场鲜明,又特别富有热情和思辨力,善于抓住细节。这两篇论文,一篇是从法律解释论的角度,一篇是从立法论的角度,对《侵权责任法》进行分析和评论,这两篇文章不完全是建设性的,从法律适用角度对我们也有帮助。

首先点评一下李昊老师的报告。

这个报告是从法律解释论角度来讨论《侵权责任法》应该怎么适用,存在什么问题。我们讲法律解释论,就是讲法律适用的时候,面对一部法律你作为实务者应该如何立论。我们说一部法出来了,有很多法条,但法条不等于我们在实践中律师和法官要援引的法律规范。从法条到法律规范有一个距离,要通过解释论整理出来。比如《侵权责任法》第1条是一个法条,但它不是一个规范,如果你把它引来支持一个起诉,法官肯定给你打

[①] 本文是笔者2011年6月11日在北京航空航天大学法学院与北京律师协会联合举办的"理解 适用 完善《侵权责任法》实施一周年论坛"上对法学院李昊副教授和徐绪辉博士报告的点评。

回来,因为他认为诉求依据必须是一个具有内容包含请求权、形成权或者其他什么实际主张的法律规定。

李昊老师想从法律解释论角度对《侵权责任法》作一个最系统的分析,他认为应该从请求权基础的角度去解读《侵权责任法》。这篇文章试图整理和分析这部侵权责任法的请求权基础体系。他认为,我们这个《侵权责任法》存在总则和分则这样一个结构,所以存在一般请求权和特别请求权的区别。这篇文章的重点在于研究一般请求权基础,它们主要存在于第一章到第四章的规定中,但这些章节特别是第四章有相当一部分并不是一般请求权基础,而是特殊请求权基础。这篇文章研究的角度是构成论。报告人是从构成分析的角度来梳理《侵权责任法》是如何规范一般请求权的。我们《侵权责任法》在规范上对这个问题好像不是很清晰,不是很自觉,所以就出现了规范的凌乱和重述的困难。李昊老师对于第一章到第四章相关规范作了几乎全面的分析,既有形式思辨的讨论,也有价值意义的分析,很多地方可谓鞭辟入里或者颇有启发。从他的结论可以清楚地看到,他认为存在四种一般请求权,即过错侵权、危险责任、替代责任和公平责任四个范畴的一般请求权,其中危险责任和替代责任属于特殊请求权的一般化。他分别对于这些不同的一般请求权展开了构成分析和相关的法条解读与反思。很多地方都值得精读和肯定,特别是关于抗辩事由部分我认为很精彩,也很赞同。总之他结合这部侵权责任法很好地探讨了一般请求权的构成构造特点和不足。

当然,我也想提出一个进一步思考也是供大家商榷的问题,即《侵权责任法》的一般请求权到底如何认识。有一种观点,像李昊老师的观点,认为可以划分为三类或四类,即基于过错、危险、替代和公平的一般请求权。但也有一种观点,认为除了公平责任之外,所谓一般请求权只有过错侵权这种情况,其他的都可以归到特殊里面去,特殊的也是具体的,根本统不起来,所以就没有什么特殊的一般,所以,现代侵权法其实是两部侵权法,一部是以过错为责任基础的一般侵权法,另外一部则是没有一般性构成的林林总总的特殊侵权法。我国《侵权责任法》在第二章对于侵权类型作了一分为二的划分,第 6 条是关于一般侵权请求权的规定,可以作为法律适用的一个基础,可以直接转化为诉求的法律规范,我们律师在实践中可以引用的,第 7 条是关于特殊侵权的规定,但这一条并不能直接作为援引,关于特殊侵权的诉求必须到特殊的具体的规定中去引据。我是赞成第二种观点的。这是提出来供李昊老师思考和商榷的地方。侵权法要统很难,两部构成不同的侵权法解释论可能更符合现代侵权法的解读。

接下来点评一下徐绪辉老师的报告。

徐老师是一个特别擅长逻辑思维的学者,所以他是一个很好的辩手,也是一个实践方面的好手,思考问题特别细,特别是经常逆向思维。我感觉他跟当年的中国政法大学张佩霖老师风格有点神似,有时候细节钻得特别深。他的报告是从立法论的角度来谈《侵权责任法》。他认为,《侵权责任法》有四个逻辑问题,我觉得这四个逻辑问题讲得都对。当然讨论的前提在于,我们《侵权责任法》它是不是想完全地做一个逻辑的立法,或者有没有这样的必要,如果没有这个打算或者没有这个必要去做一个逻辑立法的话,那么它可以犯一些在徐老师看来的立法逻辑错误。从目前来看,制定法要讲基本的逻辑,似乎还是我们立法制定者打算自觉坚持的准则,所以徐老师这个研究就很有价值。

徐老师关于《侵权责任法》的四个逻辑问题抓得很准。第一个,"侵权责任"与行政责任、刑事责任能否语词并列的问题。这里是语词逻辑问题。徐老师从中文构词的角度,分析了侵权责任一词使用的谬处,即从构词上来说侵权责任,不应该等于侵权民事责任。第二个,是停止侵害、排除妨碍等与民事侵权责任的关系问题。如果说第一个逻辑问题属于咬文嚼字的话,那么这个逻辑问题就属于很实质了。徐老师认为,停止侵害、排除妨碍,它是广义权利救济的一种方式,而不能看成是侵权的责任方式。但是我们在侵权责任方式里面,一直延续下来这么一个表述,导致了我们把救济法和侵权民事责任两对范畴模糊掉,也就导致了整个民法很多的救济问题模糊掉,这可不是一件好事情。我们在实务上,仅仅从诉讼提起的角度来讲,除了请求之诉,还有形成之诉、确认之诉,其中请求之诉也不能只限于违约侵权这几个类型。所以,不能忽视还有一个更大范围的权利救济这样一个体系存在,这一揭示非常有意义。徐老师提到第三个逻辑问题,是《侵权责任法》关于侵权行为概念的使用,导致侵权责任发生原因的概念狭窄化。侵权事实构成不等于侵权行为,但是我们总是从行为的角度找它的构成,这样就会引发很多削足适履的问题。当然,我个人觉得,有时为了用词通俗化,必要时可以典型化,比如侵权行为这个词的使用,就是日本在这种意义上构建出来的,属于面向典型事实的约定俗成,但是如果我们继受之后不了解这种术语构建的俗称特点,往往容易犯下望文生义的错误。所以从这点来看,徐老师的讨论至少有提醒意义。第四个逻辑问题,徐老师讲到了适当补偿等这些法律后果其实属于其他法定之债而不是侵权之债的特点,但是我们的立法没有加以区分。他从法定之债、侵权民事责任、权利救济等概念区分的角度,对这些法律后果作了重新定位和适用分析。

总之,这篇报告从立法论的角度来说,非常精彩,在强化我们立法的逻辑形式与表述精准方面很有借鉴作用。当然,也不能从徐老师这篇文章,就去过度强调形式逻辑化的立法,一定的体系开放也是必要的,但必须是立法者存有自觉。徐老师这篇文章在实质贡献方面,还有一点应当提及,就是跟李昊老师的文章有一个对比,他不赞成仅仅以侵权请求权作为主要的框架甚至唯一的框架来进行法律适用的思考,而是赞成从一个更广泛的角度即包括权利救济、法定之债的角度来思考与侵权有关的责任问题。对此我很赞成。即使是对于侵权请求权,我曾经也提出过一种看法,它并不能被看成侵权之债的中心和出发点,真正的中心是债务。例如,《法国民法典》第1382条和《德国民法典》第 823 条都是从加害人"负损害赔偿义务"的角度开始规定侵权责任的,侵权请求权是从反面推出来的。可见,与狭义化为侵权请求权来比,侵权责任的规范空间其实非常大,所以有很多种不同的解释论的模式。我觉得这两篇文章正好构成了某种意义上的一种对比,非常富有张力和启发性。以上评论只是抛砖引玉,不妥之处敬请商榷。

法学教育

为新业壮心可嘉　趁年轻一鼓作气①

老师们,同学们,对于我们学院来说,"最是一年春好时"的时节已经来到,不过用词要改一改,对于我们这些教育者来说,秋天才是一年希望的开始。在这个金秋时节的新学期伊始,我们敞开大门,喜气洋洋地迎来了一届新生,开始憧憬起新一轮的教育希望。为什么每个学年会是在秋天开始呢?我没有研究过,我想大概是先贤们认为,教育和种植是人世间两件同样顶顶重要的事情,因此要有所区划,各起各的好彩头。所以,我今天在这里代表法学院要表示热烈欢迎,欢迎你们,亲爱的新同学!并且,我热切地盼望,这又是我们学院一个好的开始!诸位同学灿烂的笑脸、自信的眼神已经宣告!此一刻已经布下收获教育辉煌的决心。

我们这一届有点不同寻常。至少有两点不同寻常:第一,规模大了壮了。去年我们的入校生是本科生59人,研究生41人,共100人;今年是本科生77人,研究生53人,博士生13人,总数是143人。这在我们的历史上就是一个大数字。再过几年,我们的全部在校生包括法律硕士、双学位应该也是在千人以上。我们永远不追求大数字,但是我们需要必要的规模,需要一个好的法学院的基本含量,需要这种氛围。俗话说,深水好养大鱼。

---

① 本文系笔者在北航法学院2009级新生欢迎会上的致词。

第二,层次多了高了。今年我们不仅招进来第13届的本科生、第8届的硕士生,还招进来了我院历史上第1届的博士生。这样我们的培养本科—硕士—博士的三层体系终于健全了。听说高全喜教授已经在博士生课上说了,这是我们的博士黄埔第一期,对你们期望是很高的。不过你们也不要压力太大,我们不准备办成速成班,也不准备用来"打内战"。我们的期望是办出北航法学院的人才培养和学术创造的持续品牌,办出中国法治建设的持续的光辉未来。当然我这里不是说我们北航一家干成这件事情,而是说我们是其中一家,要和中国法学教育的有志者一起来干这件事情。

在这里,我想理一理我们的头绪,尤其是想和在座的各位教职员工一起建立一种共信的关系。今年是我们法学院自建系开始的第十三个年头,刚好一个代际的时间过去了,作为一个学院,可以说算站住了,羽翼开始丰满——俗话说,翅膀硬了,可以飞了!但是问题还是很复杂。复杂在什么地方?复杂在于,一是我们要登高望远地确定我们的目标,二是我们的理想、我们的责任如何与我们处理面前问题和困难的行动和能力、如何与我们自身发展的实际和过程结合起来。

我们的目标是什么,身处北航,我们固然要融入和服务北航作为大学的整体发展,固然要珍惜和利用好特色资源,但是我们面对的却是一个更全面的国家法学教育的场景,我们这些人从五湖四海走到一起来,主要是要建设一个真正的而且能够在数百所法学院系中在人才培养、法学研究、国家法治建设的社会服务等方面形成卓越法学教育影响的法学院。这个任务是很艰巨的,却是我们这些法律教师们的一种经营职业人生的必要信念。我们前面有许多楷模,比如美国的斯坦福大学法学院、芝加哥大学法学院,都是这样后发制人的佼佼者,为人类法学教育繁荣及其现代价值的培育和发扬作出了开创性的贡献。我们的同行清华大学法学院、上海交通大学法学院也已经踏上了这一条后发而崛起的道路。但是,我们必须正视,我们面前有很多困难,不只是财力的问题。这12年特别是这两年来,我们通过运用极其有限的资源,特别是在极为狭小的北航文科的空间里面,较快地成长了起来。然而到今天,一个快速的发展阶段过去,我们上到了一个层次,同时又忽然感到有些吃力了。这就是面临对内对外资源和狭小的文科空间的突破问题。怎么坚持住,甚至坚韧不拔,又怎么去突破重围,成为我们面前的最大课题。我觉得我们会有一个较长时期的徘徊、建设和沉淀过程,需要一点不急不躁的心理。我们的兄弟院校清华大学法学院已经突围出去了,他们现在开始可以大踏步朝着理想迈进了,我们还需要寻找突破。老师们,请帮助想一想,集思广益,众志成城。不管怎么样,从体制方面的思路说,有些方面,学校正在琢磨,我们学院也在努力运思。

但是不管怎么样,我坚信有两样我们目前可以做、应该做而且是顶顶重要的基础工作:

一是人才培养。这是法学院的第一目标。我们要好好琢磨这件事情,老师们要特别用心投入这件事情,要建立和完善好一个在我们北航这里立起来的高明的法学人才培养体系,并且在每一个环节完美地或者高效地实行它。在某些学科方面成就一些优势固然是我们的目标,但我认为,北航法学院应该追求的优势,更大的方面应该是培养人才方面的,我们应该开创和摸索一条现在法学教育的正确路子,应该能够扎扎实实培养人,并且切切实实地培养出人。今年的143个学生,如果靠我们的培养,来年都能够开花结果,而且开好花结好果,成为优秀的法律职业者,甚至出几个吴经熊、史尚宽、王泽鉴,又甚至是波迪埃、萨维尼、霍姆斯等这样的大学者、大法官,那么我们说不成功也不行。致力于人才培养,这也是我们的职业荣誉所在,要不现在教书这么清苦,为什么我们很多人还要往这里面挤,不是甘于清贫,而是受培养人才的荣誉感和使命感驱使。

二是高水平的科研。我们建立学科,集聚教师团队,目的不是只要营造一些人气,而是要营造一种学术和科研的氛围,一种学术间融合的氛围,以促进研究的深化、推陈出新和硕果累累。学术研究出成果的条件,无非是宽松的环境、良好的氛围,才华出众的研究人员以及持续的研究努力。前两点我们努力营造,但最后两点最重要。我们这里已经集聚了一支相当优秀的研究力量,而且特别年轻,是中青年的结合。从去年开始我们就已经转入学术建设。高老师、赵老师、刘老师、孙老师、肖老师、郑老师等都在想方设法组织和调动研究,许多老师已经奋力投入研究、日夜苦攻。前几天,清华大学的崔建远教授送我一本新近出版的70万字《物权法》巨著,我拜读之后,十分感佩,从当前的制度法学的角度来说,可谓写作用心,知识通透,耳目一新,贡献巨大。使我想到,自家的学术园地已经荒了两年了。这样的书只要我们北航出几本,那么就能够令法学界刮目相看。诸君,希望善待自己的学术园地,我十分期待你们石破天惊的一天。一个好的法学院也是由一本本卓越著作、一篇篇卓越论文垒高起来的。山不在高,有仙则名;水不在深,有龙则灵。我们法学院最终是怎么个的高高低低,就看大家写的论著了。至于高端的社会服务,有了这种高水平的科研支撑,那就应该不成话下了。我说的比较远了,但在这个开学典礼的场合,也是一个难得的和老师们的沟通机会。

刚才是和老师们的交流,下面我想与在座的新生同学做个交流。这是今天的主旨。总的来说,各位同学在学期间的任务就是学习,不同阶段有不同阶段的人才培养要求,而你们的任务就是要最大限度地超越学校和学院制定的最低培养要求,成为合格乃至优秀的人才。本科生,重在通识和法学基础学习;研究生,重在法学素质提升和法学研究能力的培养;博士生则属于高端法律学术和职业人才的培养范畴。那么,怎么才能达成呢?归纳起来统统只有四个大字,努力学习!

我个人以为具体有两个方面要特别注意:

首先,是明志的问题。俗话说,有志者事竟成!大家知道,《西游记》里面,最有本事的不是孙悟空,而是唐僧,因为最有志气去西天的是他,所以他是关键人物,有志者事竟成。他的有志表现在何处,不是简单的立志,这是一时的,而是能够做到励志(鼓励的励),这是持续的,就是不断排除万难,克服各种外在磨难和内在忧惧——外魔和心魔。有外在诱惑,女儿国的国王温柔吧!有内在摇摆、恐惧,崇山峻岭恐不易行吧。励志,靠的是三条:理;斩;但最终还是明志。理,就是清理,遇到疑惑,遇到千头万绪时冷静下来,好好理一理,理出个头绪来就好了。斩,就是对于纷乱的解不开的心绪有时要能够快刀斩乱麻。都不行了,斩不断,理还乱,那就心魔还需心来解,就需要明志了。明不明你的志,坚不坚定你的学习追求,这是励志的关键。板凳要坐十年冷,靠的就是这件东西支撑。

其次,是勇气的问题。读书也要勇气,你要读书就要暂时割舍其他东西,就要不畏读书的艰辛,特别是心里面的一些挣扎和畏难情绪。读书经常遇到困难,经常有望而却步之感,有与现实一时得失比较的怀疑。要成为知识的胖子、成为志存高远的硬汉,这是要功夫的,这种功夫我觉得就是勇气。这种勇气,我认为,进一步,是对于知识尊严锲而不舍的勇气,退一步,是不甘被埋没的勇气。古人说"书中自有黄金屋,书中自有颜如玉",肯定不是读书人的自娱自乐,也有一份坚定在里面。我希望在座的男生要有勇气争当泰山顶上的一颗青松,女生要有勇气成为荷塘月色下的一朵莲花,经积雪而不倒,出淤泥而不染。这种勇气,归根结底,对于在座各位同学来说,乃出自对法律职业的荣誉感,现在刻苦训练自己,旨在为将来打好职业服务的基础。

老师们,同学们,由于时间关系,我就不多讲了。今天是个欢迎会,是我们第十三个年头希望的开始。我衷心祝愿我们的学院再接再厉,我们的老师事业辉煌,我们的同学学有大成!最后以一副不工整的对联做结语:为新业壮心可嘉 趁年轻一鼓作气。至于横批,请你们代填吧。两节就要来临了,顺祝节日愉快!

法律人绝对没有免费的午餐[①]

亲爱的2010届研究生同学,各位毕业生,时光荏苒,我们又到了一年一度的毕业时刻。

今天送的是我们学院历史上的第七届研究生。时间过得飞快,我觉得在忙忙碌碌中似乎还没来得及抬起头来,你们就按照培养程序一路到毕业了。此时此刻,你们正在由在校生转换为具有我们法学院毕业生烙印(Lawing)的北航校友。这一转换,首先意味着我们共同创造了一份可喜可贺的教育成就,其次也意味你们一个崭新阶段的开始。看着你们一张张熟悉的面孔,想着这两年的朝夕相处、教学相长,真是舍不得啊!在此,我要代表学院全体师生表达对你们的惜别之心,但更要热烈祝贺,祝贺你们学成毕业!也要感谢各位辛勤的教职员工,毕业生是我们学院的骄子和骄傲,也是各位教职员工神圣事业之所系,职业成就之所在。一年一度桃李盛,原来都是园丁栽!在座大多数同学直接参加工作,部分同学以后可能还要深造。在此,我也代表学院祝你们在新的阶段志存高远,稳扎稳打,一步一个台阶!

同学们,你们在读的这两年,正是我们学院埋头搞各项基础建设的时期,加上学院在各方面条件有限,所以学院对你们在学

[①] 本文系笔者2010年7月13日在北航法学院2010届研究生毕业典礼上的致词。

习和生活各方面定有许多照顾不周到之处,请多多包涵。感谢你们如此理解学院的创业之艰,在这两年各位同学都很好地融入了我们这个建设型法学院的氛围之中,成为我们这个披星戴月但彼此团结的创业者群体的一部分。大家辛苦了!在这里,我要代表学院感谢你们对学院艰苦条件和平凡方面的包容,更要感谢同学们对于学院创业建设作出的坚定支持。这两年,通过大家的埋头苦干和不懈努力,我们取得了不少成绩,学院发展迅速,有些方面可以说取得了历史性的突破。我们学科建设和学院发展的前景已经敞亮。下一个阶段,就是更进一步的内涵建设了。我相信,我们一定能够以务求长远、重在实质的心态,假以时日,建成一个具有卓越品质的法学院。

　　同学们,这两年我们的各项建设任务虽然很重,但是一直没有忽视我们办学最根本的任务,即人才培养。我们所用心抓的师资建设、学科建设、学院环境建设等都是围绕着人才培养这个根本目标来进行的,我们意识到,没有雄厚的办学条件,是不可能去奢谈什么高水平人才培养的。但是我们对于条件和目标是同时推进的,是一点一点递进的,我们特别在人才培养体系本身,包括对象、体制、机制与方法等方面认认真真做了一些事情。在你们这一届,我们用心改进了生源,特别重视对名校优秀生源包括中国政法大学、中国人民大学法学院等名校优质生源的吸收,你们班可以说是我们学院历史上规模吸纳名校优质生源的一次飞跃。我们几经研究,修改完善了研究生培养方案,特别是强化了融合型基础课程建设以及深化式专业课程体系建设。当然,由于时间有限,我们这段时间还是更重基础的、规律化的建设,不在求新,而在求厚、求实、求重、求规范。我感觉还是很有成效的,我注意到部分同学进校时基础不是很好,但通过参与你们的毕业开题和毕业答辩,我明显发现这些同学已经脱胎换骨,今非昔比。我们正在着力建立一个有效的毕业促进与服务体系,应该说它已经有了一定的进展,去年我们在分配上实现了一次突破,仅北京法院系统就有 1/4 的比例,今年分配形势仍然不错,就业取向依旧很正,总体上来说毫不逊色于主流法学院。下半年开始,我们将进一步着力建立和完善校友网络,既在于更好珍惜校友资源,另一方面也想借助这一网络,去关注和支持校友成长。也就是说,你们虽然可以走出校园,但是永远走不出我们的视线。你们毕业了,不等于就解除了对于北航法学院的荣誉和责任,反过来也是如此,我们学院始终愿意也有义务担当对于你们的荣誉和责任。

下面,我想送给你们几句话,作为你们离校之际的寄语,以为共勉:

第一,希望秉持读书人的精神和情操。

读书人的精神,是在学习知识和能力的过程中潜移默化培养出来的,它是一种知识气节以及通过教育学习而获得的对人的尊严的认知能力。有知识外表,但缺少捍卫知识尊严的气节和情操,这算不得知识分子。这种知识气节的核心是尊重人格价值。陈寅恪先生说,"独立之精神,自由之思想",是一种大知识分子的气节。日本教育家牧口常三郎说:"教育是以生命为对象的极其尊贵的神圣事业。"这种教育对象的生命特质,决定开发"人格价值"成为我们人类教育的最本质目的。我们办教育的目的,千条万条,有一条不会变,就是教育应当培养"做人的尊贵"。教育心智,学习知识与技巧,必须服从于一种开发和健全受教育者"人格价值"体系的教育目的。但是,我们现在的教育有些过于讲究与社会结合,甚至强调单方面适应社会,过于强调市场的金钱价值方面,过于强调工作中的金钱性价比等。毕业生进入社会存在无条件屈从、迎合社会现实的严重倾向。但是,一味保持与社会现实苟同,一味屈从于"存在便是合理",怎么可能去发扬、增进和捍卫人之为人、人类之为人类的"人格价值"呢?对于我们法律人来说,又如何在纷繁复杂的现实社会中,去激扬民主与法治的价值,去捍卫那种重视人格和保全尊严的社会法律秩序呢?大家知道,我们现在置身在一个十分社会化甚至扁平化的时代,好的方面,是可以通畅、快速交流信息,但是坏的方面也可能伴随而来的,容易被动,容易迷失自我,更容易去媚俗,当代作家昆德拉现在最担忧的问题就是媚俗,媚俗就是献媚、屈从社会现实反应。

第二,希望牢记法律人的职业荣誉和事业目的。

前些年,我参加过一个律师论坛,在那次论坛上,几位很有名气的大律师竟然出乎意料地表达出了职业上的极度失落和迷茫,原因在于他们发现自己虽然赚了不少钱,在圈内圈外也很有名声,但是丝毫感受不到一种发乎内心的律师职业荣耀。这让我深思,我们现在的法律人为什么会存在这么严重的"职业不足"呢?我觉得这种情况至少说明了两个不足:一是我们目前还没有真正在制度层面上赋予律师甚至法官、检察官、警察这些法律工作者一种应有的事业意义的职业定位。比如说,我们的《律师法》就没有明确规定说,律师是法治体系的一部分,他们担当的也是法治实现的职责。因此从体制层面我们法律人就无法感到一种做事业的责任和自豪,法律人的职业荣誉还缺少足够的制度要求和保障。二是我们现实中的法律人也并不是都在自觉以法律人的事业使命而工作。法律职业之所以是职业,原在于它的目的取向是一种事业而不是一种市场。我们法律职业立法,赋予法律人某种程度的职业独立,但这种独立地位之赋予,其本意绝不是为了法律人得以实现所谓"纯粹的自由",而是寄望他们通过这种独立,得以有条件有能力不受干扰地去追求法治的事业理想。我们的税法,对于律师在执业、收益等很多方面给予优待,绝不是只为律师得以致富,而是使他们得以致富的同时有能力有条件也有动力去实现律师职业的事业理想即实现法治。可惜,现实中,我们很多法律人只把钱看成唯一的目的。在这种情况下,法律职业实际被严重偏离,如此法律职业荣誉又从何谈起呢?因此,我希望各位同学在今后的法律职业生涯,牢记你本负有职业使命,请在实现你的经济尊严的同时,不要忘记你更是一个法治体系的动力环节和使命的肩负者。对于法律人,绝对没有免费的午餐可言!

第三，希望做人脚踏实地，以质朴厚实为本。

我们北航法学院每一届学生都有自己的特点。你们2010届的毕业生的特点是什么呢？作为多年教书的习惯，我是喜欢作些观察分析的。比如上一届同学，比较多愁善感、活泼开朗，下一届同学，则比较富于个性化、善于表现。你们这一届呢，我的感觉是质朴厚实、脚踏实地。我喜欢生气勃勃，也喜欢丰富多彩，但我格外珍惜你们的特点。不是因为我本人喜欢质朴，而是因为我觉得，目前我们的国家和社会，我们的法律职业，依其所处的时期，更需要质朴一点的法律人。法治初创时期，质朴厚实甚为重要，因为只有打下坚固的基础，才能成就长远基业。在我们老家，有几个儿女的人家，老大总是比较质朴厚重，对家里最为忠实可靠、任劳任怨，因为他责任大，要早懂事，年少就要和父母一起创业，不质朴不厚实不行。当然，质朴不等于唯唯诺诺。目下，我们的社会风气比较浮躁，质朴厚实就越加显得可贵。这种社会浮躁常影响到我们的教育，使得我有时甚至产生一些奇怪的愿望，比如特别想在我们的法学院楼前建一座象牙塔。北大有个"一塌糊涂"，我想应该具有这方面的意思吧。在我看来，象牙塔代表一种与浮躁格格不入的安心读书的理想，一种与社会保持适当距离的理念，一种能够保持学术独立与反思的品格。我希望你们走出校门后，能够继续保有这种质朴厚实的品格，在工作和生活中多一点挑担子、肯吃亏、不埋怨的精神。老实人最终不会吃亏的，就是吃亏了在精神上也是赢家。我也希望，这种品格也能够在我们学院积淀下来，成为北航法学院最基本的内涵之一。

最后我想，你们要离开母校了，不免有一些事关前路抉择的困惑。我们当年时也一样有前路难择的患得患失之感。在座的同学找工作有顺利的，也有不顺利的，总的来说，具体之路线不会一下定死，跳跃转折肯定会不断发生。但抽象而言，人生之中，前行的路必须也只能选定一条。在这里我想到一首美国20世纪著名诗人罗伯特·弗罗斯特的一首诗，叫《未曾选择的

路》,我想转送给你们,在此时此景确实值得品味:

"金黄色的森林中,两路分岔而行,这令我无限惆怅,只因不能分踏同往。//那就选择一条吧,我于是伫立良久,先是朝第一条眺望,路转处林茂草长,再把第二条探望,它同样美丽而无垠,甚至或许更令人向往。//两路都曾有人过往,但第二条芳草萋萋,更少人踏荒;那天早晨,我终于踏上它,当落叶铺满道路,树叶上尚无踩过的印记。我想,且将第一条路留待他日重访吧,但又明知,脚下路涯而无尽,重返此地恐是痴想。//当岁月流逝天长地久之后,在某地我终会一声长叹,诉说 曾经有过两条路,它们在林中分岔,我选择了行人更少的一条,而人生也从此完全两样。"

在这首诗里,弗罗斯特告诉我们,人生本有许多道路可供选择,那些未曾选择的路,往往让人想念和期待,但是人生短暂,一个人只能走一条路,所以不得不放弃其他道路,所以,一旦选择,就应该一往无前,因为只有这样才能成功抵达终点。同学们,你们各自可能走在不同的路上,这些不同的路其远近、风景、行伴各异,但条条大路最终都可通到你的幸福人生。我衷心希望,你们的人生精彩、辉煌、平安喜乐!谢谢。

从法律的自信到自觉[1]

亲爱的新生同学们,祝贺并且欢迎你们来到北航法学院!

在今天这个场合,我们算是正式认识了。我很荣幸作为院长有机会作一个简短的致词。新生开学典礼除了对你们的入学表示欢迎和祝贺之外,还有一层互动交流的意思在里面。我在想,我们今天的初始相识应该是以彼此热切的期盼为基础的。你们的期望应该是:北航法学院是一所最终值得你们信赖的学院,能够不断激发你们今日初入校门时的热情,能够造就你们成为你们所想成为的理想法律人。而我们的期望则是:一如你们所期望。从这个意义上说:在你们一进校门开始,我们便互有默契,即都有着共同的一种法律教育理想主义情怀。

这份默契是温暖的,然而,这份默契又是易碎的,因为在我二三十年的法学生涯中,由受教经历到从教经历,我经常感到学生与学院最初的这份理想主义的默契和信任,往往较为脆弱,入学时新生和法学院之间的这种激情联系在之后往往因为学习过程的复杂性、个人成长的复杂性以及学院学习神秘感的逐渐淡去,在有一天突然中断。这是什么原因呢?是因为我们的现代法律教育所遵循的职业化的学习过程,本身具有一种可能使人

---

[1] 本文系笔者 2010 年 9 月 21 日在北航法学院 2010 级本科生开学典礼上的致词。

激情消退的机械力量。这是法律职业化教育的悖论。当我们的理想与我们的学习过程遭遇,各种主客观现实与梦想之间的张力便会悄然形成。在这种情况下,当一点一点进入这个实际学习过程之时,我们就会越来越感受到其所具有的机械感、困顿感或者各种诱惑,我们可能会在忙碌中因迫于眼前的短期目标无休无止而终于沦为理想的望步兴叹者,更可能因为现实的名利的满足或者不满足而成为理想的嘲讽者。很多法学生往往都是以法律理想主义者的激情走进校门,但之后却多以这种所谓现实主义者的成熟而走出校门。

无独有偶,前些天,我在网上读到一位叫做理查德·卡伦伯格的哈佛法学院毕业生写的一本书,叫做《毁约——哈佛法学院亲历记》。这本书谈到,即使是哈佛法学院这个看起来最为优秀的法学院、最为理想主义的法学训练所,同样到处都是现代法学教育的弊端和盲点。美国著名律师兼小说家约翰·格雷汉姆评价说:"本书不只是回忆录,它残酷而真实地描写了法学院怎样把理想主义转化为对金钱和权力的贪婪,这是一本美国法律教育的起诉书。"作者通过回忆叙事,对自己在哈佛法学院的学生经历进行了实描和刻画,写到自己当初是多么的对法律教育充满憧憬,又是多么为进入哈佛法学院而兴奋,曾经梦想追随消费者运动之父拉夫·奈德和民权总统罗伯特·肯尼迪的脚步,但是在法学院的机械化教育下,最终放弃了最初投身公共法律事务的愿望,从一个满怀济世理想的学生到逐渐迷失自我,像大多数人一样最后投身于仅仅具有高薪诱惑的著名律所,向金钱与权势靠拢。在书中,他总结说:"大多数哈佛法学院的学生入学时决心要改变世界,但是等到他们毕业的时候,却跑到最没有兴趣改变任何事物的大型律师事务所。"我估计我们的律师朋友看了这本书不会太高兴,因为卡伦伯格认为当代美国律师属于迷失的法律人,他们只知道为钱而工作,形象极差。卡伦伯格当然有一定的偏激,他是一个较为彻底的法律理想主义者,但他揭示的法学院这种激情消退论,相当程度上是存在的事实。

法学院很多时候被人认识为只是一个工匠训练营,一个消磨人理想的场所。

那么,你们现在所选择的北航法学院,能不能幸免于外呢?在这里,面对你们这些正充满法律学习之激情的新同学,我想这对于我来说还是一个需要努力思考的课题。现在,我只是把问题提出来,希望同学们在入学开始也能够存有意识,从而共同努力,进而与学院一起互守今天这份原始默契,永葆一种有关法学教育的激情。在此,我谨提两点期望,作为共勉:

第一,努力掌握法律的工具。

要成为法律理想的捍卫者,你首先必须不厌其烦,能够在知识技巧的意义上成为一个法律家,成为一个出色的法律工匠。法律首先是一门复杂的知识技艺。我们之所以需要专门的长时间的法律教育,是因为法律本身是由复杂的制度、理论、知识和技艺构成,光核心法律课程就有十五六门,选修课则不计其数。法律学习还不只是简单的法律本身即可,作为一种旨在规范秩序、调整利益、解决冲突的国家强力知识体系,它还需要人文素养、科学素养乃至社会知识的学习。因此需要我们逐渐地从点到片、由片到面、由面到系统去学习,由书本到实践、由静态到动态、由个案到归纳去研习。它会是一个漫长的枯燥的过程,很多人往往畏难不前,甚至倒在学习的路上。你必须有足够的耐心,必须付出足够的时间和智力代价,才能最后驾驭住它,最终获得一种专业自信。

第二,努力体认法律的存在。

一个优秀的律师或者一个优秀的法官,必定有一种实现法律公正舍我其谁的气质。他们都是法律存在主义者,不仅具有专业的自信,更具专业的自觉。我们很多同学初入校门,很有法律学习的激情,但这不意味着你就是一个法律存在主义者,因为你这种激情可能还是外在的、表层的。比如你可能是因为电影里某个正气浩然的法官、律师、检察官的形象打动了你,可能是因为你生活的环境不公触动了你,但是那还只是你从社会的

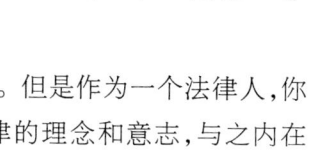

角度、从眼睛的角度获得的法律意识。但是作为一个法律人,你应该深入到法律精髓之中去体会法律的理念和意志,与之内在一体化,将之成为你自己的理念和意志,达到我思故法律在的程度。记住,是法律存在,而不是法律迷信,因为法律人是允许反思的,特别是鼓励要为法律公正而学会终极权衡。我们很多同学在学习法律的过程由于其学习的艰巨、学习的琐碎,往往不知不觉连最初的那点外在的法律正义感都丧失了。这恐怕是法律学习的不幸。从外在到内在,是从不成熟的激情到沉稳的法律家的一个潜移默化的过程,只有全面的不断反思的学习才能达到这一点,最终获得一份专业的自觉。

同学们,只有坚持上述两个维度即法律工具和法律理念并举的学习,恐怕才是一种健全的法律学习,才可能既获得法律的自信又获得法律的自觉,从而有助于不断激发成为优秀法律人的激情。在这四年期间,为保持这份激情,我们学院本身负有不断提示甚至激励的责任,这也是我们的法学教育职责所在。一方面,学院为你们的到来欣喜不已,这么多优秀的学子的到来使得我们学院充满新的希望。另一方面,我们又感到责任重大,任务艰巨。北航法学院是一所新兴的法学院,尽管已经取得了很多成绩,尽管我们拥有一个相当出色也相当尽职的教职员工群体,尽管我们在不断丰满我们的教育资源,但是对于你们的期望来说,我们肯定还有很多不足。那么,你们能够容纳我们的那些不足,特别是在作为第一届沙河校区的拓荒者时,能够与我们一起克服困难,做一届勇于宽容、勇于乐观、勇于坚守、勇于进取的学生吗?你们愿意一如既往地信任我们,即使在我们因严格履行教育责任、严格执行规范而使你们感受到压力甚至委屈时,也坚定地和我们学院站在一边吗?你们愿意在我们出现工作失误或者懈怠时善意地提醒我们吗?我想,这些问题的回答,很大程度上要取决于我们是否能够保持今天的这份默契和信任。那么,如果我们真的能够始终保持我们今天初逢时的这份默契和信任,我们就是最幸福的法学院。

同学们，理想是实现的而不是天然的，让我们为幸福法学院努力吧！下面特赋小诗一首，给大家助兴：

　　屯学沙河园，原是农家田。
　　当思来不易，坚心坐书斋。
　　北航虽名校，也有三分寒。
　　莫把沽名钓，勤学方为本。

明天就是中秋了，预祝你们和你们的家人中秋快乐！

让我们的法学教育名副其实[1]

各位研究生同学,我很高兴能够代表学院对大家来到北航法学院学习表示欢迎和祝贺。2010级的法学硕士生、2010级的法律硕士生、还有2010级的法律科学博士生,欢迎你们!我们每年都要用这么一个隆重的仪式对新同学的到来表示欢迎和祝贺,是因为我们有一种期待,期待你们感受到学院对你们的重视,期待你们能够和北航法学院的教育理想很快就契合起来。你们来到北航已经几天了,从本周开始已经开始上课了。我想你们对于我们这个校园特别是法学院的情况已经渐渐熟悉起来。但是我想,除了这种物理意义的熟悉之外,最应该熟悉的是北航法学院的精神气质。北航法学院是一所新兴的法学院,但是她现在充满活力,充满激情,到处都是一种团结的氛围,一种勇于进步和创造的状态。这是为什么呢?套用一句老话说:我们都是抱着共同的理想来到这里的,我们来这里是为了实现法学教育理想的。

同学们,抓住法学教育理想这个主旨,对于你们未来几年校园学习生活甚为重要。很多关于法学教育的研究,讨论到了时下法学教育的一些流弊,比如说其政法混合色彩、偏离职业化的问题、过重于学术培养等。这些看法很有启发性,这些流弊是我

---

[1] 本文系笔者在北航法学院2010级研究生迎新大会上的致词。

们必须克服的。但是这些所谓流弊还主要是在现象层面的东西。这些年我们法学教育不能正态化的根源,在于我们的目标定位意识不清。法学教育的目标应该是什么,与其他类型的教育目标应该有什么区别,只有这个根本问题弄清楚了,我们才能正确处理好具体的法学教育项目的设计问题、培养模式问题等。

那么,法学教育的目标定位应该是什么呢?泛泛而言似乎和其他种类教育一样,也是培养人才,但内涵却十分不同,它是培养法律人这种特殊人才。德国人过去为这个法律人提供了一个模范即法官,现在它的立法调整了一下,也包含律师(据说德国人发现其律师事务所被美国人兼并得差不多了,只留下法院还没有被兼并,所以有此调整),美国人则以律师为法律人的培养典型,可见,成熟的法律教育其目标大体是差不多的,就是培养法律实践者,说的学术一点就是法律职业人士。我们现在笼统地提法学教育重在培养人才,这是对的但又是含混的,不能反映法律职业化的特殊目标要求,不能体现法律职业家培养与科学人才、培养工程人才或者培养管理人才培养的具体差别。所以,我们应该牢记,教育本身也是有分工的,法学教育首先要立足于法学教育的分工,那就是培养法官和律师。

我们北航法学院应该成为盛产优秀法官和律师的摇篮。但是问题在于,怎么样才能够培养优秀法官和律师?这么多年以来,我们发现,我们国家开办的法学院确实有不少,现在已经到了六百多所。总结起来,改革开放三十年,形式上的法律体系日渐完善,我们的法律职业队伍也日渐可观。三十年来,中国法学教育为国家培养了一个大数字的毕业生,其中当然不乏人才,对于我们的司法体系的建立和充实起到了专业支撑的作用。但是在现实中,我们也不能不承认,我们堪称优秀的法官、律师还是太少,我们堪称合乎法治的经典实践还是太少,不管在什么领域,我们还拿不出多少值得称道的体现出高水平法律专业素养的裁判,尽管我们的案例很多,而且是越来越多。特别是,我们发现,在法院之外,纪委主办的案子越来越多,上访的案子越来越多,这简直是对于法律职业的嘲讽啊!这种情况,包括我们现在法律实践中的许多问题,不能简单地将之归结为体制问题。体制问题固然有,但是我们法律职业自身实际不完备却也是重要原因。具体说来,我们存在严重的主体欠缺,拥有深厚专业素养、勇于坚守职业理想、敢于为司法独立和司法公正而锲而不舍的法律人还不是很充分。在我们法律职业群体中,专业人士实际上很不专业的情况绝非罕见,那种不能理解法律职业内在价值而执业的所谓法律人恐怕成千上万,那种法律知识浅薄、率而执业的人恐怕为数不少,那种在执业生涯中公然违反法治原则的法律人也到处可见。这些都严重削弱了法律职业者的形象,破坏了法律职业的根基,滞缓了中国法治的进程。

从法学教育这一面来说,上述问题我们应该重视。我们不能说法学教育没有任何责任。人是我们培养出来的,专业素养、职业理想、职业伦理首先应该是我们来教,我们来把关。从法学教育的要求来说,我们应该立足法律职业的内在要求,从法律专业知识、法律执业技能、法律职业理想、法律职业伦理多方面施以培养,严格把关。六百多所法学院,在校几十万的法律学生,这是法学作为显学的骄傲。但是,从出产来讲,这些个几十万不是都可以随便就放进到法律职业里面来的,要是那样大口径出产的话,我们的法律职业非溃坝掉不可。只有合格的法律人才能够往里面输送。现在最大的问题就是法学院普遍宽进宽出,司考本身也存在程度偏低的问题。怎么办,当然首先是我们这些办法学教育的机构要懂得自律,我们这些法律职业准入的负责机构要懂得把好关,要以对法学教育极高的责任心入手开关好法律职业的上游闸门。大家知道,我们经常提到西方的法学教育是专业精英教育,但是我们是否注意到,这种精英教育的体制是以激烈的学生竞争淘汰为代价的,在法国和德国,法学院百分之七八十甚至更多的学生因拿不到毕业证书或者准入资格而被淘汰掉,美国只有百余所法学院才能够跻身进入到律协认可的共同体体系之中。所谓精英教育是以残酷的淘汰为保证的。

北航法学院从一开始就希望追求卓越，我想这里面的含义，落到我们的目标上，就是努力追求和践行法学教育理想，应该扎扎实实，不急不躁，严格要求，致力于培养合格法律人才。我们绝不放水。首先，建立和完善合格的培养体系。这是办学条件。这一点可不简单。我们这些年一直在不断根据国内外成功经验再结合自己的一些特点和优势对自己的培养体系加以一点一滴的调整和充实。我们希望做到在专业知识、专业技能、职业理想、职业伦理四个方面都形成一套有效体系。其次，是严格践行这个培养体系。这是办学态度问题。大家知道，知易行难。我们坚决贯彻精致培养，追求精致。包括绝不搞人海战术，不靠数人头吃饭，我们的本科生规模是这样，我们的研究生规模也是这样。在座法学硕士40余人，比学院老师总数还少；法律硕士是我们的首届，只有20余人，大家可能知道，我们今年报考法硕的学生大约200余人，我们北航是可以自主划线的，但是为了不降低我们既定的标准，我们宁愿舍弃指标，也绝不滥招，更不接受外校的调剂申请，因为我们的招生目标不是简单地把数字完成，而是选材，我们只招那些认同我们的理想并且符合我们标准的优秀考生。这里我想谈一下法律硕士的教育问题。我们今年招入了第一届的法律硕士，这是一个里程碑。但我有一种担忧，就是唯恐我们法律硕士生还不能意识到自己所具有的重要意义。法律硕士这个项目是中国法律教育十余年前启动的一个改革式项目，其意在学习美国法律教育。大家知道，我们过去的法学教育主要是欧陆体制，高中毕业为生源，从本科起读，采取法学本科、法学硕士、法学博士这样一个由低到高的过程，这是一个由知识教育到专业深化再到理论研究的过程，本科阶段旨在职业能力的培养，而研究生阶段旨在研究能力的培养。后来我们发现还有一条美国道路，就是把法律教育放在二学位的交叉起点上，即JD，于是我们就打造了法律硕士JM，希望花开两朵，通过这个项目，培养一批具有交叉背景的高级法律职业人才。可见我们国家的法学教育主管者雄心勃勃，是要两条线并进，将欧陆和美国通吃。我希望我们20余位首期法律硕士生能够开个好头，切切实实按照法律硕士项目的设计思想严格要求自己，把美国人的体系优点很快地转化下来，实现我们当初两条线法学教育改革的初衷。在座的还有13位法律科学博士生，你们的定位我想无须赘言了，无非是学术学术再学术而已，但是我希望你们牢记，学术也是从专业开始的，巩固第一步还是很重要的。我们在践行体系的时候，特别注意学风问题。你们可能知道，去年一位研究生同学考试外语的时候舞弊，我们毫不手软，根据校规予以处理，决定不予毕业，引起了不少震动。

同学们，我们热忱地欢迎你们来到北航法学院，热忱地欢迎你们加入到法律职业的高级学习阶段。在这个时候，我们的欢迎一面是没有保留的，另一面却又是有所保留的。没有保留，是因为我们希望你们迅速融入学院，把这里当做你们勇于学习的自家园地；而有所保留，则我们希望你们能够真学习而不是假学习，是深入学习而不是浅尝辄止。什么是真学习和深入学习呢？我理解为，能够立足法学教育的内在要求，坚定地怀抱法律人的信念和理想而学习。法律学习绝不是为了饭碗，我们绝不能甘当饭碗律师、饭碗法官。我们法律人必须有理想，而且有我们自己的独特理想。

法律人是职业人，因此先有职业理想，才可能有真正的成功。我们的法律人的正确理想是什么呢？当然是法律公正。我们法律人的理想和信念，不是金钱，不是权势，尽管这些我们最终可能都会拥有，但它们绝对不是我们的事业目的而仅仅是可能的附属品而已。别人可能觉得这是大话，但是我们法律人却不该这么认为，因为要是我们都不能理直气壮地说这种大话，那么我们的什么法治国、什么基本人权、什么法律平等、什么社会正义，就会毫无指望。而要是没有了法律公正，我们的社会后果就会很严重。所以，我们法律人天生就必须习惯把自己放到不一样的目标位置上，要勇于这样去想。我们法律人与其他的专业人士的成功标准往往不同，他们往往只要实现了自身的卓越即可,而我们的成功则是经由自身卓越而实现一种法律公正才得以完成,这是一种很不一样的成功。大家知道,与法律人在精神上可以一比的是医生。法律职业和医生职业尊贵的原因,是因为有两点它们是一样的:其一,目标高远,他们的追求都具有最大社会公益性,一个是法律公正,一个是人类健康。法律人的尊贵来自其定位的最大社会公益性。部分科学家、部分政治家也可能达到这一点,但是我们法律人一旦走向职业,遵循这种最大公益性就成为职业的法定要求。其二,专业要求极高,责任极大。我们法律人面对的是法律问题,纷繁复杂,涉及各种利益纠葛,体现上千姿百态,要没有一双专业的火眼金睛,那就没有办法条分缕析,办出法律的公正来。

所以,我殷切希望,从今日开始你们能够为追求成就一名合格的法律人,牢牢地怀抱法律理想而学习。我看到一部电视剧里面讲,理想的实现有两种方式,一种是我实现了我的理想,另一种是理想通过我而得到实现。对此我很有感触。对于我们法律人来说,理想实现肯定是第二种情况。我们法律人没有专属于自己个人的理想,也没有专属于自己个人的成功,因此那种我实现我的理想也就无从谈起。我们法律人只有共同的职业理想和职业成功,因此必定是法律理想通过我而得到实现。如果你不幸地置身于一个没有职业理想也就没有职业成功的所谓法律职业共同体中,那么这一定是你的悲剧。为了避免这个悲剧,我们要勇于自觉接受法律职业理想,并且去主张、培育和捍卫法律职业理想。一旦我们选择学习法律,我们就必须准备好随时服从法律公正的召唤。

同学们,努力学习吧,不是为了我们的饭碗,而是为了我们的职业荣誉!让我们的法学教育名副其实!让我们国家一百余年以来焕发出来的民主与法治理想能够尽快成为现实!

任凭时光悠悠,我对你们充满希望[1]

亲爱的毕业生、同学们,我很高兴能够参加你们这个独特的毕业晚会。老实说,我期盼这个机会已经很久了。刚才看到你们的纪录短片"四年之旅",我心里面也是起起伏伏的。因为其实我在这里也有一个四年之旅。我和你们这一届最有缘分。不知你们是否注意到,我和你们都是2007年9月同时入的北航,不同的是,你们来做学生,而我来做你们的老师。我在北航上的第一堂课,就是给你们上的《民法总论》。我记得,第一次走进教室时你们看着我的那种陌生而茫然的眼神。我也记得,课堂提问时你们最初的不适应,几乎发生过集体的沉默,这使我感到多少有点挫折。我记得,你们渐渐融入了我的课堂,一些同学开始喜欢提问,探讨问题,比如像邹沛东、卢范强。卢范强甚至有时没完没了。我还发现,张欣、李超等几位总是爱坐在第一排听课,但习惯沉默寡言;魏重斌等几位同学则总是到勤得有点拖拖沓沓。然后就是在路上,我们会互相点头、交换眼神。我还记得,期末考试后我让好几个同学挂了科,其中大概有刘臣、王路均,还有一位女同学吧。我在办公室分别约见了这些同学以及几位及格线的同学,分析试卷,探讨为什么考不好,将来怎样争取不挂科等等。坦率地讲,从这些上课和交流里面,我逐渐感到

---

[1] 本文系笔者2011年6月24日晚上在北航法学院2011届本科生毕业晚会上的寄语。

我们联系到了一起,一起融进了北航这个大家庭。所以,你们是我在北航生涯里面最为特别的一届,也是北航记忆的开始。

这四年我和学院很关注你们这一届的成长。我们学院很多新规则是在你们这一届开始建立起来的。比如说:我们对于担任学生干部学习成绩必须达到前30%排名的限制。我们开始在你们这一届倡导读书之风,当然你们也最早拥有了较好的学院图书条件和学习氛围。我们也特别注重你们不同特点的发展,像邹沛东这样的同学,我们很欣赏他的公心和组织潜力,所以几乎是逼迫他出任学生会主席,而刘臣是很强的活动家,有着无与伦比的策划能力和活动能力,所以鼓励他外向发展,现在他也意料之中走上了自主创业的道路,上次还来我办公室与我聊了很多;还有魏重斌作为代表,属于一成熟就成为超级帅哥的那一种,他靠自己的后发努力还一举考上了研究生,不简单啊!总体上,你们这一届是我们学院的转折点,表明我们在两点上开始取得了预期的培养成效:一是实现了向学习型的转型,与往届不同,你们这一届有50%的同学读研,相当部分是自己考上的,包括到外校中的名校,深造比例为历届比例最高。二是精致培养,就是对每个人的培养,让每个人得到应有的发展。你们这一届看起来好像没有特别拔尖的,这是因为,你们这一届一方面内秀者较多,另一方面各人发展比较均衡、势均力敌,所以难有一枝独秀。从你们这一届100%就业就可以验证,像王华这些综合素质超强的同学还进入国家单位。我们十分期望这种八仙过海、各显神通的组合。所以,你们这一届其实是北航法学院人才培养的一个转折点。

下面,按照惯例,作为院长,抓住今天这个难得机会,我必须发表几条临别赠言。我想还是按照严肃第一、活泼第二的原则,提三条希望,既是寄语也算是我们师生之间的共勉。这四年,你们在我们法学院烙下了深深的人格印记,挥洒了浪漫的理想情怀,所以我有理由对你们充满希望,满怀信心。

首先,希望不轻易放弃年轻时的理想。本科毕业了,你们已经有了作为知识人的第一份成熟,但是这不是社会人的那种成熟。我希望你们进入社会的过程慢一点,复杂一点,自己坚持得多一点,是慢慢成熟的那种。为什么这么说呢?因为我希望你们不至于早熟,更不是过早被催熟。我们社会现在到处都有一种捂柿子的环境,使得很多人被催熟得特别快,他们像吃了激素似的,一下子就可以变老10年甚至20年。有时甚至像喷洒了膨胀剂的西瓜似的,弄不好就炸开了花。十几岁的孩子都能够说出50岁的人的沧桑话来。这是多么可悲的事情!李斯之流当年"斯闻'得时无怠'……故垢莫大于卑贱,而悲莫于贫穷"的逐利哲学,在今天已经成为许多人根深蒂固的现实观念。这里面,主要有我们急功近利的发展模式的"功劳"。三十多年来的改革开放,原本是一件无比正确的事情,但是由于我们主体改革和社会建设严重滞后,经济主义单兵挺进,现在终于落进极端经济功利主义的包围圈而难以突围。真是危险啊!这种极端经济功利主义带来的后果,就是人人争先为利,市场伦理迅速滑坡和失控,社会关系加速金钱化和交易模板化。这对于我们现在的年轻人来说,真是一种磨难,年轻人本来多是理想主义者,往往具有强烈的社会公正信念,怀抱着悲天悯人的情怀,但是一接触现在的残酷社会,自然会十分迷茫和无措,因为发现现实根本不需要这些东西,而且似乎还激烈地排斥这些东西。现在的情况是,多数人在识时务者为俊杰的意识下,会迅速屈服于现实。如果这样下去,我们的社会就会很危险。大家知道,大家苟苟营利的结果,最后一定是快速沦丧,然后集体崩盘。那么,怎么办呢?第一,是我们国家在政治层面上一定要审时度势,拿出勇气和智慧来,不要错过时机,及早全面改革,重点解决全面发展问题,将我们的社会引入向上的轨道。第二,就是我们社会能够不断补进足够的进步血液。我们这些过了四十的人越来越保守,越来越容易屈从现实,所以需要年轻人的激励和加入。你们年轻人是新的希望主体,一代生命,一代使命!

其次,希望坚信人格具有的力量。人是易脆的,这是因为人的人格问题。但是我们往往看不到这一点，因为人格无形，所以注意不到人的人格本质性，注意不到失去人格即无异于行尸走肉。最近我们的电影市场有一部电影拍得很好，就是功夫熊猫，这部电影受到大家欢迎的原因就是在我们这个物理化很严重的世界，重新唤醒大家对于人格与人性的意识。主人公阿宝不是一位经久历练的功夫高手，但是他有着悲天悯人、乐观向上的人格，所以总是能够在不能够担当处担当，在不断被击败处重新恢复，最后战胜强权，成就大侠威名，这位大侠最后不是在众人欢呼中登上权力巅峰，而是仍然开开心心地作为平凡的一员，回到家里和养父一起做面条，共享温馨的人伦亲情。器物文明造就一种人类思维，习惯去人的外部世界寻找世界的本能，结果就造就了许多机械力量与人格的意义混同。法学是一门复杂的科学，法律治理的本质，是追求建立和维持一种健全的人际关系，它的本质是追求社会公正。这个职业，需要理性和激情来支撑，需要复杂思考和公正信念来支持，如果我们人格不丰富，不能充溢健全的人格激情，不能自主运用理性，那么很难真正进入到法律殿堂，在法律职业生涯中也就很难真正从其本质的角度去为之奋斗。我想我们法学教育在法律人格培养方面还是注意得不够。我们现在恢复法学教育三十多年，法学毕业生不可谓不多，但是大家也看到，这其中伟大的法学家、杰出的法官、大律师，可以说并不多见。所以，今天法治建设还是人才匮乏。所以希望，你们能够坚持不断，丰富自己的人格，健全自己的个性，以此作为人生和事业的立足点，努力向大法官、大律师、法学家等靠拢。从人格坚持和历练开始，唯此人间沧桑是正道，明确自己所从事法律事业的目的，达成匡扶法律正义、扬善抑恶的法律追求。

最后，希望始终保持向上进取的状态。这种状态既是一种心理状态，也是一种精神状态。我最近读了一本闲书，是日本人稻盛和夫先生写的一本畅销书叫《六项精进》。稻盛和夫很传奇，他 27 岁开始创业，曾经先后成功创办出两家世界 500 强企业，2010 年再次出山，执掌日航，短短时间就使之起死回生。稻盛和夫先生归纳了他作为创业者的成功秘诀,即在于贯彻最彻底的经营原则。他有一套经营理念很厉害,其中一个叫做全员经营(阿米巴经营),就是把大家都调动起来为公司拼命。他归纳了六种积极精进的表现,包括付出不亚于任何人的努力、保持谦虚的态度、每天反省整理自己的心灵庭院、学会对生活感恩、多做有益之事、不要有感性的烦恼等。但这只是一种结果,最主要的是他信奉一种最彻底的经营原理,就是贯彻做人的正确准则,即把作为人应该做的正确事情以正确的方式贯彻到底,将之成功鼓舞到每个员工的心里。他发现,"在高尚的思想蕴藏着巨大的力量",只有这样的人才能抓住事物的核心,使得问题顷刻间迎刃而解。我觉得他说的这些方面,特别值得我们来学习,我们今天出了很多状态,不正是缺少了正确的自觉吗?一开始,就不是以正确事情的正确方式作为出发点,所以不断产生莫名其妙的问题,而问题处理又不能触及问题核心,所以问题总是越来越多,总是越解决就越混乱。我想,如果在将来的生活和工作中,你们能够师尚先贤,依此正确之理,严于律己,积极进取,一定能够事半功倍,而且还能够心安理得、平安喜乐呢!

  同学们,你们就要离开了。你们是我们的学生,但不是我们的私产,属于宝贵的社会财富,终究要奔向四面八方,施展才华和抱负。但是大学毕竟是知识人的第二故乡,故乡就是一离开就会深深思念的地方。我想,你们还没有离开,就已经开始在思念了。从今天晚上开始,你们的离校情感就会越来越炽热,背井离乡的滋味就会越来越积深。从这里能够带走的,是记忆,不能带走的,是你们会经常在梦中悄然潜回的校园,以及我们这些夫子。但我更愿意祝愿,你们思念得快乐而绵长,因为你们和北航法学院的脐带永远联结着,任凭时光悠悠,精神理想却长存,不仅不能隔离我们,反而在我们之间,会架起一座钢筋水泥般的校友桥梁。

  北航法学院很荣幸曾经拥有你们,并且愿意永远拥有你们!

夏天的飞鸟,曾经飞到我的窗前唱歌[①]

各位老师、亲爱的同学们:下午好!非常高兴参加今天的毕业典礼,在此请允许我代表学院热烈祝贺在座的各位2011届法学硕士同学顺利毕业!各位同学,你们明天开始就要奔赴下一个人生站点了。两年前,你们突如其来,正如现在的你们突如其去。这种感觉,诗人泰戈尔在《飞鸟集》中曾经描述过,他说:"夏天的飞鸟,飞到我的窗前唱歌,又飞去了。秋天的黄叶,它们没有什么可唱,只叹息一声,飞落在那里。(Stray birds of summer come to my window to sing and fly away. And yellow leaves of autumn, which have no songs, flutter and fall there with a sign.)"你们就是那些夏天的飞鸟,喳喳喳来到这里,现在就要飞走了,让我们法学院一下子感觉空荡荡的!

每一届学生都给我们学院留下了永远鲜活的记忆,你们这一届也不例外。以徐文海为代表,你们拥有自己独特的气质:个性鲜明、性情多样、活泼可爱、机动灵活、乐观开朗。前几天,我指导的郭雪同学在就业表的自评栏就自己缺点一项曾写到:"做事过于认真,以致有时心理负担很重。"我当时就笑了,叫她

[①] 本文系笔者2011年7月6日下午在北航法学院2011届研究生毕业典礼上的致辞。

赶紧划掉,说千万别吓着了用人单位,现在忧郁症的人特别多。像郭雪这样能够自己这样评价自己的做法,正是你们这届的典型特点,凡是坦承自己有心理负担的人,也就知道如何去放下心理负担,那还叫什么心理负担重呢?进入社会之后,我相信只要你们将乐观开朗的性格贯彻到底,就一定能够坚持认真到底。保持乐观,才能够一往无前!

临行之前,我想送给你们十六字赠言,算是我一份心意,希望对你们今后的进步有所帮助,喜欢就笑纳,不喜欢也没关系,至少可供参考。这十六个字就是:"长远谋划、坚持底线、重视基础、小心台阶"。

长远谋划,讲的是人生要有目标和规划。

我希望你们对自己的前程要有不同阶段的筹划,所谓谋事在人、成事在天,还有一句老话叫未雨绸缪,都是这个意思。古今成功的故事,有哪些不是靠谋划经营挣来的?其实失败成功都是相对的,关键在于你谋划的未来是什么?如果你的目标就是眼前的一点小利,那么一次挫折就足以让你永远挫败;如果你的目标是一件长远之事,那么必定要经历一个漫长的慢慢接近目标的过程,中间的多次挫折不过是迂回之中的插曲而已。所以,懂得谋划的人总是屡败屡战,越败越强,这样的例子很多。《三国演义》写得最深刻。曹操、刘备、孙坚这些人就是这样的,他们就好像是打不败的人,这是因为他们理想远大、人生境界极高。他们也追求权力,但绝对不是简单地追求权力,而是追求一种权力理想或者国家理想,所以打不败。曹操每次败得狼狈时,总是喜欢大笑,说这个少智,那个少谋,这是掩饰自己的心虚吗?当然不是,鼓舞士气是一方面,我看主要还是一种大智大勇习惯,所以危难当头想到的是对手的智慧而不是自己的覆灭问题,这不是一种境界吗?所以,这种人不能不受到部属的爱戴、信任和不离不弃的追随,部队打不烂打不散。刘备更是这样的人,打到到处逃窜之际,还敢领着大批逃难百姓慢慢移动,结果演绎出勇战长坂坡的故事。所以,有句话叫做少不读水浒,老不读三国。少年不努力,老大徒伤悲!可见一时的成功或不成功并不重要,重要的是人生有没有一些远大的追求。我们同学今年分配总体都不错,但在找工作的过程,我发现不少同学面临多个机会时总是优柔寡断、决断不下,这个也舍不下,那个也不想失去,有点患得患失,我看原因就在于此。决断力出自谋划力,没有谋划,就不知如何决断!

坚持底线,指做人做事要有原则。关键时候也不能太出格。

社会很复杂,人生也很漫长,一定的摇摆、一定的妥协、一时的错误都是难免的。也要允许别人犯下一时的错误。所以一边是懂得宽容,另一边又要坚持底线。哲学家清醒地看到,每一个人总有两个我,一个是世俗的自我,一个则是精神的超我,"我正和我的阴暗的影子纠结",自我总是喜欢眼前的快乐和实现,而超我则追求精神上的无愧我心和无拘无束。有的人善于谋划,但是如果他谋划的是未来个人赚多少钱,住多大的房子,怎么样回家去夸耀(荣归故里),甚至坏一点,谋划怎么样把别人的钱弄到自己手里,怎么样把别人的位置搞到自己手里,怎么样少干事多拿好处,这就出了底线,属于坏人了。历史上这种坏人很多,现在这种坏人也不少。不能说到处都是,但也差不多有五步一哨、十步一岗的规模了。问题在哪里?当然,其一有体制的问题,但亦有其二,就是我们也普遍缺乏自律。当一个环境里面泥沙俱下时,让我们自律独善其身确实难。人家都坏,而你不坏,这不是傻吗?我说当然不是,因为这里有个选择,你愿意选择自律而精神向上呢?还是愿意放弃底线而随波逐流呢?这是一个明摆着的人生价值问题。何况,你们是法学毕业生,走向的位置多是用法律来治理和服务社会的位置,这种位置的本质是追求法治和社会正义,那作为主体担当的你怎么能够泥沙俱下呢?这是一个明摆着的职业担当问题。法律职业的清明,这是一个社会有无希望的最后底线。我相信你们在任何情况下都不会甘于沉沦,破除底线获得所谓成功,那样人生不会有意义,不会拥有事业的荣誉感,只会有窃贼般的恐惧和忧虑。

重视基础,意思是要重视个人事业发展的条件建设和实力建设。

万丈高楼平地起,结不结实关键在地基。国家的事业也好,个人的职业也好,要把它做好,没有扎实基础是不行的,否则也是走不远的。万事开头难,难在何处？我觉得不是别的,而是对许多人来说,是基础薄弱,脑子里空空如也,没主意,不知道该从哪儿入手,所以难。我希望大家要重视基础,练好本领。从今年你们的毕业论文来看,老实说并没有普遍体现出我们期望的水平来。从这些论文质量看出你们并没有打下扎扎实实的基础。不少同学认为,做好研究是学者的事情,当律师或者法官或者企业法务人员,要这么扎实的基础干什么。其实这种看法大错特错,法律职业不比其他,不管你干什么岗位,都是一种精英职业。不管欧陆还是美国,法律从业者都是建立在残酷淘汰的职业精英教育基础上的,多在硕士起点上。我们因为教育发展的阶段性,在很长一个时期,本科生甚至专科生就算是主要的法律实务人才了。但是我们为此付出的代价也是很高的,这就是法律职业的整体水平难以上去,结果导致社会治理付出沉重代价。司法素质不高,导致老百姓不信任法律,以致上访成风,这是对于法治的嘲讽,对于我们现在法律职业群体的嘲讽。我希望你们在将来的职业生涯,以厚积薄发作为事业基础,勤于学习,善于积累。应特别提及,你们这一届有八位同学要进一步深造,近五分之一,四位在国内读博,四位去境外读博,算得上是我们学院历史上的突破,是我们倡导的学术型法学院的一个成果。但是我更希望,这些更进一步坚持在学术道路上的同学,能够一步一个脚印,板凳更坐十年冷,扎扎实实完成博士阶段的学习,拿出像样的博士论文来。我前几天读到著名史学家、台湾"中央"研究院院士何炳棣先生的《读史阅世六十年》一书,他评价说,中国20世纪出国留学的学者无数,但真正就在欧美著名大学所完成的博士论文而言,只有两位谈得上论文一出即誉为国际名著的程度。有幸的是,两位都是广义政法界的人物:一位是萧公权,20世纪20年代在康奈尔的博士论文《政治多元主义:一项当代政治理论的研究》,1927年在伦敦出版,著名英国政治学家拉斯基评价为"学力与魔力均极雄浑,为政治学界五年来仅所见";另一位是陈体强,他在牛津大学留学,40年代末完成《国际法上的承认》博士论文,该文写作完成时,正好与著名国际法学家、剑桥大师劳特派特的同主题著作撞车,但陈文不仅顺利答辩而且1951年在伦敦出版后即引起国际法学界的高度重视,该书以穷征博引和理论与专业水平极高被誉为国际法名著,并列为当代国际法必读书之一,影响甚至大于劳氏。可惜我国这样的留学生和博士太少了。如果多一点,而且我们国家用得到位一点,那么我们的法学恐怕早就是一部发达史了。我真诚希望你们这些未来的博士们能够不以文凭形式为追求,而是以学术志业为追求,学习萧公权和陈体强,努力写好博士论文。我也希望我们北航法学院能够产生几篇像样的博士论文。

最后是"小心台阶",就是在追求个人进步的过程中要稳妥,特别是要小心陷阱。

人生应该追求进步,因此总是要上台阶的,这是好事。我们看到,很多腐败的事情之所以得以发现,大都是在晋级过程中被竞争者检举出来的,可谓祸从福出。这当然是应该的,贪官应该被铲除,我这里说的"小心台阶"并不是说这层意思。我讲的是,进阶时要稳妥,切忌冒进,更切忌贪功。进位意味更大的责任,也就要经历更大的磨难,那么应该考虑是否有足够的能力去承担。过去有一个故事,说有个修行的人到一个佛塔遇到机缘,老和尚告诉他,如果敢发下宏愿,那么上一层就可以进修一层,但同时认为他修行能力有限还是不要上得太高为好否则有担当不起的危险,那个修行的人贪图机缘想修成大佛就爬到了九层,结果回家之后就不断产生幻觉看见各式各样的妖魔,落得个走火入魔一命呜呼了。可见,有多大的量就承担多大的担子,过量了于己于公都不利。我们现在很多领导干部其实水平不怎么样,却善于专营,窃取高位,真是有股子走火入魔的邪劲。所以,进位也意味着陷阱,进一步危机四伏,退一步海阔天空,聪明的人要懂得有所节制,量力而行,适可而止,要学会让贤者先进,让优秀的人先进,这是一种政治美德,也是一种人生智慧。

同学们,你们就要离开母校了。我希望你们记住,母校是永远爱你的。我想还是用泰戈尔的一首诗歌来表达吧:"最后我们醒了,却知道我们原是相亲相爱的。(Once we dreamt that we were strangers. We wake up to find that we were dear to each other.)"或许法学院对你们曾经很严格,在履行教育职责时,对有的同学甚至有过不留情面的管理,但是,请相信她最基本的元素是爱:一种根基于践行教育责任的爱,一种根基于努力培养国家法治人才的忠诚。欢迎你们经常回来,看看我们,看看你们的法学院。谢谢!

我们承诺守护你们的青春精神[①]

2008级亲爱的同学们,此时此刻,我很高兴在这里代表学院祝贺你们毕业。这是一个幸福而又易于感伤的时刻,一边是你们如梦似幻的大学时代要画上完美的句号,一边是你们青春友爱的诸位同学要各奔东西。在荡漾着60周年校庆和15周年院庆喜悦气息的北航校园,你们即将上演一场动感的毕业晚会,"青春散场,不留悲伤",之后,便要给自己放飞了。

从此刻起,法学院就要将你们从学生名册转入校友名册。我们会以两种方式在校友名册上记载你们。第一种是属于个人的,某某某,某年某月入校,某年某月离校,怎么怎么样;第二种是属于集体的,2008级或2012届是你们作为集体的校友符号,我们会记录某某级、某某届,怎么怎么样。

第一种记载,是以个人的表现和成绩为内容,以个人与个人的不同刻画为特点。到目前为止,这种个体式记载仅仅只有你们在校的表现的情况。你们之中有的人,因为个性鲜明、特点突出、卓尔不群,属于大学时期的明星、学弟学妹们的榜样,所以目前刻画得可能比别人深刻些。例如,拿到国际大赛冠军和北航最高金质奖章的练虹怡同学,学习成绩总是排在第一的初小菲同学,当了辅导员因此显得比较老练的罗鹏飞

[①] 本文系笔者2012年5月31日在北航法学院2012届本科生毕业晚会上的致辞。

同学,还有以专业第一名考上北京大学法学硕士的孙新宽同学,等等。

随着岁月流逝,原来的刻画会渐渐消退,需要新的优异表现来重新刻画或者唤醒记忆。在你们离开校园之后,校园明星也好,不是校园明星也好,校友册上关于你们个人的记载,要靠你们在外面的表现来重新刻画。你们可能因为职业生涯的杰出表现,如成就为大法官、大律师、政治家、社会名流,声名远扬,崛起为校友明星;但也可能因为表现平凡甚至平庸,淡出人们的视线。这里面会有很多变数,据说有一种成长规律,在校期间前五名,最容易在以后的职业生涯变得平庸起来,而原来在校期间表现一般的却可能异军突起、一鸣惊人。

在此我们衷心希望你们每个人都成为校友明星,每个人在未来的职业道路上都能够深深刻画自己,勇于奋斗,不断超越,创造人生精彩和事业辉煌!

第二种记载,是以整体的表现和成绩为依据,为整整一届毕业生成就之总和。如果你们这一届在将来的职业生涯中创造群星荟萃的景象,那么就会刻画一幅丰富多彩的人物图卷——"北航 2012 届法治群英谱",老实说,我们最期待的是这种情况。作为一个教育的组织者和教师,我们非常乐于从集体成功的角度去期盼你们的成功。大学的价值不在于只培养一两个天才,而是应该致力将每个人都培养成为人才,所以重心在于全体培养和全面设计。那么,会有那么一天吗?

对于你们这一届,我们抱有深深期许。因为,从在校期间的集体表现来说,你们这一届 59 个人,个个都有不俗的表现,我怀疑以后有没有哪一届在毕业的时候,还能够在总体上能够超越你们。你们这一届获奖者巨多,层次高,项目丰富,体现了你们的多才多能;你们这一届更是整齐的一届,大三司考一次通过率接近 50%,毕业时 50% 以上的上研率。其中,22 个人在国内进一步攻读硕士,考上的学校都很好,例如中国政法大学有两位,北京大学法学院也有两位;8 位去境外攻读硕士或博士,美法英等都有。

这是一个多么整齐的毕业啊！你们的整齐毕业，充分说明我们学院整体教育水平已经提升到一个预期水准，并且开始进入逐渐成熟的阶段。

我总结了一下，之所以有这么整齐的毕业，根源主要是三点：一是你们大都是上进的好孩子，懂得好好学习、天天向上的道理。二是我们学院老师的敬业。我们有一个水平高超而且兢兢业业的教师团队。老师们辛苦了，应该以特别的掌声感谢他们！今天有近30位老师来参加你们的晚会，可见师生关系之融洽，刚才从你们的掌声我听出了你们内心的感动和肯定。三是我们有个立足全面培养的科学培养体系。我们学校近年来特别注重以人才培养为中心，法学院也在2008年开始推出崭新的人才培养方案，在你们这一届全面贯通，现在看起来实验成功了。

那么，取得整齐毕业的你们，能否在将来职业生涯取得同样整齐的成功，从学业的辉煌走向事业的辉煌呢？江河奔腾，归入大海才算终点！你们59个人，如果每个人都取得事业成功的话，那就好比59条江河演绎奔流成海的神话！我殷切希望，你们这一届校友名册上镌刻的是齐刷刷的一群鼎鼎大名！

你们最终的成功，最后都应归结为法治事业的成功！我们北航法学院开办的意义，在于培养追求法治成功的卓越法律人才！你们应该成为奋斗在将中国建设为法治国家道路上的一群勇士！这样的成功，既是你们存在意义的证明，也是我们法学院的责任与希望所在。

我们期待你们成功，但不表明我们只欢迎成功的同学，我们也包容失败，只要败得合情合理。如果在职业的生涯尽了力，而且在千锤百炼中保持了善良和勇气，这样的失败同样光荣，值得尊重。

办学虽然奉行"人既出门，概不退换"的原则，但是我们承诺永远守护你们的青春精神。青春的人虽然散场但青春的精神却并不散失,我们将予以保管和守护,并且随时等待你们追忆和提取。在我们眼中,你们永远是可爱的孩子们,是法学院的宝贵财富。

祝毕业心情愉快！更祝一路前行中,意志坚定,永葆乐观！

以现实主义踏上理想征途[①]

各位同学、老师,下午好!我很高兴能够代表全院师生员工,热忱欢迎各位2012级研究生同学,祝贺你们更上一个新台阶。诗云:"我有嘉宾,鼓瑟吹笙!"我们今天是家人相聚,不用笙箫,其乐融融!你们这一届研究生共有47位法学硕士、31位法律硕士和17位法学博士。我们每年都有新的惊喜,今年也不例外,在座17位博士生虽然是我院历史上的第四届博士生,然而却是我院首届以法学专业名义招收的博士生,我们前几届博士生是以"法律科学与管理"的名义招收的。所以,从今天开始,意味着我们彻底告别了曲线发展的历史!这是一个新的开始。我们法学院从此开始雄赳赳地向"大学院"迈进。所谓"大学院",不是指人数、规模,而是指分量、实力。通过艰辛努力的创业期建设,我们已经拥有了经营一所实力法学院的平台和资源。

今年是北航建校60周年、法学院办学15周年的庆贺之年。我想请大家鼓一个掌!为我们的北航步入花甲之年致以敬贺,为我们的法学院束发为髻,告别儿童时代、进入少年时代致以祝贺!经过15年的风风雨雨,北航法学教育从系到院,从院到走向崛起,何其幸哉,又何其荣哉!期间付出了多少激情与疲惫,

---

[①] 本文系笔者2012年9月8日在北航法学院2012级研究生开学典礼上的致词。

努力与艰辛,希望与挫折,掉了多少头发,白了多少双鬓,遗忘了多少岁月,穿越了多少青春、壮年甚至暮年。值得了!当初,我们是带着浪漫主义来建设理想法学院的。现在,我们坚信,理想的北航法学院不会距离太远,因为站在第15年新的时刻表上,我们终于能够以现实主义踏上理想征程。

今天,借着这样一个特殊的机会和场合,我想提议全体师生,包括在座各位新生,感谢为我们北航法学院创业和建设做出贡献、付出心血的人们!我们首先感谢那些可敬的、勇敢的、充满激情的法学院的创业者们!他们开了这片荒,后来者接力把它垦成熟地;他们洒下了一颗颗希望的种子,后来者接过来继续培育成美丽富饶的园地;他们移来常青藤的苗,后来者接过来捉虫施肥呵护使它们攀缘蔓延。同时,我们要感谢学校,感谢学校方方面面的支持,特别是要感谢北航数届党政领导,他们以宽广视野、博大胸怀和呵护之心扶持了法学院的建立、发展和快速崛起!我们还要感谢法学界、海内外、社会各界的同行和朋友,他们无私关心、支持、帮助、鼓励、激励着北航法学院的发展和腾飞!

15周年只是一个创业时代的缩写。1997年,是我们北航法律系正式成立和北航法学本科教育正式开始之年。1997年之前,北航就有了法学教师和法学教育。北航在1978年就开始不定期开办了不少法律大专班和干部培训班,包括最晚的1994、1995、1996、1997年的四届法律大专班,这些都是我们宝贵的校友院友资源,其中有不少在中高级领导岗位上或者成为优秀法律职业人士。北航为开展法律教学、法学研究和特色法律服务,先后成立了法律教研室(1987—1997)、校法律顾问室(1987—1997)、法学研究所(1995—1997)、专利事务所等机构。种种这些,它们埋下了今天北航兴盛法学教育的种子,成为北航法学院法学教育历史不可分割的部分。

就历史来讲,15年不算长,但就个人来说,15年有时就是最好的光阴,因为它是我们人生不可复制的最宝贵的四分之一、五分之一,或者六七分之一,如果可以活 100 多岁的话。我相信,我们学院将来会有很多寿星佬,因为这是大学院的标志之一。俗话说,"创业维艰",15 年来北航法学院的创业者可谓饱经风霜,但是我们从未退缩和气馁,而是始终怀抱着那份梦想、激情和责任。这是因为我们有追求理想法学教育的炙热动力。在这里,我想借用我们法学院两位主要创业者的话,来表达筚路蓝缕的北航创业者的心志与动力之源。一位是高景亮教授,1975 年来校,1987 年创立法律教研室,他是最早的创业者之一,他说"我们的创业,可谓是与国家法治命运紧密联系,因此我们乐在其中,并不需问是否疲劳,是否有止境!"另一位创业元老,1995 年来校并在 1997 年担任首任法律系主任的刘春茂教授,他在题为《学习生涯 法治志业》的自述中写到:"法治是我作为法律人一生的追求,是我历经奋斗、丰富人生、检验理想的快乐之本。"真是知我者谓我心忧,不知我者谓我何求。

北航法学教育自法律系成立和开设本科为标志的 15 年以来,大约可以分为开办、开始独立和快速发展三个阶段。

第一个阶段是开办阶段,用了 5 年时间,从 1997 年到 2002 年。这一时期,以高景亮、陈年顺、刘春茂、陶毅、陈昌柏、王顺荣教授等老一辈北航法律人为代表,在学校支持下开启了北航本科法学教育。1997 年,北航在人文社科学学院下面成立法律系,同年招收第一届法学本科生。刘春茂教授担任了第一任系主任,他 1998 年退休后,陶毅教授接任第二任系主任。2000年,北航法律系取得第一个硕士点,即民商法硕士点。

第二个阶段是开始独立办学阶段,也是 5 年,即 2002 年至 2007 年。2002 年,北航法学院正式成立,使北航法学教育从名义上走出了与人文学院的混同办学时代。2002 年,学院开始招入第一届民商法硕士。这一阶段,孙国瑞教授担任主持工作的副院长。2005 年初,学校任命张慧玲老师担任分党委书记,她在法学院艰难的时候勉力工作,带领法学院走出困局。2005 年底,法学院取得法学硕士一级学科硕士点。

我们学院现在的中青年教师中，较早来到学校工作的有郑丽萍教授、王丽副教授、李亚梅副教授、翟庆振副教授等老师，然后，便是孙国瑞教授、罗昶教授、任自力教授、高国柱副教授、付翠英教授等老师，包括后来由于各种原因离开法学院发展的王丽英老师、贾桂茹老师、周久才老师、孙海龙教授、戚渊老师、尹玉海教授等。他们对于北航法学院的创业和发展，功不可没！

第三个阶段，2007年至今，是快速发展阶段。2007年四五月份，在张慧玲书记努力下，在北航学校领导感召和教师们的信任下，我接受了北航的聘任，9月18日就任院长一职。在学校全力扶持的政策下，我们学院领导班子齐心协力，教师们同心同德，启动"快速发展"战略。我们以重视基础、突出重点、彰显特色、建设主流平台为抓手，主要在师资队伍、人才培养、学科建设和平台建设几个方面同时快速建设，成功实现跨越式发展。

首先，是师资建设。通过"规模人才引进"和"骨干教师计划"，短时间里就形成了一支国内先进、潜力极大的师资队伍，从2007年5月之前包括1位教授、8位副教授、50%博士率、10%出国率在内的19位教师的师资，发展为现在包括13位教授、10位博士生导师、19位副教授、90%博士率、75%出国率的45位教师的师资。我们还有一支高效精干的职员队伍。

其次，是人才培养，通过确立标准化为起点，示范性、现代化为内涵的办学目标，推行和不断完善立足基础、突出实践性、产业联盟、国际化特点的人才培养体系，以及密切配合学校人才培养模式、招生就业机制改革，人才培养数量和质量得到飞速提升，迅速跻身人才培养优质法学院行列。本科生招生入学成绩在北京进入前5名，研究生招生也迅速达到了多元化、高素质的目标，生源多数出自211、985高校；学生素质飞跃提升，司考、读研、出国比率大幅度提高，学生参加国内国际赛事获奖数量多、层次高，荣誉包括国际辩论中国公开赛模拟法庭冠军、全国挑战杯一等奖等；学生就业连年获得学校先进单位称号，党政机关就业总人数连年名列全校第一。

再次,是学科建设和平台建设。我们一开始就根据学院的情况,制定了围点式、聚效式、平台优先的学科建设方案。按照围点式、聚效式的思路,我们集中力量,建设和发展了七大基础学科点,包括民商法、诉讼法、国际法、宪法和行政法、法理与法律史学、刑事法学、经济法学,覆盖全部法学领域;又倾力发展和培育航空航天、频谱、知识产权、保险法等特色学科。按照平台优先的思路,我们将学科建设的攻坚战放在平台建设上,尤其是学科点瓶颈建设上。2007年底,法学院获准设立"法律科学与管理"二级交叉学科博士点;2008年,法学院获准设立首届分学位委员会,取得自主审阅学位权;2008年,获批"211三期"学科建设项目平台;2009年,正式招入第一届博士生;2009年,取得法律硕士专业学位点;2009年,法学院在学校帮助下从北京市收回法学学科高级职称评定权;2010年,获批"985三期"学科建设项目平台;2011年,法学院平台建设获得最重大突破,一举取得法学一级学科博士点授予权;2011年,学院获批第一个国家级科研基地,国务院、中央军委空管办在我院挂牌设立"国家空管法规与标准中心";2012年,获批教育部20家法学教育实践基地;2012年,获批教育部60家国家复合型卓越法律人才基地。

总之,我们北航法学院抓住了历史机遇,经过三个阶段的创业建设,走出了创业艰难期,得以跻身知名法学院行列,成功拥有了建设实力法学院的平台、资源和各方面的条件。我们当思其来之不易!这些条件是我们在学校支持下、学院广大师生努力下、各方面力量的帮助下所创造的和形成的,凝聚了两代人的心血。

站在学院历史的新起点,我们情不自禁会思索,下一步北航法学院将如何发展,走向哪里?对此,我们法学院开办之时就已经有了答案,5年前我们在确定快速发展的战略时更进一步地作出了明确。那就是,从目标来说,我们是成为一所举足轻重的法学院——或者说是著名法学院;从手段来说,我们要通过打造

"现代高水平法学教育"来实现这一远大目标。

今天,对于我们学院来说,创业初期已过,接下来是相对平缓但不平凡的发展期。这个过程也许会很漫长,因此需要我们巨大的耐心和信心。一所法学院的基本资源、平台、结构布局我们已经有了,但是教育资源的充沛、教育经验的厚重、教育水平的提升等却需要时日,接下来的发展期,是一个以建设著名法学院为方向的实质填实、个性塑造、实力崛起、引领发力的条件建设时期,可能是10年、20年甚至100年。这是一种什么样的定位呢?我们认为应该是一种"新型工业化时代法学教育"。我们的建设不是孤立的,在时间横向坐标上,外有世界信息工业化发展之时代潮流,内有中国新型工业化建设之飞速转型和国家崛起。所以,我们要办好顺乎国情、世情的法学院。我们学院打算在11月下旬以院庆为契机,举办一场以"新型工业化时代法学教育"为主题的高峰论坛,广邀法学教育家,交流经验,凝聚共识,探索更为有效的建设方略和基本思路。北航法学院作为一所在理工背景的战略型大学所创办起来的法学院,在这方面积累了一些较为独特的心得体会。

今天是个迎新的场合,我借机回顾了我们学院的历史。回顾历史是为了更好地珍惜今天、展望明天。在这里,我想给2012级的研究生同学们提出一个希望,那就是希望你们认真对待我们的法学院!我真诚地希望,你们来这里是和我们一起来建设理想法学院的,你们在北航法学院的这几年,是打算融入到法学教育远大理想之中去,而不会把北航法学院当做手段,当做一个获取985高校研究生学历与文凭的功利化过程。我真诚地希望,你们把北航法学院当做人生经营的场所,当做法律人成长的园地,当做知识人格相互促进的共同体,当做你们个人与社会、个人进步与法治理想和实践发展相互关怀的训练营。因为只有这样,我们的法学院才能由形式而实质,由虚弱而坚实,由萌芽到生机勃勃!此时此刻,我想到福斯特女士在哈佛大学375周年纪念之际所说的一席话,她说:"大学的重要使命就在于用科学的方法教导学生追求真理。"我完全赞成！具体到作为一所法学院,我们的使命,则是以法律科学的方法培养法律知识人格,教导学生去追求法治真理！

最后,再次欢迎你们！祝你们一切顺利,学习愉快！生活愉快！

盛夏之夜,你们是否期待着登台[①]

亲爱的毕业生同学们:晚上好!在这众人期待的夜晚,你们的盛夏之夜之毕业晚会开场之前,我很高兴在这里代表包括我和琪全书记在内的全院师生,首先向参加今天毕业晚会的72位本科毕业生同学问好!同时也向联袂参加今晚毕业演出的72位硕士毕业生同学和4位博士毕业生同学问好!我这个问好虽然是例行的,但是每一年都是同样真诚而美好的。

还有半个月,你们就要走出校门了,属于你们的最美好的青春眷恋雨季到来了!首先祝你们毕业顺利!再祝你们今后的人生丰富多彩、一切如意!

今年毕业生有两个很好的数字,72+72,这是给我们的很好的隐喻。72,对于教育来说可是个吉祥的数字!孔子有72门徒,我们double了一下,翻了一番!照这个速度下去,我们北航培养的法律人很快就会到处都是!要记得我们的接头暗号哦,北航法学院——"因思考而美丽,因公正而坚定"!

在这里,我要表达三点感谢的心情:

一是感谢我们法学院的老师们。

今晚我们来了很多老师,这与往年是一样的,我们的老师总是这么愿意与同学同乐同笑同感。为什么呢?因为我们老师敬

[①] 本文系笔者2013年6月7日在北航法学院2013届本科生毕业晚会上的致词。

业呀！铁打的营盘流水的兵！老师便是铁营盘！我们的法学院是新创业的，学院老师们是首要的创业功臣，他们以一流的激情、超越的情感、兢兢业业的态度、忘我的品格正在塑造法学院的品牌！在这里我提议同学们用热烈的掌声献给我们可敬的老师们！祝愿他们继续努力，把书教好！

二是感谢校内外方方面面。

各位，一所崭新法学院的成功，没有校内校外方方面面的帮助是不可能的，我们很幸运地遇到了这样的环境，真可谓众人拾柴火焰高！去年我们法学院举行了十五周年的院庆活动，海内外的众多法学家、教育家、机构领导、法学院校负责人和许多朋友前来给我们祝贺，给我们热情洋溢的指导和鼓励，使我们这个新陋的学院顿时蓬荜生辉。这也是一种厚重的期望！

我听到外界有不少称赞我们的，说我们法学院发展创造了一种"北航速度"！我听了很惭愧，但也很感动，因为这份褒奖沉甸甸的。但是如果没有大家的帮助和喝彩，我们怎么能够有今天呢？饮水思源，同学们，你们今天兴高采烈、充满自信地毕业，是我们校内外关爱法学教育、期盼国家法治的理想者们共同努力、相互帮助的结果！我们将努力再努力，坚定不移地把北航法学院建成我们大家共同的雅典园！

三是感谢你们自己。

因为在座的本科生同学经过四年的艰苦学习，其他同学通过三年或两年的勤奋，有了今天的精彩毕业！而且，我们的同学不需感谢"同学不杀之恩"，而是感谢"同学砥砺之情"。在这个过程，我们见证你们挑战了自己的学习极限，习成了自己的法律素养，养成了自己的知识人格，成为又一届优秀毕业人！

去年，我曾经以为2012届同学难以超越，现在我发现我预言竟然错了！我今年很想再次说，你们很难被超越，当然我也很愿意明年又预言出错！

看看，今年72位本科毕业生同学的成绩：出国出境深造8人，英国、美国、澳大利亚，还有我们的香港、台湾都有。其中，两个在英国伦敦大学法学院,一个在澳大利亚墨尔本大学法学院,等等,这可都是了不得的国际一流法学院啊!国内上研有20人,崔浩宇是推荐去了北京大学法学院吧,谢雨涵是考上了中国人民大学法学院吧,刘玉梅是去了中国政法大学吧,等等等等,真正都上了台阶。就业的同学也都有不错的去处,一半在国家机构、国企,还有一半在律所或者下基层去做村官,可谓宦海奔忙、上下求索啊!所以感谢你们,又一次提升了我们法学院的培养标准!

下面,我有三点期望,算是互勉互励:

第一点期望,保持青春的热度,让人生充满活力。

我知道,这几年我们学院老师在工会王丽主席领导下,都爱打羽毛球,这对锻炼、保护身体很重要。我一直挺羡慕的。但我现在发现,打羽毛球对于恢复青春却不会有明显的作用。

最近,我开始恢复打篮球,在篮球场一转身,扑面感到久违的青春气息!这给我无比强烈的震撼,原来一打篮球才知道,这个校园里面到处都是青春气息。你如果不打篮球、不踢足球、不参与田径什么的,感官就会渐渐麻痹,就会与青春渐行渐远,就会被划入"中老年"序列!

青春气息是生命本源,是理想的源力,以及浪漫的底气!

我希望同学们要珍爱青春,要天天像穿着球衣那样充满朝气,让自己永远散发热量和光亮。你们走向了到处飘散着北京雾霾的社会,请不要忘记在这个校园年轻时许下的诺言——法学院!

第二点期望,勇敢拥抱现实,努力建设法治。

我们是法律人,从事的是最社会化的社会职业。这就注定,走出校门,你无法选择独善其身。我知道,我们有同学对走出校门,既期望又害怕,害怕滚滚红尘、水深火热。

其实,现实对你来说是什么样子,完全在于你自己——如果你敢于紧紧拥抱现实,且努力将理想注入现实中,现实就会向你所希望的方向变化;当然你要是随波逐流,现实就会真的把你裹进滚滚洪流。

所以，社会是一条河，你是河里的鱼，要么你游着走，要么水冲着你走；你是河里的船，要么逆水行舟，要么不进则退。

第三点期望，高举90后旗帜，一代新人换旧人。

大鹏同学给我列举了你们的情况，我研究了一下年龄这一项，发现在座的本科毕业生是首届以90后为主的学生。也就是说，你们是一代新新人类，而且还是90后的正部先锋。

大鹏还告诉我，你们有这么几个特点：有思想、有个性、会交往、较自我、不怯场。我是60后，我觉得我们那一代的特点正好相反，没思想（当时国家只有一个思想）、没个性（我们都穿同一种款式的衣服）、不会交往（跟人说话都脸红）、缺自我（不知自我为何物）、特内向（我们的手都是放在口袋里的）。

俗话说，一代人一代事业！所以我就想，你们有这么多我们没有的优点和胆识，那可以干出多大的事业啊！我们努力追求中的法治，应该可以靠你们来实现了！我们今天这些搞法律的老同志，将来可以指望你们养老了！

最后，再次祝你们毕业顺利，生活愉快！同时我也打算送你们一首诗作为总结，是雨果写的，叫"夏日之夜"，我觉得是写今晚这种氛围的，所以送给你们。当然，我觉得你们可能不会太喜欢，因为雨果是一个现实主义诗人，在你们这个年轻时节一般不会感冒现实主义。但我还是要送给你们，因为最近雨果翻版的电影很火，而且我也拿不出别的礼物：

  当夏日白昼褪尽
  繁花似锦的平原
  向四处飘动芳香
  耳边响起喧声
  渐行渐远　闭上双眸
  然后依稀入睡
  进到透明见底的梦境
  繁星越发皎洁

好一派娇美的夜色
幽微太空披着
模糊不清的迷彩
苍白曙光　期待登台
整夜仿佛都在
徘徊于遥远的天际

中国梦必有法律人的使命①

我很荣幸,今天可代表学院全体教职员工和在校学生,热烈欢迎在座的研究生新同学,有 18 位博士生,77 位法学硕士和法律硕士生。欢迎你们入学!也感谢你们选择这里作为你们法治追梦的新起点。你们的到来,绝不只是增大了我们这个梦想法学院的分母,而是要成为我们光芒四射的新分子。每位同学都应该想着如何发挥极致,在接下来的几年脱胎换骨。最近大家都在讲中国梦,我们也有学院梦,就是要追求百分百的人才培养,"法治天下、人才第一",这是江平老师给我们题写的院训!

我下面想讲讲关于研究生阶段如何培养和学习的理解,仅供参考而已。

研究生这个阶段,大体可以概括为高等教育的提升时期,我们学院的职责是竭力提供训练你们的学术研究水平的学术资源和教育资源,而你们的责任则是保持饱满的学习状态,利用一切合适的条件,使自己达到成为更高层级的法律人才的目标。这种法律人才的标准,体现为三个方面:

第一,追求法律专业知识的平凡到不平凡。这是研究生阶段的第一个任务。

至少,对硕士生来说,能够写出一篇像样的研究论文;对博

---

① 本文系笔者 2013 年 9 月 6 日在北航法学院研究生迎新大会上的致词。

士生来说,则应成长为某个领域的学者或者准学者。要做到这样的前提,是必须要具备扎实的专业知识,充沛的学术积累,娴熟的研究能力,同时要学会遵循研究规范,能够运用创造性思维。这可不是一件容易的事情。这些又可以概括两个层次:

(1)专业知识积累,厚积薄发。每个人通过课堂和导师引导,加强自主阅读,就自己的专业方向进行全面而系统的知识把握。同时,从学术的角度进一步了解自己领域的问题、理论和方法。不仅仅是要了解规范知识,更要了解这些规范知识背后的政策机制;不仅是要了解知识方法,而且要了解这些方法背后的原理和思想;不仅仅是要了解制度系统,还要了解制度历史和未来趋势。

(2)研究能力训练,创造起于训练。我们不是静态地、被动地学习那些材料,而是动态地、主动地将自己置身知识创造过程。要善于思考地学习,自觉与经典作者、前辈学人展开学习对话,以求深刻理解其知识创造过程和创造重点,包括研究背景、论证方法、独特创造、重点和难点;要善于临摹研习,以获得娴熟运用知识、理论和方法的能力;要学习知识创造的经验,最后要学会如何再创造。

第二,追求法律专业精神的平凡到不平凡。这是研究生阶段的第二个任务。

我们学习法律不仅仅是要学习一套规则技术体系,更要学习这些规则技术体系深处的价值思想,这样才能让我们由法律工匠而晋级为法律人。所以,我们有义务在你们的心灵培养出坚实的法律专业精神。法律专业精神是法律专业知识的灵魂和意义所在,离开了专业精神我们的专业知识就是僵死的。

罗马法早就有云,法律是关于正义和善良的艺术,而正义是使我们在世俗人生中得以拥有恒久意志的事物!我们从事法律的人,之所以乐此不疲、不怕繁琐、不畏险峻,是因为我们有法治的专业精神孜孜追求。所谓钻石恒久远,一颗永流传!

大家都很关注不久前薄案的审判,我想薄先生现在身在其中,大概是体会到了自己曾经轻视法治、玩弄法律的滋味了吧。一场审判里面有众多大大小小的诉讼参与人,我们可以在专业方面搞得很热闹,但只有真正上升到实质法治层面才算过瘾,才算是真正的法治。

在这个世界上,如果没有法治的话,那就不会有什么应该属于你的东西会永远属于你。你们可能知道有一个法律故事是讲所有权的,说是很多人在通常的情况下,往往并不知道所有权的意义何在,但在不正常的情况下,比如说一个小偷把他的财产偷掉了,就意识到原来自己享有法律上的所有权是一件多么重要的事情。

第三,追求法律专业人格的平凡到不平凡。这是研究生阶段的第三个任务。

法律人人格首先是知识人格的一类。它属于知识中位阶较高的那一类,和哲学、政治学、社会学具有较高的亲缘性。什么叫知识人格呢? 我这里想到伟大的哲学家康德先生的一个故事。据说,康德先生在临终前重病缠身,但每当朋友造访,他总是要打扮整齐才肯见客。他这样说道:"虽然我已经行将就木,但对人的尊重还没有离我而去。"这是一个伟大的理性哲学家留给我们有关知识人格的最好例证。

但是法学以其理性化的突出特点,使得法律人的人格本身包含更多一些要求。那么法律专业塑造而成的人格要求是什么呢? 是要法律人懂得以法律思维的方式和定力去追求公正。这种塑造不是别的,而是培养一种有关法律人的自觉。我们看待事物,处理问题,或者与人打交道,应该上升到一个法律自觉的层次。简单地说,习惯用法律而不是其他东西去解决现实问题。亚里士多德把这种处事方式叫做法律人的明智。如果我们用法律上不明智的方式,例如泛政治的、唯利的,或利己的方式处理问题,会加剧导致各种社会危机。所以,我们在研究生阶段除了要将自己培育为专业人士之外,也在将自己人格向法律人的更高一层塑造。我们上了研究生之后,应该明白,法律人的理性自觉才是更有效的人类解决各种冲突、完善治理的方式。

同学们,我们的梦想既是中国自身历史的宏大诉求,也是面向世界的、向前勃勃发展的。我们的梦想既要有中国人的精髓,又要有世界的精髓。近代以来,与西方遭遇之后,我们经历了包括屈辱在内的难言之痛,所以复兴就成为我们追求的一部分。但是依我之见,我们的复兴绝对不能只是复古式的。中国人历史有过数千年的灿烂文明,但细数起来也有过很多不堪回首的政治的专制和腐败、朝代的盛衰和循环以及离乱的痛苦和无奈。

我以为,今天的中国梦里面必有法治,必有我们法律人的使命。中国的梦也关乎法治秩序的确立!这种法治秩序里面有民主、自由、理性和公正。对了,还应有自我尊重和相互平等。当然中国梦还有中国式的温馨和和谐,这里的和谐应该限于个人与个人之间的关系。在此我想到美国人也有一个美国梦,詹姆斯·亚当斯当年阐述过"美国梦",我们不妨比较一下。他说:"这个梦是关于远方土地的梦,每个人的生命会变得更好、更丰富、更完整,每一个人都有相当于其能力与实践的机会,那不是简单地关于高工资的梦想,而是一种关于社会秩序的梦想,它视每一个男人和女人都可充分实践他们的禀赋,并且按照他们真实的自我而被接纳,无关乎出身与地位。在这片土地,个人的忠实、德行和努力程度,是他唯一的荣耀!"时代进步了,我们的梦应该比美国人还更好更结实!

同学们,我们会有数年的时间相处。在这段时间里,你们个人的学习进步会与学院的整体发展紧密联系。希望你们也关心学院的发展,努力把热情的见解融入学院发展的各个环节。最后,祝你们学习愉快,生活愉快!

怕你们忍不住会太骄傲[①]

亲爱的同学们、老师们，还有参加今天活动的亲友们：

上午好！

穿上这身长袍真的很热啊！加上各位热烈的发言和掌声，刚才我是出了一身大汗。不过，我觉得很值得，出席这样的典礼就好像是进行热情的洗礼！每年都使得自己在这种对大学的青春缅怀之中、在对毕业生们优异成绩的见证和未来美好憧憬之中，充满了有关从教、治学的欢愉和自豪，同时又更加坚定了努力教书、治学的信心和动力。

一句话，教学相长，师生同气！感谢同学们，感谢老师们！

所以在这里，请允许我高兴地、荣幸地、毫无保留地，代表学院全体师生，祝贺在座的2014届诸位毕业生们，祝贺你们经过预期的艰辛学习终于取得了沉甸甸的学位！包括8位博士生，71位硕士生，还有59位或曰70位不在场的本科毕业生（11位是高院院的法学生），总共是149位同学。各位，能够考上大学应该不算难，但是能够考到北航这样有美丽校园、恢宏大楼、荟萃名师、严明纪律的高校就算是好运气了，当然能够考到我们只有17年的法学院就更加是好运气了！

大家不要笑啊，我们北航，是工科强势、文科稚嫩，所以能够

[①] 本文系笔者2014年7月2日上午在北航法学院2014届毕业典礼上的发言，首刊于笔者博客"军都拾零"，http://longweiqiu.fyfz.cn/b/814904。

来到法学院应该是一种很不错的以弱抵强的锻炼嘛,与高手、强者博弈才是成才之道。事实上,这些年,我们法学院的录取分数线是相当得高,每年本科录取各省前 1000 名内占 90% 以上,距离工科的 92% 就差两个点,硕士生、博士生报录率则高达 10∶1,是全校第一,第二名经管大概是 5∶1,我们难了一倍。你们说,自己容易不容易!以前没告诉你们,是怕你们忍不住会太骄傲。

我得代表老师们很好地夸奖一下你们这一届毕业生。刚才给你们发奖、鼓掌都手软了,是吧。

首先,赞许要给八位博士生,穿红袍的。法学院能不能培养博士是不一样的,博士是穿红袍的,代表高大上。八位博士论文写得都很认真,而且不止是态度好,确实从选题、材料、观点、论证都很有气象。这里要特别夸一下夏紫耀和蔡斌的论文,写得相当不错。我们很多导师都是在外边名校也参加答辩的,回来都跟我说,我们的博士生不比其他名校的差。大家知道这句话的实际意思,导师们是想表达得委婉点。我们第一届 12 位按期毕业了 10 位,但第二届 15 位只按期毕业了 4 位,今年是第三届应该是 17 位但是加上以往只毕业了 8 位。所以,知道为什么了吧?对的,是严师才能出高徒,水平暂时达不到的或者对自己要求更严格的,我们用开题、预答辩这些程序把住了。谢谢你们这么认真和这么理解,维护了我们的培养荣誉。

其次,是 71 位硕士生,包括其中的 25 位法律硕士生。你们也是培养效果很突出,很争气。在校期间拿的那些国家奖学金、荣誉就不说了(我知道甚至还有拿校园歌手大奖赛冠军、中国梦演讲赛冠军的)。看看你们毕业分配的情况,我觉得就很开心。我看了一下,以法学硕士班为例,41 人,20 人做公务员,7 人去检察院,6 人去法院,其他去了部队、国企、事业单位。其中,李培东去了中国人民银行,这好像是我们硕士生首次去这个管银行的中央部门,当然我们现在有两个博士生在里面。从内蒙古军区来的关鹏,很优秀地毕业了,又回去了,你好像还拿到了优秀论文奖。还有四位从中航工业来的委培生,也回去了,并且还带走了我们几个同学进航空工业系统,实现了特色培养的效果。陈凌等三位同学,则继续出国去加拿大多伦多等名校深造,尤其值得鼓励,我注意到了,刚才陈凌拿的奖最多,好像都拿到了。我们的法律硕士今年工作也找得不错,像郝琳、肖献献等都有突出表现,法硕同学多是去实际法务部门包括去大律所做律师,我觉得方向很对。我们将来要加强对法律硕士同学的支持力度。

再次,要说说 2014 届的本科生们,这是我们法学院最重要的部分。一个法学院的核心是本科生培养。本科生素质高低决定学院的素质高低。本届本科生是沙河新校的拓荒牛,也是大文科培养、书院的实践者,在北航校史上会留下浓厚的一笔。法学院这届本科同学表现尤其优异,怀校长都表扬过的。本届 50% 读研率,其中 9 位去境外一流大学。有一个寝室成为全校有名的学霸屋,全部 4 个同学都继续深造,其中朱柯去美国西北大学、张春莹去英国伦敦大学、刘观去荷兰莱顿大学、吴硕留在北航法学院读研。本届司考通过率高达 40% 多,远高于全国 18% 的平均值。喻双团队获得全国挑战杯一等奖,李宇君同学团队获得北航冯如杯一等奖。直接参加工作的同学单位也很好,就我知道的说,谢颖莹去全国人大办公厅,白彬去新成立的北京市第三中级人民法院,对吧?有这样的培养成绩,我作为院长真得很高兴,希望你们的父母能认为我们没有辜负他们的期望。

同学们,刚才你们几位的代表发言已经充分表达了你们的心声。教师代表王永茜老师也和你们分享了这一刻的真挚情感,特别是她把自己小孩子的绘画都拿出来了。我觉得他们讲得十分好了。

我也不担心你们今天走出校门之后的表现和机遇,因为凭着你们现在体现的聪明睿智、正直品格,今后事业、各方面都会很顺利的,贡献也一定可以大为期许的。

今天我想说的是,你们遇到的机遇是太好了!我觉得你们遇到了一个可以大有作为的历史时期,特别是在建设法治方面来说特别重要的一个时期。目下时期在中国历史上会留下重重一笔的,不管怎么发展,对于活在当下的我们来说,都是太有意思啦!我们当然希望国家越来越好,法治越来越上位,但是这不会是自动到来的,需要我们这些法律人去努力,去支撑,去打拼,去建设。

那么,如何定位我们今天这个时期呢,我赞成当为盛世论。也许有人不同意,因为角度不同。但是我想,从中国自身历史发展来讲,从经济发达的程度来讲,我们应该持有这样的乐观认识。现在中央力行反腐,同时重申改革,这是非常睿智的、及时的、关键的。所以,必须成功,不能失败!我每天都在刷微信,打大老虎是多么的大快人心啊!也许我们法律人意犹未尽,觉得这是治标,手段上有很多是非常规的。但是,我倾向于同情理解,打老虎太急,一时也不能苛求太多。我们现在的现实就是,法治笼子还没有建起来,老虎又来得急,所以大概就只好先用人治的粗绳子捆起来。还记得曹操对阶下囚的吕布说的话吗?缚虎焉能不多用点绳子。

当然,今天打老虎时同时不要忘记了法律治理的加强。所以,我们法律人应该来帮忙,把法治地位提上来,在这个过程逐渐使得标本兼治,一边打虎,一边建制,让法治体系在这场反贪风暴中全面确立起来!打虎终究是一时所迫,最终还是要长治久安,那么改革是必须要同时加快。要完成现代文明的转型,核心就是法治体系,以此作为我们国家的百年大计。罗马人讲得好,法律是善良和公正的艺术。我们有什么理由不将这种善良和公正的艺术奉为治国法宝呢?

所以,我认为你们遇到了一个很有意义的时代,一走出校门就会感受到很多机遇,很多担子都是前所未有的。

这是一方面,另一方面,我又在想,作为你们每个毕业生个体的人来讲,也有一个个人的成长和各方面发展问题。每年我都要提一点勉励的或者个人的浅见。

我现在想到的是二十多年前一位老师在我毕业时的赠言，他所说的现在回想起来确实是金玉良言，但是当时我也没有太多理解，只是回去以后好好地记录下来。当年的一位老师教导我说，不要太看重各种发展的现象，人的各种发展现象都是外观，人其实最重要的是中间的立足点，踏踏实实才是根本，这个踏踏实实就是要有点精神自在。他给了我两个字，阐释如何去踏踏实实，现在想起来很有道理。一个是慢字，要在慢字上下足工夫，慢就是雅致，慢就是精致，慢工出细活，小心驶得万年船。我后来有了一个习惯，就是喝茶，因为一喝茶就慢下来。很多事情是不需要做的，喝茶的时候想想就过去了。想想，我们做学问的，在一篇文章上不管下多少工夫，事后回头一看总还是有许多不足，那何况做事做人呢？所以慢慢来好，这样才可能有长久的东西留存得下来。当然，慢不是懒，更不是装糊涂。第二个字就是静，也是思，一个意思。静观其变，也有这个意思吧。立身处世，不能没有立场，不能老是蠢蠢欲动，还要有点思想情怀。可以多读书，多明志。这样就能够动中守静，有所取舍，知道进退、为和不为。现在过了不惑之年，我越来越感觉到这些话很有道理，很后悔过去没有做得更好。现在我将它们作为今年给你们的赠言吧，是转赠，好的东西大家一起分享。前几天，我去看另一个师长，他也给了我一个建言，我也觉得很有道理，也一并转赠给你们吧。他说，人是要往前十年布局，才有真正自在享受可言，这就好比我们想去华山旅游，最好是一二十年前去，如果现在才想起来去，那就只好摩肩接踵地遭罪了。当然要做到这个超前定位是比较难的，什么样的人生布局才能算超前十年呢？大概需要很多的人生洞见和智慧。我想，对于学者来说，大概就是应该去作前沿的研究吧。不知道说得对不对。

最后，祝你们一帆风顺，事业有成，生活美好！

法治奇迹,它会在某一个时刻突然到来[①]

2015届北航法学院的毕业生同学们,各位老师、嘉宾、同学,还有参加今天典礼的家长、朋友们:

上午好!

盛夏枝繁叶茂天,又是一年毕业时!盛夏象征着成熟,正好契合今天学位颁发的盛况。各位2015届毕业的同学们,刚才完成了一个庄重的学位授予仪式。这个时间很短,但已经意味着你们走过了一个从量变到质变的过程。68位本科生、87位硕士生,还有4位博士生,分别告别了学校的三个阶段,摘取了一顶比一顶要更加漂亮的学位帽子,其中4位博士还穿上了红袍。祝贺你们!

刚才我发学位证书的时候感到手都酸了。不过很开心,我真希望每天都能够这么地发下去,手酸到举不起来也没有关系。发学位,可是人生一大快慰之事啊!不过,这样想一想是可以的,却不能真这么去做。因为学位授予背后关乎的是一种秩序,有关高等教育的秩序!我们没有权力也不能滥发学位。一年只能发一次学位,而且还必须严格按照条件和程序遴选出来。只有这样,才能够体现高等教育的神圣意义,才配得上今天典礼的

---

① 本文系笔者2015年7月5日在北京航空航天大学法学院毕业典礼上的致词。

庄重性，才算是对你们和你们背后家长的真正尊重。

北航法学院虽然是一所新生的法学院，却愿意更加高标准地倡导这种秩序，自设高线，提高入校门槛，自觉控制规模，保障严进严出。我记得我们每届录取的博士接近二十人，而近两年实际能够顺利毕业的博士则每年不过几人，积压甚多，这是我们严格的研究生管理环节对于毕业审查把控得好。在这里，我谢谢学院方面的严格执法，当然也感谢诸位候选人的理解和恪守。我相信，这种法学教育的严格和对于高品质的坚守，在这个泥沙俱下的时代，会使得我们法学院提升得更快，品牌塑造得更坚实。所以，在此我要再次代表学院，代表培养你们的老师，代表全院师生校友，祝贺你们来之不易的毕业！这是属于你们真正的光荣！

刚才听了同学代表、教师代表还有校友代表的发言，我心潮澎湃，感到久违的激情又回来了。我感到我们今天选择的这个报告厅特别适合作为毕业大厅，因为这里面充溢着毕业的氛围。同学们，刚才的这些发言让我感受到了一份大家对大学教育的热爱、信任和期待，也同时激起了一股作为你们所认同的大学教育从业者的喜悦和自豪。我想，就是这样的感觉心境，一直在支持着在座的各位老师和我一直乐观地坚持在校园里面。当然你说是自我加持、自我陶醉也可以。一届一届，一代一代，无穷尽焉地努力培养。这大概也算是一种大学教育的愚公移山精神。

教育是人类一项伟大的发明，是文明得以薪火相传的一种绝佳方法和体系，但同时也是一项永无止境的事业，也是需要不断接续的事业。因为，人类具有代际性。你们现在算是一代教育新人，但是你们被教育完了，将来还要生出小孩子，我们又要从头开始对他们教育，这不是永无尽焉吗！所以，我们这些老师的使命，总是会没完没了地存在。是不是好烦哪？不可否认。但是使命总是神圣的，所以我们就绝对不能无聊和懈怠！只是，希望你们将来多送一些优质的、善良的、家教底子好的孩子过来，这样我们可以轻松一点。拜托啦！

屈指一算，我担任北航法学院的院长已经八年，一共送了八届毕业生，算算总人数可不少了。北航法学院一共18年短暂历史，但是培养出来的学生总数大概也有三五千人，一个师团规模。比起我们的隔壁邻居那是不多。但是，这个总基数也不容小觑，特别是如果都是精品的话。我们现在全国法官总数也就十几万，律师二十几万吧。

我想，如果我们培养的这几千人都是石头质料的，那么聚合在一起就是一块这么庞大的巨石，扔进社会这个江海里面，应该会有"澎"的一声吧！如果是钢材之质，那么聚合在一起就是一根规模不小的定海神针了，足以定住翻腾的东海了吧。孙悟空的金箍棒也就有出处了。前几天我到兰州，看到黄河上游的黄河第一桥，是一座铁桥，是德国人一百多年前帮忙设计和修造的，到今天还是那么结实。我就不免很有些感慨。唉！你们知道我叹的是什么气。

当然，把你们都想象成石头或者钢铁这种质材，我恐怕是有些一厢情愿地理想化了，至少属于一种乐观的愿望。但就是这样我还是有些担忧。因为，我们的社会很多时候并不是像原始江海那样是一种自然本色，它们可不是简单的水的构成而已，里面混杂着万物，恐怕还有很多化学物。我们每年往里面填的你们这些法治人才，还没有来得及聚成岩石、定海神针，就可能被化掉了或者打散了。

即使是这样，我们还可以期待意义发生。期待什么意义呢？期待一种有关法学教育的真正意义。只有坚持希望，才真的会有希望！我们法学教育的真实意义，就是时刻准备着，时刻期待着，有一天突然发生奇迹——法治奇迹，它会在某一个时刻突然到来！我们法学院坚信，只要不断地，以实现法治的信念和目的坚持培养下去，不断累积，不断填充，有一天总会水滴石穿，社会大脑总会法治洞开！

我这里说的，是一个有关法学院或法学教育的历史观问题。18年前北航办起法律系，无声无息，并没有明确回答它要干什么的问题。8年前，我来到北航法学院，在谈及北航法学院的定位和办学思路的时候，我也没有直接回答这个问题，而是谈到了新型工业法学教育这个转型追求。8年过去，我现在觉得应该说了，那就是北航办法学院、培养法科学生，不仅追求法学知识、法律制度的时代转型，也追求一种法学院的历史信念。北航法学院坚持一种有着历史意念的办学定位，坚持以一种持续的历史信念、智慧和勇气，去经营法学院，去培养法治人才，去追求法治事业。这是一项持久的法学院事业。

刚才友军老师谈到了法律人的理想与现实问题，我觉得他谈得很好。我以前也谈过这个话题，提及两者的结合的一个观点。现在我想，我的这种所谓结合就是要坚持法律人的历史性，对于法学院来说就是要坚持法学院的历史性。

我这样想，是因为我越来越认识到，法治是迄今为止人类发明或者说认识到的并且经过实践证明比较合理的一种符合人性特点的最佳治理方式，它在世间从来就只是一种起于历史、发展于历史的经验形态。柏拉图早期是一个人治论者，到晚年撰写《法律篇》时，他彻悟过来，意识到基于人性而论，人类政治形态可靠的还是法治。亚里士多德在《政治学》里面，把法治明确为从政治科学来讲的人类的最佳治理形态，并且论证了善治的必要性和可行性。此后，罗马人富有智慧和成就的法治实践奠定了后世的经验基础。这些宝贵的思想财富和早期经验，指导了后世许多个世纪，最后穿越了中世纪，在近现代得到极大丰富和发展。

所以，法治本身既不是理想主义的，也不是现实主义的，而是历史演进意义的。对于世界来说，法治有一个不断继承和不断完善的过程。对于中国的法治来说，是在刚才罗杰校友提到的中国三千年未有之变局中的一个由长期人治经验和体制转入法治经验和体制的，一个逐渐的漫长过程。在这个意义上，我们开展法治事业，开办法学院就更要有历史意念，更要有坚定的历史责任感和使命感！

同学们，你们就要走出校园了，走出校园意味着走进活生生的社会现实。你们正在完成从学生身份向社会现实人身份的转变。社会之手正在逼近你们，然后很快就会将你们拥抱。我想你们立即就要碰到法治的现实性、法律人的现实性。法治的现实性是什么呢？当然是无限丰富的社会实践，也是千奇百怪的案例形态，还是繁纷复杂的社会关系，但同时也是现实的滚滚洪流，甚至是泥沙俱下、物欲横流。法律人的现实性是什么呢？从职业上来说，你可能要遇到政治司法、地方司法、升迁晋级、员额制改革、办案追责终身制的压力，或者作为律师甚至要面临去不去为自己维权的窘迫。从个人生活来说，你可能要遇到情感挫折、住房压力、老人住院、小孩上学的困惑。诸位，年轻的时候恋爱得死去活来，但依我们过来人看，娶妻嫁人其实是容易的，而养家糊口、培养子女这才是很费心费力的。

同学们，在学校、家里时你可以犯错、撒娇，老师、家长会与你一起承担，但是到了社会就只有你自己扛了。所以，我希望，从走出校门的那一刻起，你们就能够迅速转换角色，去适应新的社会现实。不过，我更希望，你们不是简单地以现实来适应现实，以世俗来应对世俗，而是能够多想一想我刚才提到的历史信念、智慧与勇气，以此禀赋投身现实，以一种更加长远、更加有意义的方式适应合理的现实，或者努力影响和改造不合理的现实。总之，你们面前的中国法治绝对不会是一种简单的事实存在，而是一场需要不断争取、不断开展、不断创造的历史事业。

这种有关法治的历史期待，是我们北航法学院在人才培养上的一种理想，一种存在的理由，一种永续而光荣的动力与机制。这种历史观是我们能不能成为常青藤法学院的关键。同学们，你们在年轻的时候，是那么热烈地燃烧着生命的激情和青春的冲动，你们是如此光彩照人，对此我们在校园里面已经见证到了、领略过了。但我更加希望，随着岁月流转，诸位能够将这种生命青春的美丽叶蕾，在法治历史意念的坚守中，生长出像目下盛夏那样成熟的枝繁叶茂,而不是在此后一种日渐衰老的人生观中丧失殆尽。

再见了,各位亲爱的同学!

再见了,我们北航法学院曾经的小主人!

前途漫漫,多加珍重,欢迎经常回母校看一看。

来日登高一望，
你该发现这景色有多么美妙[1]

各位 2015 级的研究生、各位在座的老师：

我要对参加今年典礼的 97 位新同学，包括 18 位博士生和 79 位硕士生表示热烈的欢迎，这里也代表了王琪全书记、班子成员和全体师生员工的心意。这个场面，让我想到了 1991 年我在中国政法大学研究生入学的场景，记得那一届大概也是这个规模，加上博士生，也是 90 几位。时间真是很快，我们国家的法学教育发展也很快，那个时候谁也不能想到今年能有这么多的法学院，而且都有这样的规模培养能力了。那个时候实际上博士还没有这么多，我记得只有 9 位，硕士项目也没有那么丰富多彩。

我们今天的这种典礼式的欢迎，有一种添丁的欣喜，更有一种充满期待的寄予厚望。所以，今天这个典礼，对于各位来说不止是祝贺，也有激励誓师的意思在里面！从今天开始，诸位就要在我们法学院和学校的体制下，接受新阶段的人才培养了。刚才几位同学的发言和王锴老师的发言都很精彩真切，我也很受启发。

刚才说到对大家有一种期待。那么期待什么呢？当然是期

---

[1] 本文系笔者 2015 年 9 月 11 日在北航法学院研究生开学典礼上的致辞。

待法学教育、人才培养上的成功。我把这种期待归纳为"一大四小"。"一大",是指宏观方面的一个总的期待,"四小"是与这总的期待有关的具体四个方面。从宏观方面说,我们希望你们能够对我们的法学院做出承前启后或曰继往开来的总体成绩。

承前、继往什么呢?首先是要承继我们法学院和学校这些年积累的培养传统,其次也包括我们国家整体乃至人类法学教育的文明传统。最终是要形成合格的人才成果,部分成为卓越的拔尖人才。这是教育的必要性、意义和目地所在。人类了不起,就是发明了教育这种东西,懂得怎么样薪火相传,教育约束着我们的野蛮,积淀着我们的文明,传承着我们的梦想。

我们法学院虽然只有18年,但以敢为天下先为创业理念,形成了自身的培养特点和特色。今年我们刚刚还成为学校的八大试点学院之一,唯一的文科试点学院,充满建设的氛围。我们的院训是江平老师亲自拟写的,为"法治天下,人才第一",这也是我们办学的基本情怀。我们还有一句民间院训,由学生累积自成的,叫"因理想而美丽,因公正而坚定",非常唯美。这些最重要的,就是要求大家承继法治传统和理想,形成服务法治的能力和情怀。

我们北航学校,六十多年的发展,形成了一套北航的培养体系和思想,核心是"德才兼备,知行合一"和"仰望星空,脚踏实地"。待会,大家会听到我们的北航校歌,我以为北航校歌在旋律上是中国校歌中最优美的,优美中有一种不尽探索、渺小无助的深空情怀。茫茫宇宙,人类太渺小。北航教育是科技报国的家国情怀和不尽探索的人类情怀的相互结合。

启后、开来什么呢?就是期待你们不仅仅收获而且也有新的奉献、塑造,能够书写出属于你们的美好新篇章。你们能够成才,对于学院本身就是一种开创,因为这是人才的添新添彩。但是,我们开办法学院好比在写书,必须一篇一篇、一章一章写下去才有意思,所以我们学院要和你们一起合作,书写属于你们的新的篇章,我们希望这是无比美妙的新篇章。希望大家有这样的信心和信念,在接下来的时间炼成属于你们的卓越品质和与众不同的创造力。

基于这种宏观期待,我下面也讲一讲四点具体的愿望,也就是四个坚持。

第一,坚持成才的规范性。我们刚才讲到的传统与创新,不是简单的一种意念存在或者空气震动,而是以一套培养的办法、规矩为基础。严师高徒,良药苦口,希望诸位能够细心体察。我们把教育理想和经验都化为了具体的院规,大家只要严格遵循我们的培养指南,认真按照培养规范去做,就可以逐渐形成北航的特点和特色,成为北航理想的法律人。待会,泮伟江副院长会给大家辅导这些研究生规矩,希望大家能够做到。

前段时间,东吴法学院举办百年院庆,我有幸与会,追忆这所民国时期著名法学院的成功秘诀,既在于办学理想、师资、条件,更在于培养规范的合理和严格性,可谓取乎高!有时,一届学生收录80人,最后只有10几人毕业,何其严格啊!但正因为这样,才成就了"南东吴,北朝阳"的百年神奇。我们北航法学院当然没有这样严格,但是末位淘汰还是有的,延长学习的也不少,请大家务必留意,更希望理解。

第二,坚持成才的创造性。法学教育,花开两朵,一朵是常规人才,一朵是创造型人才。规范中有创造,人才中有拔尖,这是我们的双重期望。大家要注意了,诸位所处的研究生阶段,是教育的塔尖阶段,成不成才通常在此一举。这就像人长个子的时候,就在少年阶段进入发育的最后几年里面,要是不努力,不加上足够的营养,不死劲往上拔一拔、冲一冲,再想长高就不可能了。学习也是这样。我们希望你们在这个阶段尽量冲一冲,看看有多大的人才成长潜力,都发挥出来,做一个法学高个子。

请注意一下,今天代表老师发言的王锴老师,他就是我们青年教师中的榜样,属于很会成长法学身高那一类。35岁多一些,就是教授、博导、中心主任了,所以今年请他来为大家传授经验。这些年,我们法学院青年人才成长突出,大家还看到任自力老师没有,他是王锴老师之前的"快星",所以现在做到副院长了,所以坐到主席台上了。我们正在期待更多的"法学高个子"、"快星"在法学院人才群体中拔尖而出。

第三,坚持成才的持续性。法学家、优秀的法律职业者不是短短十年就能够从大学里炼成的,我们现在做的只是基础,好比练坐桩、基本功。所以,希望各位同学有个长期计划,有个学习的持续性规划,坚持学习,持之以恒,博闻强记,博学多识,理论与实践往复循环,最后修成大师、大法官、大检察官、大律师、大总理、大总统主席等等。此之谓"大",指贡献之大,而非简单的位置之大。历史有时可能是小处着手,可挽狂澜于宵小,或"事案有大小,公理无差别"。

一个人的成才是以持续学习为条件的,这种学习包括实践,而实践存在一个时代背景问题。我们在座的很多同学充满爱国情怀,最近受到抗战纪念感召,听说恨不得生长在抗战时期,这样就可以为国家马革裹尸。我觉这很好,但是认为其实不一定要进行时空穿越,因为每一个人都只有属于他(她)自己的那个时代。所以,我们要立足属于自己的时代使命,承担属于自己时代的现实责任,创造属于自己时代的社会功绩。我们这个时代,需要什么样的人物呢?当然是首推法治人物。四中全会提出,全面依法治国是这个时代中国的基本政治。全面法治,是创造国家和世界和平、创造人民美好生活的最基本保障。

第四,坚持成才的特殊性。我们将来要做的是法律职业,所以学习成才的方向是有特殊性的。刚才讲了标准都在培养规范中。但我还要强调两点,因为除了知识规范,我们法律职业还有价值信念方面的特殊要求。

首先,是要坚持法治的慎独。大家知道慎独是儒家的说法,讲的是自我修身的意思。今天法治也要讲慎独。大家都看过三国演义,天下之乱,首在治国纲常先乱,纲常乱是以天下崩溃。乱世中,出了三种人。一类是董卓这样的,自私残暴,无纲无常,属于乱臣贼子。一类是曹操这样的,介于中间,机会主义,"治世之能臣,乱世之奸雄"。这两类属于多数,所以东汉大势已去。最后一类,是刘备、关张赵、诸葛亮这样的,代表继续恪守治世理想的末代孤臣。我们今天处于全面追求法治和现代性的治世。今天我们法治纲常尚未全面确立,所以需要我们上下齐心,格外地努力。对于政治家来说,应该思考法治的治世之纲,而对于我们这些平常的个人来说,则也应该有法治的治世慎独,应该在任何时候都为法律职业进行不懈的坚守,由里而外养成一种信念的力量。

其次,要坚持法治的有所作为,甚至锲而不舍。这里需要一定的超越和创造历史的情怀。全面的法治不会自动到来,需要我们努力争取。在这里我想到一位后汉时期的伟大人物——班超。你们在历史上学过这个人。我们现在倡导一路一带,我想不能不想到张骞和班超这两个人物。我觉得,班超比较起来,更加了不起,因为他是一个在不能中而能,几乎凭以自身自力而开辟西域的前辈。关于班超有很多记载,我觉得蔡东藩所写尤为生动。我最近又读了一遍蔡著,再一次感慨班超这个人。他在西域经营 30 年,在位期间以及在死后 10 年,不仅收抚西域,而且使得西域都很安定,可以想见其治理之功。他值得我们学习的,当然是他的能力、作为、方略、思想,但我觉得更值得我们品味的,是他扎根时代的担当精神和创业情怀。

东汉初年,光武帝刘秀光复大汉后,统一中原就已经不易,所以对于西域的想法就是放弃,免得耗费民力、四面为战。但是,你想和,别人却不肯,当时的主要敌人匈奴,西汉末年特别是王莽时期重新崛起之后,已经将西域诸国从西汉那里纳入了自己的势力范围。匈奴不仅在北边制造压力,更利用西域为基地,经常袭扰西北,也引发西部羌戎反复叛乱,给东汉带来巨大危机。这种情况下,到了刘秀的儿子明帝执政的第 18 年,镇守西边的大将军窦固不得已,决心派人连接西域,挖断匈奴的跳板,于是任用班超为假司马,出使西域。班超不负所望,智勇双全,很快取得局部成功,以微小之力招抚数国。于是,窦固上报朝廷，朝廷决定实施招抚西域战略，班超从此得到正式授任。

　　班超此后30年经营西域，历经三代。他艰难经营，如履薄冰，但文韬武略，既是外交官，又是军事家、政治家，常常在消息隔绝、兵微将稀、面临凶险的情况下精心谋划，临危决断，甚至在朝廷多次打算放弃的情况下也绝不放弃，以自己的能力和智慧，聚沙成兵，力挽狂澜，坚定朝廷的信心，最终将匈奴势力全部逐出。因为班超的努力，汉朝恢复了西域都护，西域50余国全部重新纳入汉朝属国范围，不仅保证了汉朝西部的安定，而且最终也使得匈奴因此暗弱下去而不再是危害。班超为此也殚精竭虑，他如此的卓越，以致朝廷无法找到取代者。班超将一生都献给了祖国西部，可以算中国西部史的第一功臣。班超于明帝永平16年奉命西行，直到71岁时即和帝12年才得请求还朝，回到都城一个月后即病逝。可谓鞠躬尽瘁，死而后已。

　　诸位同学，我们今天追求法治，需要这种班超精神，我们今天的法治理想，需要有许许多多像班超这样锲而不舍的现实的卓越建设者、开拓者、守护者。而这一切，很大程度取决于今天像我们这样的法学院的法律人才培养的情况。你们能来北航，可谓十里挑一，既然辛苦地来到北航，进入到新的学习培养阶段，就是带着登高的愿望来的，现在来到了北航这座教育的高峰下，何不奋勇直上呢！希望从今日始，大家就开始不断地向法学高处攀爬。来日登高一望，你会发现这景色该有多么的美妙！

　　再次欢迎大家，祝在北航学习愉快，生活愉快！

我国法学教育的历史沿革与现实缺陷[①]

刚才季卫东教授从他对于教育的观念出发畅谈了上海交通大学法学院的建设,思路非常地开阔,而且提出了很多新的思路,而且现在已经是很有成效的了。这使我感觉作为北航法学院的院长有很多的需要学习之处。许章润教授提到了法学教育和现代社会的应有的复杂联系,特别是提到了情理、活法这些被我们现在法律制度和法学教育忽视的领域,我很赞成他的看法和忧虑,这些确实是我们这么多年来制度建设和法学教育所存在的重要缺陷。我理解可能是因为我们的法学教育是按照专门学系强化专业区划设置所导致的结果,也是国家在开展法律建设的时候过于局限于从制度到制度出现的不可避免问题。关于今天的主题,我想从另外一个讨论的角度来谈谈。刚才卫东教授特别提到了,这么多年来,我国对于法学教育存在一个是否认真对待的问题,我想恐怕也存在一个应如何对待的问题。为什么这么说呢,可以从中国法学教育发生和发展的特定情境来分析,就是说中国的法学教育一开始的定位和意识是怎样?今天我们的法学教育又是在一个什么样的处境上?我们的法学教育无论在既有历史过程中还是在今天都还存在正确认识定位以及

[①] 本文系由笔者在北京航空航天大学人文与社会科学高等研究院主办的"法学教育高峰对话"(季卫东、许章润、龙卫球、高全喜)专场活动中的主题发言整理而成,原载《经济观察报》2011年5月6日版。此为删节本。

合理化改进的命题。

首先,是中国的法学教育从哪儿来?大家知道,中国的法学教育是从晚清民初创办新式教育开始的,它当时的定位是属于新式教育的一部分。新式教育区别于中国以四书五经为内容、以科举为中心的旧式教育,它以西学为内容,旨在为当时推进国家近现代化提供崭新的教育基础,同时也是国家近现代化的重要内容。法政教育被认识为新式教育的一个核心构成。从这个角度来讲,法学教育在中国近代的发生,彰显了中国近现代政治、社会和文化改革的特点,但是正因为这种改革性,所以它就又必然缺少现实基础或者缺少内在成熟支撑而不可避免具有探索性。从内在看,是不成熟的;从外在看,是学习型的,变成一个外来的学习行为;从发展过程看,是具有艰巨性甚至是曲折性的。所以,我们看到,这百年来的法学教育,确实就是不断学习的、不成熟的、不断探索的特点。晚清的法政教育,一般认为是1902年开始的,当时晚清在新政之后,从中央到地方开设了一些课吏馆,旨在对候补官员进行新政教育,但不是很成功,1905年兴起立宪风潮,这些课吏馆立即改头换面,成了法政学院,这就是中国最初的法学教育的开始。可见,中国法学教育一开始是官方主动开办和推动起来的,是要开启官智的,属于新官吏培训机制的一部分,也就是说向上的或自上而来的。这就是说,它是由晚清政府自己安排改革的体现,那么就难免受到晚清保守政治的扭曲。实际上,我们知道,在历史上晚清政府新政也好、宪潮也好、变法也好、法制也好,都体现了极大的顽固和保守。所以最后君主立宪不成,倒爆发了辛亥革命,今年是辛亥革命100周年,最近关于这方面的讨论很多,一种观点提到,晚清保守到甚至想把铁路收归国有,因而导致保路运动和立宪派对清廷的绝望,这也是辛亥革命成功的一个很重要的原因。对于法政教育来说,由于这种向上性,一开始就受政治保守势力局限,局限于开启官智的范畴,本身是有很大局限的,而不是直接就扎根于法学教育规律本身。需要提到的是,我们中国向来缺少法治这个东西,所以在晚清和民初不论政治层面还是社会层面都存在对法治认识上的巨大盲点。1919年民国建立后的新文化运动,提出来两个东西,一个叫做民主,一个叫做科学,就是德先生和赛先生,但是却没有提到也要法治,即罗先生。民主这杆旗,大家知道到了民国后来,由于缺少法治作为明确和护卫,政治家即按照民族危机和外有强敌的政治逻辑,最后都以捍卫主权的理由转向了集中政治。我们今天,也在民主后面加了集中两个字,改了一下。科学这杆旗,后来也不是全面的科学,到今天缩小为科技强国的说法,而科技强国又重在技术上,所以新中国教育的重点在科技教育或者说工科教育。所以说很可惜,中国法学教育由于一开始就少了法治这杆大旗的观念高举,缺少现实政治和社会的法治自觉作为支撑,尽管作为新式教育的一部分而被提出,但是从晚清到民国乃至到今天,都存在这些先天的不足。所以,历史地看,对于中国法学教育来说,一方面是存在由学习型所决定的成熟过程的缓慢性,西学东渐,学好一门外语都很困难,何况是完全陌生的法治体系、知识和文化的学习;但更重要的另外一方面是,中国近现代法学教育存在自身基础的阙如,即政治和社会的先天不足,这种不足导致了它与政治社会现实博弈的不可避免和艰难,现实政治的保守、社会观念对于法治的不自觉、长期人治社会的教育惯习等,都导致中国法学教育面对障碍重重、困难多多,从而定位容易偏离、发展容易异化。所以我们的法学教育,它的合理发展是跟现实的法治建设不断互动的过程,其成熟和健康发展必定依赖于现实法治改革的成熟和健康发展,反过来也推动法治的逐渐形成和发展。

其次,我们来看看今天的法学教育的情况。总体上,新中国的法学教育依旧是中国近现代化的新式教育的延续。不过存在一个重要转折,就是新中国拥有特殊的政治理念和思想形态,这些对于包括法学教育在内的全部教育有着决定性的影响,此外,新中国成立后的前三十年几乎废除了法学教育。1978年开始的改革开放和民主与法制建设,使得中国不仅发生经济的重大转型，也发生政治与社会治理的重大转型，法学教育因此也得到恢复和发展。今天，法学成为显学，法学教育也成为热门教育。应该说，三十年来，中国法学教育取得了巨大的提升，从形式上判断，我们如今的法学教育规模跟我们作为GDP第二大国的地位还是比较匹配的，体量很大，从质的方面说，也涌现了一批日臻成熟的法学院系，形成了本硕博多层次学位体系，培养了大量的法学科班生。这里提一句，关于法学教育量的贡献，既不完全是褒义，也不完全是贬义。据说理工类法学院系经常挨骂，这些年有二百多所理工类法学院系应运而生，因此有人认为是这些理工类法学院系的发展，导致了今天我国法学教育的泛滥。我不反对这个看法，但是想说明一下，我们在座的三个理工类法学院是没有参与泛滥的，我们作为985高校下属的法学院，一直自觉受到学校的总体质量标准的控制，所以无论是生源还是教育机制都恪守严格要求。以录取本科生数量为例，据我所知，清华大学法学院现在每届不到百人，上海交大法学院也差不多，北航法学院每届70人左右，曾经还招过二十几人，所以我们这些主要的理工类大学法学院其实对于中国法科学生的数字贡献并不多。我们对于中国法学教育的贡献目前不在数量。另外，我觉得还可以说一点，今天在我们这些理工类法学院办法学院，有一点现代办学的优势，如果讲法学教育在今天要有一点现代意味，理工类大学可以算是唯一有些基础，我们刚才讲到作为现代社会特点的民主、科学、法治这些基础性的东西，法治一直只是一种理想，还需要一个漫长的过程，而民主这个东西也主要还是民主集中，但是科学在一定范围内得到了发扬光大，尽管缩小到了科技教育、科技发展的狭小范畴。从这个意义上说，理工类大学由于高举科技教育的大旗，相比较其他类型的大学，倒多了一点现代气质，所以办同样属于新式教育的法学教育倒有一点气味相投。当然这种科技教育氛围与我们章润讲的现代人文科学气息有很大差距，但是目前所谓的文科类、综合类的院校又有多少章润教授所憧憬的那种现代人文科学气息呢？总的来说，如果要给我们今天法学教育一个评价的话,我觉得可以认为,三十年来法学教育发展很快,成就很明显,对于现实法治建设和政治社会转型起到了重要作用,而且还在发挥越来越大的作用。但是,我觉得,另一方面,问题也是明显的,我个人诊断有这么几点:

第一点,法学教育依旧不够成熟。

这跟我们讲的作为学习型的法学教育历史上不成熟是一致的,主要表现为法学教育定位仍然不清晰。法学教育本来应该定为于法治人才培养,而法治人才其性质上又必然是一种卓越人才,这好像不是一件难以理解的事情。但是我们对于这一简单定位却始终难以到位。从古到今法学教育就是一个卓越人才的培养。如果说其他一些学科可以区分不同层次、可以有卓越和不卓越的区别来培养所谓专业人才的话,那么法学教育则绝对不能这样,它必须在最低起点上就是卓越的目标,因为它涉及的法律职业实在太重要了,决定社会治理的根本公正。在欧陆,法学教育建立在本科起点,但是最后是以80%的残酷淘汰率达成合格法律人才遴选的,这就是所谓精英培养。美国法学教育建立在二学位起点即 JD 教育,在美国的大学里,你可以看到本科只有文理的区分,到三年级开始挑专业方向发展的时候,那些表现很优秀的同时觉得自己公益心和社会责任心很强的学生——我们叫"又红又专"的人——要么为将来进入医学而准备,要么为将来进入法学院而准备。只有法学和医学才是最具有挑战性的。所以,最后进入法学院并且最终进入到法律职业的人都是杰出的人。这是非常值得我们思考的。我们很长一段时间里法学教育五花八门,甚至有的办到了中专、专科、函授起点,法律职业成了滥竽充数的大本营。目前,国家教育部在酝酿一个"卓越法律人才计划",不久前发到高校征求意见。我刚刚代表北航法学院作了一个回复,在回复里我特别提到我们过去的问题就是没有注意法律人才培养必须以卓越为起点,因此现在是到了将法律人才作为卓越人才全面建设的时候了。但是我担心我们教育部目前主管法学教育的专家们还不是我这种理解,我担心他们对于法律人才在心里仍然有一个卓越和不卓越之不同层次区分,然后选择一部分称之为卓越,给予特殊政策支持,另外的则归入不卓越,少一些支持,这样所谓卓越计划就可能异化为诸法学院系重新争夺行政资源的工具。所以,我们目前的主要问题还是定位问题,必须清楚今天法学教育的定位过于泛化,没有认清法学教育的特殊任务,没有定位法律人才必须是卓越人才的高层次。

第二点,目前的法学教育目标偏离仍然比较严重。

这与我们晚清官办法政学堂传统有相似性。法政学堂作为晚清和民初以开启官智为目的而开办,是密切配合于当时的政治现实的,因此沦为官吏教育的一部分,并没有真正的独立,谈不上是要真正地培养法治专业人才。在今天,我们的法学教育在是不是真正培养法治专门人才上面也经常发生有意的或者无意的偏离。一个时期,法律人才甚至被简单地等同于政工人才。此外,我们在这三十年法学教育急剧扩张的过程中,还出现了一种向下办学的现象。大家知道,国内突然涌现六百多所法学院系,很大的一部分是在法学热中跟起来的,必须承认,很多法学院系当然不是为了培养"又红又专"的治国人才,而是觉得法律专业很红,因此容易创收。法学教育成为了很多大学创收的工具,被认为办学条件简单、好办。这种基于经济功利的办学,再加上与现实中的普法运动结合,使得当前的法学教育目标偏离非常地严重,在行政化之外,又受到普及化、经济化的扭曲和拉低。前些年,我们在法学硕士体系之外,学习美国实用法律教育的特点又创立一条法律硕士即 JM 体系,然而不久之后就发现这种实验很快就被经济功利主义所侵蚀,JM 项目简单地成为了很多法学院校赚钱的工具。北航法学院是在 2009 年拿到法律硕士资格的,之后就有很多朋友问我说,你们北航有法律硕士资格了,是不是老师福利上去了,言下之意就是法律硕士好赚钱啊。遗憾的是,我们北航法学院目前法律硕士并不赚钱,一方面我们自己宁愿坚持宁缺毋滥,是少数坚持不接受调剂的后发学院,另一方面我们受到严格的指标限制,一年不过录取30人左右而已,培养成本高于收取到的学费。美国的法学教育是赚钱的,但赚钱本身绝对不是目的,因此它并没有影响法律职业的卓越性,很值得我们研究。法学教育发生目标偏离,也体现在我们的教育部要求的法律课程体系上,我们法学界已经有很多人提到了这个问题,就是为什么本科生的核心课要开出14门甚至16门,很多在其他国家不用讨论就列入选修课范畴的课程为什么在我们却不加讨论就成了必修课呢?我看到一种说法,它说教育管理也存在利益挟持的情况,不同的法学二级学科都希望要有代表性,在法学院有不可忽视的地位,因此其带头人便动用自己的影响把自己的学科课程生生压进了教育部的必修课程单子里。然而这不仅增加了学生的法定负担,也对法学教育的合理机制造成一定的破坏。

第三点,法学教育的欧洲模式路径依赖严重。

从晚清到今天,我们的法学教育从模式上主要取法欧洲特别是以法国、德国为主。但是欧陆法学教育本身存在历史的不足,就是过于专注学术研究而不是关注制度实践。法学教育是中世纪之后发展起来的,在欧洲兴起,作为一种新式教育在当时以研究发掘罗马法学为己任,因此罗马法学教育成为了很重要的内容。当时的欧洲不是法治状态,这种教育对于后来的法治起到了学术积累和观念启蒙的作用。但是这种教育不是法律实践型的,而是学术型的。后来到了近现代,以法国和德国为代表,欧洲进入了法典和法治时代,但是其法学教育依旧留有很浓厚的学术化印记,这种模式使得法学学习过于专业化,以及在此基础上又进一步过于学术化。当然,这些年法国和德国的法学教育改革也比较多,特别是也开始强调法学教育的目标是培养法律实务人员而不是法学家,强调要注意面向制度应用,强调应特别注意实践环节,应加重律师技能、法律职业伦理的教育等等。但是,在根子上它的模式是侧重学术型的教育。中国的法学教育在晚清开始,是通过学习日本而至于欧洲模式,此后一发不可收拾，所以完全成为学术型教育的形式翻版。民国的时候，国内政府办学出现了真空，私立法政学校发展了起来，但主要的模式大都是师法欧陆。最有影响的像北京的朝阳法学院，据说是1912年江庸等人私人筹资所办，作为民国时期最有影响力的法学院之一，采取的完全是欧陆的法学教育样板。南边有名的东吴法学院是教会所办，作为例外以教授英美普通法为主，但这种情况十分罕见。这种欧陆模式导致了我们今天在法学教育上极大的弱项，就是实务性严重不足，导致法学生往往只知道在某些唯学术的场面夸夸其谈，却不具备实践能力。此外这种过度专业学术切割的模式，也存在专业狭窄的弊害，学生只知法理而不知刚才章润教授所讲的情理、社会、伦理的情况绝对不是少数，法律人成为片面的人。我们今天在座的四个人，幸运的是在读大学本科的时候，自觉地在课外读了一些别的书，因此虽然没有成为全面的人，也至少还能对刚才许教授讲的秋叶或者冬雪之类有一些敏感。我们这些年来开始出现了一些打破法学教育经典欧洲模式的尝试，包括法学教育的实践环节的改革和加强，引入 JM 项目，等等。但这个过程还需要时间和更大的努力。北航目前实行的文科知行实验班其中包括法科的部分学生参与其中，目的在于突破专业早期分化过度的弊端，强化其通识基础，但是我们法科的根本设计还包括后一阶段的，就是突出实践性培养方面。

第四点，法学教育和现代社会治理的复杂性存在严重脱节。

这就是法学教育的现代性问题，在这方面我们的法学教育远远不足，赶不上时代要求。现代社会非常复杂，特别是在今天科技、产业这么发达，再加上章润教授刚才讲到的私性张扬的特点，社会治理是非常复杂的，不光是在食品、医药、航空、太空这些我们看得见的物理层面，而且还有许许多多非物理的层面，像对待非物质遗产、著作权、专利权等。目前，我们的法律制度和法学教育的模式、体系和内容基本上还停留在 19 世纪的范畴，我们的老师只在普通的民法典、刑法典等领域具备了一些一般化知识，但是对于不可胜数的特殊领域，在需要复杂而细致的治理设计的那些地方，我们的制度和我们的教育还远远没有准备好。在这些领域我们既缺法律也缺法学教育。复合型法律人才概念的提出，正是在现代背景下对法律教育的一个现代性提法，但是我们并不是真正能够理解这一点。复合型人才依赖于复合型培养，学化工的再学法律，才能够更好思考化工规制问题，学食品的再学法律，才能够更好思考食品安全规制问题，但是如果没有复合型法学教育的存在，这种复合型人才那就是缘木求鱼。然而，我们目前这样的复合型法学院十分罕见，难道不是我们的法学教育的现实危机吗？

第五点，欠缺严格的职业准入机制。

我们法律职业准入有没有机制？当然有，那就是司考制度加上几个与司法机构有关的组织法。这些年我国司法制度的一个重要进展，就是司考制度以及有关组织法确立起来的专业化方向。但是问题并不是就解决了，在这些方面，我们虽然有了形式上很重要的第一步，却还存在许多十分艰巨的在实际上合理化方面的"仍需努力"之处：第一，我们首先在六百多个法学院系之上缺少一个合理的自律机制。我们不是没有管理机制，但是目前的机制一方面过于行政化，另一方面又存在既得利益者的垄断性，并没有一个合理的监管和自律体系。例如美国的律师协会和法学院协会，就是由非常合理的内在机制和外在约束建立起来的法学院教育和法律职业者的自律机制。第二，我们目前的司考制度本身存在相当程度的机械主义，尽管司考在不断进步，但是某种意义上还是降格在简单法条主义的场面。成熟的法治国家是怎么考试的？当然是系统水平的，有的国家某门考试甚至就是几道题或者一道题，是靠对于系统的把握程度，从规范到制度，从制度到理论，从理论到政策，既有细节更有整体，这样考试出来评价的素质是不一样的。法条机械主义的司考，高分下极有可能是低能。我建议我们应该很好地研究一下如何改进司考，目前的司考机制和模式不改革、不提升，这根对于法学教育的评价牵引线就会达不到效果。第三,我们目前组织法、职业立法关于法官、检察官、律师的遴选、定位还都存在相当多值得研究和改进的地方。总之由于在准入机制上的不足,我们法学教育就缺少合理评价、被向上拉的有效机制,泛滥和松弛也就难以抑制。

第六点,教师、学生的国际能力普遍不足。

这是显而易见之事,在全球化的时代,国际能力成为一种基本条件和素质。对此限于时间关系就不多说了。

所以,对于我们当前的法学教育来说,依旧存在着上面这么多的问题,很多是我们前面提到的学习型国家、学习型新式教育在过程中的问题,在很大程度上也是我们还不知道怎么办好法学教育的问题,这与我们在很长时间之内作为法治后发国家必定不知道怎样建设成成熟法治国家异曲同工。但是,只要我们不是刻意不去认真对待,而是愿意认真研究这些问题,打算真心真意办好法学教育,那么解决这些问题的过程就会缩短,我们法学教育日臻成熟的可能性也就会加大。俗话说,解铃还须系铃人,解决这些问题,取决于消除这些问题产生的原因,改进促成这些问题的机制。我在北航法学院的发展理念里面,针对这些问题,专门提出了北航法学院的有关办学观念和思路,我想它们可能有些进一步讨论的价值,在这里我想介绍一下。具体来讲,我们的办学观念有三条:坚持标准型办学(办标准的法学院),坚持全面型办学(办全面的法学院),坚持现代型办学(办开放型、复合型、战略型的法学院);办学思路,则可归纳为三十六个字:"还原法学教育,服务法治理想;立足现代治理,配合国家转型;依托北航优势,融入世界体系。"

第一,"还原法学教育,服务法治理想"。法学教育应该还原以法学教育来定位,而法学教育的定位就是服务法治理想培养法治人才。这是前提。如果用标准化这种东西来衡量法学院,除了开办教育的必备硬件、软件、师资、学科当然还有培养体系、教育管理等,还有特定的法学教育标准化的要求,那就是应该牢牢立足培养卓越法律人才这个目标定位,按照要求建立或改进自己的各个办学体系。我们这些后发法学院面临新建的许多困难,但是我们没有包袱,也没有历史惯性,因此容易调准自己的定位和方向,认认真真、一心一意地进行法学教育体系的建设。服务法治理想,对于法学教育来说,其方式核心在于培养法治人才。包含两层含义:一层是法学院首先要成为一个法律工匠训练营,因为法律职业是一门专业性很强的专业化程度很高的职业,特别是法律体系非常复杂,法律实践特别具有挑战性,我们要通过科学合理的专门化强化训练方式,才能培养出一批专业素质过硬的律师、法官、检察官、法务人员。但是,这只是一层,服务法治理想的另一层是我们培养的法治人才必须是全面的,除了专业,还必须具备理念。一所全面的法学院必须坚持法律理念的教育。这不是说口号,而是说,我们必须建立实实在在的法律理念课程,必须有设计有投入地去完成法律理念教育,使得我们的法科学生首先成长为一个专业自信的法律人,同时又达到专业的自觉,懂得从事法律职业的意义在于捍卫法治、服务社会公正。因此,法学院应该强化职业伦理和职业理想的教育。北航法学院这些年的一个特点,就是特别重视学生对于公益法律服务的参与。此外,一个人的理想教育过程,某种程度也依赖于基础阶段,我们也应该重视通识教育阶段,通过人文博雅和社科思维而健全其知识人格。

第二,"立足现代治理,配合国家转型"。一定要结合现代社会的要素来完善我们法学教育的要素,特别是刚才讲到的那些法学教育的现代性死角,我们不能视而不见。我们要将当代社会的复杂要求带到法学教育意识中去。北航法学院在这个领域上坚持办成复合型法学院,主张将法学与现代科技产业、多元化的社会生活、扩展的人格与人性需求结合起来,培养具有现代品格的复合型法治人才,同时由于我们是一个小的法学院,我们把重心放在战略型法治人才的培养上,配合国家转型,服务国家重大战略需求,努力培养国家法治战略领域急需人才。我们目前在学科建设上重点抓的是法学转型理论和实践环节,在座的高全喜教授做的很大一部分研究是转型国家法理与宪法的研究,我则侧重当代民法学的理论转型与实践,旨在为国家改革的现实和建设法治国家的急迫需求做一些微薄的贡献。我们尤其重视特色战略领域,比如说航空航天法领域,它们在产业促进和国际竞争上是如此重要,但是目前它们在法治建设和法学教育方面存在巨大空白,在国际舞台上尤其缺乏规则话语权和人才实力,我们北航法学院当然义不容辞,也得天独厚,负有建设航空航天法学和培养航空航天法律与管理人才的职责。

第三,"依托北航优势,融入世界体系"。我们既然在北航办学,那么就应该利用好地利,把北航的特点和优势连接起来,促进我们的特色法学和法学教育。北航法学院有一部分跟北航理工学科和产业关系紧密相关的特色法学和法学教育。但是,我们更重视坚持开放型办学,绝不追求唯特色而特色,在国际化的今天,我们特别看重法学教育的世界性融合,自觉将自己的法学教育融入世界体系。作为一个后发的法学院,我在一个欢迎新生的报告里特别提到,我们应该以争取最大的继承权的心态,最大限度地去吸收人类的优秀法律文明,从而成就一种富有的法学教育。美国斯坦福大学的成长模式就是这样的,值得我们学习。

应开放地对待当前法学教育改革问题[①]

参加这个院长论坛我感到非常高兴,特别是有机会和同行一起讨论中国的法学教育问题。在此,首先祝贺中国人民大学法学院成立六十周年大庆,祝愿越办越好!由于时间关系,接下来我结合本场主题——"《国家中长期教育发展规划纲要(2010—2020年)》与当前法学教育的关系",简单谈三到四个问题,算是抛砖引玉吧。

一、《中长期纲要》对于当前法学教育的指导意义

《国家中长期教育改革和发展规划纲要(2010—2020年)》,依我解读,其关于高等教育的总体思想,是全面提高高等教育质量,主要抓手包括提高人才培养质量、提升科学研究水平、增强社会服务能力、优化结构办出特色等方面。这些思想和改革着力点的认识,与我们高等教育界目前的基本共识是一致的,即我们高等教育的主要任务目前应该是质量问题。

但是,具体到法学教育,怎么提升其办学质量,我个人认为,这个纲要恐怕是不止渴的。至少有两点,值得我们进一步思考:

[①] 本文系由2010年10月4日上午在第二届21世纪世界百所著名大学法学院院长论坛第三分论坛上的发言稿整理而来。原文副标题为"兼谈《国家中长期教育发展规划纲要》与当前法学教育的关系"。

一是,这个《纲要》并未就具有特殊性的法学教育提出专门的指导政策和原则,这就需要我们进一步研究。二是,我个人觉得这个《纲要》主要是从产出角度而不是输入条件判断入手形成的思考,因此在教育条件方面改革的意识和措施还有待加强,而且其对于已经存在的法律制度比如《教育法》和《高等教育法》的配合也似有不足。

但是,《纲要》在第十三章提出了一种体制改革的思路,这部分很重要、很精彩,值得重视。其核心就是推进政校分开、管办分离,落实和扩大学校办学自主权,完善中国特色现代大学制度。我认为,纲要在这里认识到我们现在的问题不是数量的问题,因为要开放就必然会出现数量,就必然要由封闭走到开放和竞争,由一元办学走到多元办学,我们现在的主要问题是,我们能不能解决目前教育体制的官僚化问题、主管部门统得过死的问题以及大学机制现代化程度较低的问题等体制问题。所以谈法学教育不能离开教育体制、大学体制改革这盘大棋。由于法学教育与法律职业的特殊联系,还不能离开了司法体制特别是其用人体制改革这盘大棋。

二、如何改善和推进当前的法学教育

我认为,当然应从解决问题和条件建设多方面综合入手。目前至少可从两个方面通过改革来加以推进:

1. 教育主管部门应当顺应开放型办学,转变其管理思维与管理体制,特别是要在完善现代大学体制的基础上,进一步落实办学自主权。

这里对于教育主管部门提出两个要求:首先,是主管部门自己要改革管理思维和方法机制,特别要顺应开放办学、自主办学的高等教育规律。这方面还有很多改革工作要做。其次,是主管部门要切实落实《高等教育法》中的高校办学自主权。可喜的是,这方面的改革已经开始进行,比如今年对拥有研究生院规范条件的54个单位授予学位建设的自主设置权,这是落实办学自主权的重要一步,意味着中国部分高校拥有了更为开放、自主办学的空间。中国改革开放三十年,一批高校已经成长起来,可以开始自己试着慢慢走路了。

2. 应结合开放型法学教育的独特性,建立和健全法学教育的必要的监管和自律体系,在此基础上稳步提升法学教育质量。

关于当今法学教育的管理定位,有两种观点:一种观点认为,应该通过强制手段来限制其扩张;另一种观点认为,应该继续鼓励开放和竞争,这是中国法学教育繁荣和壮大的必经途径,但是应该通过抓住目标导向和质量管理这条主线,达成建立一种良性秩序。显然,第二种看法是合理的,当今的法学教育管理应该立足于开放而不是封闭,应当尊重大学自主而不是继续一统到底。

首先,应形成合理有效的外部监管体系。主管部门应转变方式,奉行鼓励开放和自主办学的原则,由统管转到政策引导上来,针对法学教育的特殊性,通过政策指导和规范引导以及辅助以严打失范行为,达到对法学教育秩序的良性规范管理。重在建立一套符合法学教育办学规律的标准化实体与程序规范。

其次,也是非常重要的方面,着重做好自律建设。其核心是法学教育共同体建设的问题。法学教育是以职业为面向的,因此其自律建设,应建立在以出口为导向上,应建立包括以律师协会、司法机构、法学院为区分的指向法学教育质量评估的不同自律系统,这些系统既区分又交叉协调。

这里要特别强调,在监管和自律的系统建设中,应特别注意强调开放性和自主性,监管和自律,绝对不能成为一种封闭的体系保护和垄断,而应是一种开放的多头并进的体系,重在示范和鼓励,这样才能使得越来越呈开放和竞争态势的法学教育继续向前发展。

三、关于法学教育模式的问题

法学教育模式是我们这次论坛的热议问题,我也谈一下。

关于当今世界的法律教育模式。也有两种对立观点：一种认为，美国的教育引领世界潮流，特别是其职业化取向势不可挡，致力于培养律师标准应是法学院的目标。一种认为，一时具备竞争力者不等于正确，世上多元，应综合发展。法律人才的理解内涵未必一致，世界是奏鸣式的，人才培养具有多种需求，欧洲模式也有合理之处，而中国转型时期有转型时期的需求。

总的来说，我认为还需要认真探索，目前可以边试验边调适。所以我们现在的关键是对于法律人才的标准首先需要深入的研究。我个人主张，从比较继受现有经验来看，目前还是兼容并蓄为好，宜倡导一种更为积极更为全面的法律人才教育模式，即法律技能加法律理念，培养既具有法律自信又具有法律自觉的法律人。

四、关于法学教育办学特色的问题

法学教育的特色不是一个简单的问题，而是一个比基础规范更为复杂的问题。我们应当认识到两点：一是，对于后发法学院来说，开始一个阶段，法学教育的基础建设比特色建设更为重要。我称之为标准化建设问题。其实我们许多老牌法学院在标准化方面也仍然存在许多不足。二是，特色是通过长期建设而成的。从特色方面来说，必须采取慢慢干的思路，要有意识地抓机遇、创条件，结合独特的背景优势，通过扎扎实实的具体领域的研究，由点到面，由表及里，长期积累。具体到我所在的北京航空航天大学法学院，我们非常重视自己具有航空航天、信息化方面的理工背景，希望埋头苦干，在建好法学学科和法学教育基础的前提下，用较长的时间，在这些领域配合国家战略需求，瞄准国际竞争关系，以努力构建促进世界发展与和平为目标的法律环境为目标，同时打造出不可替代的法学特色。

一分耕耘,一分收获[①]
——漫谈法律人的成长轨迹

问:龙老师,你先后在两个著名高校任教,从事法学教育。我们特别想知道您的法律求学过程是怎么样的?能够分享您的心得么?

答:我是一个普通家庭的子弟,从小就很欣赏做人做事勤勉、豁达的道理。法律学习对我来说是一种幸运,也有一个慢慢喜爱上的过程。年轻时本来有点文学青年,最想学的是新闻专业,做一个专业报人,后来机缘巧合就上了法学。

我的法律学习过程可以分为三个阶段:

一是江西大学法律系大学本科时期和之后在江西的两年基层法律工作时期(1985—1991)。这是我学习法律知识的开始。这个阶段最大的意义是让我成为了一个法律科班生,因此形成了法律人的最基本的定型化思维和方式。大学四年是基本的法律理论与制度学习,之后两年基层工作则好比一个加长的实习,不过属于真正的底层法律职业体验,我承担了第一线的司法助理工作,与基层面对面。

二是中国政法大学的法学硕士和法学博士学习时期(1991—1998)。这个阶段是带着问题的专业深造时期。深造

---

① 本文成稿于2012年5月,系北航法学院本科生2011级叶冲同学所作访谈整理稿。

的专业是民商法,思考的问题则是中国民商法的基础理论与现实制度问题。很幸运的是,我求学的对象是中国政法大学的民商法的老师团队,他们是中国民商理论与实务结合非常好的团队,也是非常有水平的团队,基本上可以说代表了中国民商法学界当时的最高水准,和这个团队在一起既开阔了我的学术视野和研究胸襟,也给我很大的挑战和压力,帮助我成长;同样幸运的是,这一时期正值国家改革开放的第二波,市场化经济和法治建设快速推进,民商法正逢其时,我们的学习能够与实际发生的变化和需求结合起来,英雄有用武之地。

三是 1998 年之后作为访问学者出国学习,连续多次去美国访问学习或进修,经历了另一种法律教育和研究的过程,接触到成熟法学教育与法学研究的规则与理念,使自己既有某种不可估量的内在提高,又更进一步体会到学术的可敬可畏,以及法律和法学在那样一个社会里的博大精深和无与伦比的现实力量。

问:您一毕业就参加天下第一难考的全国律师资格考试,并获得了律师资格,这让我们在这漫漫求学路上苦苦挣扎的学子们既是羡慕又是膜拜,请问备考有什么技巧么? 在您其后的工作中,是否出现过理论与现实脱节的情况呢? 您又是如何应对的?

答:这是再普通不过的事情,法律科班生通过司考不算什么,是跨越基本门槛而已。司考只代表基本法律知识和技能的测试。法律职业人还有更重要的素质要求,比如说任劳任怨、知书达理、尊老爱幼、坚持团结等等,当然最重要的是对法治国家的信念。

问:你的执教和治院理念是什么? 教我们某门课的老师提到,我们现在运气好,正好赶上了法学院找准自己方向和定位的时刻。您当时是如何下这个决心的? 是受美国法学院求学经验的启发吗?

答:我的理念并非自己形成的,是法学教育家的经验总结。江老师给我们学院题写了办学宗旨,"法治天下,人才第一",办教育就是要扎扎实实培养人才。法律教育的基本功能就是培养法律职业人才,所以首先应该是职业面向的。大多数从法学院走出来的人将从事法律职业而且期望在其中取得成功。不过,法律职业人才是一种很高水平的职业人才,法律职业是一个专业化程度很深的职业。法律人当然也可以兼攻其他,但是我相信只有具备法律基本职业素质的人,兼攻其他才能取得更大的成功,否则这种兼攻将不可想象。不止美国,现在全世界所有的法学教育都意识到法学教育的职业定位——是旨在培养卓越法律人,或以优秀律师为楷模,或以优秀法官为楷模。

问:我们为什么会想要投身于法律事业?是因为耶林所说的为权利而斗争吗?源自内心的正义感,想要为人类社会的平等自由而斗争吗?

答:你的这个问题不好回答。我要做肯定回答的话,则显得过于抒情甚至煽情,但是我要是否定回答呢,则又有违作为法学教师应有的言论。这样说吧,我更希望成为在法治环境里面存在的那种法律人,不需要高高举起什么正义,因为法律正义早已为大家共识而为基本,我们只需要为坚持法律的真实存在而不懈努力。就是说,我们是法治社会永不懈怠的经营者。作为法律人,最不幸运的,是在一个还不是法治社会的社会里要做好一个法律人,这种情况下要付出百倍的努力。

问:您在1998年写了《法律实在性讨论——为概念法学辩护》,并与江平老师合著《法人本质及其基本构造研究——为拟制说辩护》,这让我不禁联想到了您曾说您早些年的时候是法律拟制说坚定不移的支持者,甚至在毕业论文的时候也写了关于法律拟制说的论证,可是之后您又说您现在也开始向法律实证说转变,为什么会发生如此大的转变呢?

答:应该是从拟制说到相对拟制一点转变。年轻的时候喜欢理论的玄思,年纪大了就开始向理论的合理性靠拢。

问:据我了解,您学术研究领域有民法、商法、知识产权、法理学、比较法,非常广泛。特别是您在民商法有所建树的同时,对于法理学也有很深的造诣,像这学期给我们任教的某位老师曾说过民商法这些部门法只是一门技能,学会了就是技匠,而法理学却是掌控我们头脑的东西,它完全可以跨越法学这门学科,那么您是如何看待这两者的关系与各自存在的价值?

答:当然法理学是很好的,能够推动从方法思想上对于法律形成某种自觉。当然,我也不赞成过分夸大这种功能或作用。法理学与部门法不是泾渭分明的,并非是什么形而上与形而下的区别。在法国过去,甚至有一种说法,认为法理学主要就是民法总论。从法律史上看,它们是相互结合的,部门法从来就不是脱离方法思想的事物,它们是方法思想的经验产物或实验领域。特别是民法、刑法和诉讼法,这些制度背后都蕴含了丰富的理论和思想,到处都是某些思想方法的登场和谢幕,但也到处都是另外某些思想方法的惊心动魄的检验场和魂飞魄散的雷区。

我喜欢罗马人的一句话,说的是民法,"诚实生活,各得其所,不犯他人",这句话体现的是私法之正义原理;我也喜欢孟德斯鸠的一句话,也说的是民法,"在民法慈母般的眼睛里,每一个人都是国王",说的是近代民法的平等和自由思想。这样去理解民法的规则,是不是要更全面一切呢?

其实,刑法、诉讼法、国际法、经济法等,也无不如此。当然,仁者见仁,智者见智。

问:最后还是想问,2007年驱使您来到北航的原因是什么?我们都知道正是因为有您的到来,才有了我们法学院的今天……

答:当然是北航对我的热烈邀请是最重要的一方面。另一方面,北航自身追求开放和卓越的办学定位以及这些年体现的跨越式发展深深吸引我,因此我自己很想在这种环境中挑战自己,并愿意以自己微薄的力量支持北航在新时期开展的这场关乎大学转型的宏伟事业。我个人以为,北航领导层励精图治,以教育振兴为己任,推动了北航的飞跃发展,正在形成一种经典范式,北航的转型成功,对于目前中国高校事业的跨越发展有着重要的示范和牵引作用。

江平老师教育志趣略记[①]

为了庆贺而回味

今年是江平老师按照民间习惯的八十华诞,孙国栋兄约我写点文字,以为贺礼！我欣然从之。江老师作为大家人物,可谓面面俱到,从事法学教育和研究的江老师,投身政治改革和民主与法治鼓与呼的江老师,活跃于社会事务和制度建设的江老师,甚至喜爱诗歌、音乐和足球的江老师,每一方面都值得我们细致品味。我跟江老师记名学习的时间从1991年算起,一晃就18年有半了,正好可以借此机会,从一个受教者个例的角度,通过絮絮叨叨的叙事方式,回味我和江老师这些年的师生情缘,以体会他作为教书育人者的一面,以及他寄于其中的如此这般的教师志趣。

追随江老师学习的粗略记事

1989年夏天,我大学毕业后到了一个乡镇做司法助理工作,虽似逍遥自在,但总有无所事事之感,兼有未酬心志之不甘,思来想去,决定还是要追随一个名师再读书,到北京再过过那种寻师觅友的校园生活。我选择的这个名师当然就是江平老师,1991

[①] 本文系2009年12月1日为江平老师八十华诞而作,载孙国栋主编:《永远的校长——江平教授八十华诞庆贺文集》(中国法制出版社2010年版)。

年,即我23岁的这年,终于如愿以偿,以理想的分数有计划地成了他的最后一个硕士生(此后他便只带博士生)。由此我和江平老师结缘,也和他可谓爱恨交织奉献了一生的法学事业结缘。

我追随江老师学习的18年或19年,大抵可分作三个过程:求学、创业、出离。

第一个过程,从1991年到1997年左右。这是我单纯的求学时期。我当时是硕士生和在职博士生,后期也同时是留校的年轻教师(1993年底开始),属于最爱学习的时期,也是最爱琢磨问题的时期。这一时期由于众所周知的原因,江老师心情不是太愉快,活动范围受限,但可经常待在家里,甚至还有时间打点牌。这个时期,毕竟刚刚进入花甲,江老师依稀还有几分青年时期的俊秀影子,不论是形象上还是个性方面,也偶尔棱角与激情乍现。他带学生的方式是启发式的,不给加任务,也不定期督导,主要靠上课、谈话和带着开会、做项目来启发和影响。估计按照他的想法,是要和学生建立完全民主与平等的关系。有时我们觉得他这样过于温和了。以我所了解的,与我现在教学生的方式不同的是,江老师对他的学生大概从来没有使用过管理和批评的方式。

但我对他总是先存几分敬畏,害怕多于亲近。怕什么呢,江老师不总是和蔼可亲的么。但总是怕,学生怕老师,天经地义嘛!有时去老师在文化楼的"蜗居"办点事情,老师总是说,"来来来,小龙,说一说,最近都干点什么呢?"然后让我坐在他的那间面北的又当书房又当卧房的狭小屋子的一张旧椅子上,和他面对面谈话,这个时候我总是希望快点结束谈话,因为他睿智过人,和他在一起谈话压力很大。其间,虽然老师经常让我干点这干点那,其意在锻炼,但我也是收敛多于放肆,在他面前不敢放开手脚。记忆中,其间被强留在老师家吃过2—3回早餐、几回正餐,但每次心里面都是很紧促的。

他对展示浪漫才情或者富于实务精神的学生更为欣赏一些,我在硕士阶段做了一篇在他期望范围的现实研究型论文毕业,博士阶段则完全走到唯理化的胡同里,虽然最终写作不致让他失望,但这种选择恐怕让他感到有些不以为然,他不太看重穷究思辨这种东西。但我想他后来还是理解了我的这种选择。这一时期,我自觉老师对我有三点还比较满意:办事效率高、交往比较广泛、文字功夫也还马虎过得去,但估计有一点不满意,就是我这个人表面温和但个性颇刚(按老师的说法我这是属于游刃性不够,太较真)。这期间,最感激的,是他1994年初把我喊回来考博,鼓励我在教书育人的道路上潜心发展,所以使我今天还属于"书斋之人";最遗憾的事情,就是懵懂地只顾忙自己感兴趣的研究和事务而没有协助老师好好做他安排的课题(幸好有师弟师妹们很用功可为补偿),但我也知道他不会计较。

第二个过程,从1998年到2005年左右。这是我作为教员的创业时期。这一时期,江老师早已经摆脱了一度压抑的状态,完全活跃起来,自由挥洒,进入到他的人生最好时期,成了一个真正意义上的社会活动家。这一时期,我也是个精神焕发的青年教师,完全扎到昌平校园里面,颇有一种要继受老师衣钵的壮志凌云。我先是出国研修1年,然后回到法大继续任教,年岁30岁上下,意气风发,连兼职律师执照也决定不再续了,打算全心全意做好教师。这个时期,我和老师的交往有了变化,有点亦师亦友的样子了。老师逐渐地既把我当学生又把我当同事,渐渐不叫我"小龙",而是叫"卫球"。我向他汇报工作和其他情况,或者谈天说地,也忽然没了拘束,有时甚至胡说八道也行。甚至有时觉得他太累,太正襟危坐,故意搞点闲谈,像解构主义之类的"大话西游"。但他不会跟我太过闲扯,最终还是保持那种长者的气度。有时他也会给我打个电话,就某个疑难或者理论问题也听听我的意见。

一开始,我估计他对我能不能站住课堂有些不放心,经常有意向我"传授"一些做教师的经验,但都是以一种似乎不经意的方式,比如自话自说当老师一定要恪守本分,要认真站好讲台,要学会备课等等,有一次还拿出他的读书笔记和讲课提纲来示范。这些对我启发很大,都照单接收了。终于有几次,江老师在外面听到一些对我上课和科研赞誉的评价,挺高兴的,还跟我说起来,明显有以资鼓励的意思。特别是在 2001 年拙著《民法总论》出版,老师明显为我感到溢于言表的欣慰,使我不胜惶恐。又有几次,我和他一起出席法大学生活动,看见我也受到学生热情欢迎,他挺感动,说卫球啊你干得不错啊!在我晋升教授、博导的时候,老师以爱才之心少有的现场鼎力支持(大多数情况下似乎他是个举贤避亲者),令我终身感铭。

有时我也组织一些学术活动或者其他活动,每次邀请江老师出席,他总是爽快地答应,并且明显感觉到他对我组织的事情比较放心。抱歉的事情也有两次:一次是 1999 年在美国我给他差点开翻了一次车;另一次,北京有一年冻雨天交通忽然完全瘫痪,正好遇到我和朋友给老师"安排"了一个私人活动后送他去参加一个早先定好的律所的活动,结果中午 12 点半从他家出发,临近下午 5 点还没有到三环上,中间他非要下车一个人挤公交车回家(最后晚上 10 点才到家,又无法联系,把师母急坏了),当然我和朋友也好不了,晚上 12 点也没能够达到四环,最后只好在路边找了个韩国宾馆过夜,也算是有关北京交通的笑谈了。这一时期,是我无拘无束可以和老师相处的时期,自以为可谓师生相望,一眼即知春秋花开叶落。

第三个过程,从 2005 年到现在。这是我在物理空间意义上与老师出离的时期。我先是从中国政法大学民商经济法学院游离到比较法研究所,然后干脆跑到了在他看来八竿子打不着的北京航空航天大学。这个时期,也是江老师忽见老态的时期,他虽然心志弥坚,精神依旧健朗,但明显是老年人的形态了,多了一些"随其自然"之心态。无论我 2005 年接受米健教授邀请突然从中国政法大学民商经济法学院调到比较法研究所,还是 2007 年接受北航邀请忽然到北航法学院任教,都未及与江老师商量,是我自己的心血来潮。那段困惑的日子,决定走不走的问题的确困扰我,所以很有倾诉的心情,但能跟谁说呢??经常是彻夜难眠之后就忽然想到江老师,想和他聊一聊,有两个早上甚至6点钟就给他打电话,说想去他家里坐一坐,老师当然知道我是没有烦恼不登三宝殿的,便爽快地让我来一起吃早饭,这样我就过去与他一起吃早饭,但最后我还是扯别的,没敢透出调北航的事情。

我忽然就走了,事后江老师表示了一些不理解,但关爱之情溢于言表。他是担心我的个人发展,觉得我离开了中国政法大学的讲台和学科太可惜。我的这些举动给江老师或多或少带来了一些困惑,甚至使他有些为我牵挂担心,对此我心里十分抱歉。我自感几分愧疚,离开了他工作一辈子的中国政法大学,或许辜负了他的期望。尽管如此,江老师还是一如既往的慷慨,在理解我的地方支持我。现在,他只要见到与北航有关的人,总要听听我的事情,听说我还干得马马虎虎,总算有些释怀了。见到我,甚至又会鼓励几句。到北航之后,其实我更想与他多聊天,向他请益,但怕他操心,所以多是打打电话而已。

上次老师生病,把我吓了一跳,所以开始不时找个时间去看看他,陪他聊聊天南地北,劝他少干点累活。一个月前,我带自己的两个博士生去老师家拜中秋,他忽然问我:"怎么样是不是干得有点疲倦了?有没有新的打算?"我笑说自己体力好没事,真累得不成了我准备下海做律师去,赚大钱支持年轻人从头再来。当时,江老师看着我,笑了一下。这笑里面,包含了我能够看得懂的一种关切的信息。这个时期我和老师的交往可以概括为:一方面精神上互相越来越了解,另一方面却是我体现为越来越觉得修行在个人。我忽觉他是"大象无形",你会觉得他很近,因为你需要他指导时他就在眼前,你也会觉得他很远,因为他用的是一种老师的距离关心你、启发你。

江老师的老师之志

在我絮絮叨叨但仍属粗略的记事里面,追忆这18年或19年的往事,一条主线是清楚的,就是我非常的幸运,能够跟着江老师学习。我虽然未必认认真真做好了他的学生,但是他是认认真真做好了我的老师或者我们的老师。18 年或 19 年以来,江老师给了我这个虽然平凡但因为仍然甘愿追随他学习因此成为他万千学生中的一个的人一件极为宝贵的东西,那就是使得我在今生找到了一种有老师的归属感。他不是简单地做了老师这个职业,而是在与千千万万个像我这样的平凡学生(记名的和不记名的)交往过程中,在法学教育园地,以一个真书生的风范,以他的敬业务本、优雅从容、宽容平等、循循善诱和诚心待人,树起了老师这个职业。

我们都知道,江平老师之志,是吞吐宇宙的民主与法治之志。他屡屡说,如果没有这两件东西,其他一切都会很苍白。由此出发,江老师在很多方面都做出了令人钦佩的贡献,甚至在很多方面还表现了许多人所不具有的勇气、品格和品位,因此让我们回味无穷、精神鼓舞。但是由于这样那样的主观客观原因,在我这个学生看来,还是比较相信,在这个恢宏大志方面,他目前已经真正做到的,总体上恐怕还主要是他自己说的那样,"我所能做的只是呐喊"——这不免有些令人遗憾。但是,他至少相当程度地做成功了一件事,那就是,使我们这些法律学习者、法治觅求者,有所景仰、有所归属。师生关系,在很大程度上本应是学习与超越的关系,但对我来说宁愿不超越——这不仅仅是做人要懂得谦逊和敬畏,江老师的境界早已经超越了我们平凡学生所可企及的范围。

王家福先生的心志与法治贡献[1]

欣逢王家福先生八十高寿，这是我们民法学界的一大盛事，也是中国法学界的盛事！中国民法界著名前辈甚多，但是家福先生是其中最负盛名者之一，是我们这一辈人尊称为"民法四君子"或曰"民法四先生"的一员。尊称为"君子"，是因为他们为人为事素有大知识分子之风范，人品道德堪称楷模，与之相处，如沐春风，更重要的是，在其事业生涯中，纵使艰苦卓绝之时，他们也绝不改其志；尊称为"先生"，是因为他们都是老师，具有大师风范，为民法在中国的保存和发展，为民主与法治在中国的扎根与勃兴，可谓不遗余力、贡献卓著。我初识家福先生大约是在20世纪90年代初期，更多是因为当时在中国政法大学就读和工作时协助江平老师、杨振山老师等在学术和教学活动中的接来引往等。当时，印象最深刻的就是家福老师特别和蔼，言语不多，在公众场合少有锋芒，甚至显得相当低调。随着日积月累的交往和了解，特别是在不断的学习过程，我有机会反复钻研家福先生的著述，仔细品味他的交谈和行止，特别是有几次有幸与他近身交流，感受其思想和情感。渐渐地，由对他的抽象景仰转化成了具体的有血有肉的尊敬和欣赏，不由感叹：家福先生

---

[1] 本文成稿于2010年7月28日，原名《民法长者 智慧人生 厚德广行 福寿绵长——恭贺王家福先生八十华诞》，载孙宪忠：《王家福法学研究与法学教育六十周年暨八十寿诞庆贺文集》（法律出版社2010年版）。

不愧位列四大君子先生！其心志、其智慧、其道德、其毅力，果是高而弥坚啊！

首先，关于家福先生的心志。家福先生并不多见慷慨激昂之言论，他是那种典型的柔中带刚之知识分子。但与家福先生相处，往往使人感受到一种肃然起敬的氛围。因为你能够感受到他内心深藏家国壮怀之志。他是不多见的一个真正心系国家之人，责任感极强，历经挫折也绝对不灰心，其志难夺。因为他的这份心志，成就了我们中国民法学界今天的幸运。在民法界，我们幸运的是，与家福先生志同道合的前辈为数不少，佟柔先生、谢怀栻先生、江平先生等均属此一群体，因此即使在无比艰苦的环境中，民法与法治的火种在我们的国家得以保存下来，并且机遇一到立即可以蓬勃发展，引发民法勃兴和国家法治建设高潮。

家福先生之志，既受客观成长环境激发，但更多的是他主观的自觉形成，是基于他对一种更高级人生的追求，基于他对民族、国家和社会的一份痴爱。在一篇访谈中，家福先生回忆，他20世纪40年代在重庆求学期间，正值抗日战争和解放战争时期，亲眼看到了日本飞机对重庆的狂轰滥炸，目睹了三千人死于轰炸的惨案，心中充满了对侵略者的仇恨、对国家贫弱的悲哀，同时亲历国民党政府在抗战胜利后的独裁专制、贪污腐败、搜刮民脂民膏等等，对此感到深恶痛绝。这些，强烈激发了他的良知和爱国之心，由此开始和当时有良知的热血青年一道，向往民主、自由、和平，期望国家的新生，积极参加波澜壮阔的学生运动，走上了一条追求国家与社会进步的道路。新中国成立后，他充满激情地赴京考学。

1950年，家福先生以优异成绩进入北大法律系念书，在知识上受到钱端升、张志让、马寅初等先生的熏陶；1951年期间，还曾随由北大、清华、燕京、辅仁大学法学院的教员和学生以及中央文化单位的工作人员组成的中央土改团赴广西柳城参加土改工作，加深了对中国农村和国情的了解。1954年上半年，家福先生根据学院的推荐,参加了留苏研究生考试并被录取,1955年8月入苏联列宁格勒大学(现俄罗斯圣彼得堡大学)法律系,师从著名民法学家奥·沙·约菲教授攻读法学副博士学位,认真阅读了大量民法和政治学、哲学等方面的书籍。1959年6月家福先生按期完成学业,顺利获得学位,同月即怀着报效祖国的强烈愿望,踏上了归国之路。

正是这种特殊的成长经历,使得原本就善良且聪慧的他,不仅成长为知识分子,而且逐渐树立了中国知识分子独有的家国情怀和忧患意识,确立以国家和社会为念,终生忠于国家、奋发图强、不计私利的信念和志向。此后,几十年虽然风风雨雨,但这份志向却给了他精神上的遮风避雨之地,在事业上能够披荆斩棘、一往无前,在学术上能够勤奋耕耘、勇于创造,终究开出他这朵中国法学尤其是中国民法学的奇葩。

其次,关于家福先生的智慧。家福先生的智慧,花开两朵:一朵是他的学术思想智慧。他是法学科班出身,为学聪慧,兼之勤奋,法学上自然造诣精深、成就斐然。他精心主编或撰写的《经济建设中的法律问题》《合同法》《中国民法学·民法债权》等代表著作,在当时都是恢复法学教育和法学研究之后真正称得上填补空白的生发之作,尤在民商、经济法学界具有知识与思想启蒙的效果,一时可谓洛阳纸贵,学界轰动。我至今还记得当时阅读这些书籍时从心里跳跃出来的喜悦之情,同时兼有作为受益者对授业解惑者的感激之情。这些阅读曾经大大坚定了我对于中国法学的信心,也坚定了写书就一定要写好书的决心。

家福先生的学术思想智慧,至为高明之处,表现为他是一个在学术上具有非常好的整体感和平衡感的人。他处理学术问题,往往能够做到面面俱到、不偏不倚、深刻全面、善于融合。比如关于20世纪80年代的那场民法与经济法的论战,家福先生并不是简单地支持民法而打倒经济法。他提出,解决法学界在认识与经济有密切关系的两个主要法律即民法和经济法的地位问题上的重大分歧,"应该用友好、平等、理性、探索的精神,科学地界分民法和经济法各不相同的调整范围、调整方式、社会功能"。可见，他是站在一种更为客观、更为前瞻的角度，鼓励经济法观念转型，主张民法、经济法比翼齐飞，共同为我国经济建设服务，这为后来在市场经济和法治国家语境下"民法和经济法这两类重要法律的健康发展和民法学、经济法学两个重要学科的共同繁荣奠定了科学基础，起到了促进作用"。

家福先生作为专家参与了改革开放以后所有的重要民事立法，尤其是中国民法法典化的主要推动者之一，建树颇丰。1978年底，家福先生就开始组织研究民法制定的问题，并给中央写报告，建议中国应尽快制定民法典，报告不仅论证了制定的必要性，而且还提出了初步设想。由此，推动了民法典第三次起草工作。报告为中央所采纳，并批示由全国人大法制工作委员会与法学研究所联合试拟民法典草案，试拟工作历时三年。第三次民法典起草，四易其稿，家福先生参与。最后，由于认为当时的社会条件不成熟而搁置，但它为以后的民事立法打下基础。20世纪80年代中期，全国人大转而启动了《民法通则》起草，家福先生是主要起草专家之一。1986年《民法通则》出台，此为新中国首部民事基本法，从此揭开中国进入民法时代的新篇章。

家福先生始终不遗余力推动中国民法典事业。一有机会就要给高层和有关机构推广起草民法典的思路。1996年，他应邀给全国人大常务会做法制讲课，在这次讲座他明确提出，"现在起草民法典的时机已完全成熟了。一是我们业已制定了一系列单行民事法律；二是有了社会主义市场经济初步发展的客观基础；三是民事立法的资料、经验的积累，对理论和实践的研究，都取得了长足的进步"。功夫不负有心人，国家最高立法机关终于接受他和其他有识之士的正确建议，将民法典起草提上日程。1998年，民法典工程上马，家福先生与江平先生被指定共同担任了专家草负责人。此后，1998年《合同法》、2007年《物权法》、2009年《侵权责任法》等顺利出台以及2002年《民法典》一草审议，都与他们的组织和具体贡献功不可没。

特别值得提到的是,就中国民法典的起草思路,家福先生作出了深入研究,贡献了许多闪闪发光的思想。其中,最重要的是他创造提出 21 世纪制定的中国民法典应当具有浓郁的新时代特点即应该是一部现代主义的民法典的观点。他在一篇《21 世纪与中国民法的发展》的宏文中说:"首先声明,我不赞成在讨论中说什么派、什么主义,如果要讲就应该讲,我们是中国派,我们的民法典采取现代化主义,即代表最高科学的、最富人类文明成果的、最体现人民意愿的现代化主义。"他从五个方面提出了这部民法典的现代化内涵,即:更加充分地体现人的价值;完善符合新时代要求的物权制度;适时地反映知识经济的内在需要;符合经济全球化趋势,适应世界贸易组织规则;能够反映时代精神的科学体系。如何成就这样的现代化体系呢,他主张要兼容并蓄,同时要立足国情,换言之,应是从各国民事法律体系中采用其最好最科学的那些部分所组建起的现代化的自己的体系。这一思想甫一提起,立即深入人心,成为正在制定中的民法典的重要立法观念。

家福先生智慧的另一朵花,是有关他推进民法、推进建设民主与法治中国所具有的高超政治智慧。家福先生是我们国家改革开放以来法治国家论的主要倡导者和推动者。他是一位深谙中国社会和政治复杂性的法律智者,善于以一种柔和的方式推进自己认同的法治理想。家福先生在这一点上不易为人所完全看清,他从外在而言似乎不是一个慷慨激昂之人,尽管他做的绝对是慷慨激昂之事。民法的著名前辈学者中,江平先生与谢怀栻先生较为接近,鼓与呼,刚劲有力,大刀阔斧,属于擎旗手型的人物;家福先生则与佟柔先生性格相似,属于殿后型的中流砥柱,不显山不露水,转折而进,柔中带刚,同样是中国民法与法治事业勃兴的中坚力量。借用武侠小说的人物模型,江平先生和谢怀栻先生像少林派高手,王家福先生和佟柔先生则更似武当大师,他们之间珠联璧合,一起创造了改革开放后中国民法的辉煌,共同开启了中国法治建设的事业和希望。

家福先生可能是法学专业科班出身的缘故，他对于法治的触角特别敏锐，对于国家治理应取法治方向这一点特别清醒。1979年，他就在深层次反思"文革"的基础上，与夏淑华教授在《哲学研究》上发表了题为《发扬民主，健全法制，加速实现四个现代化》的文章。率先提出，要健全法制，端正法制建设的指导思想，认识以法治国的重要性，还提出民主要制度化、法律化，制度、法律都要民主化，要克服党内长期存在的人治思想。1979年，他参加了五届全国人大二次会议政府工作报告起草工作，与滕文生负责民主法制建设部分，报告提出了发扬社会主义民主、加强社会主义法制。1979年下半年，他和同事刘海年、李步云两位教授应邀参加了中央六十四号文件即《中共中央关于坚决保证刑法、刑事诉讼法切实实施的指示》的起草工作，在文件中，明确提出法治命题，要求法院依法独立行使审判权，取消地方党委审批案件制度。这些努力，帮助引导"文革"后的国家认识到民主法制的价值，逐渐走上法制化的政治轨道。

随着改革开放的深入，家福先生与其他有识之士更进一步，逐渐清晰地认识到我们国家不仅需要法制化，还需要法治化，提出建设社会主义法治国家这样一个国家治理的基本模式。1989年初，家福先生任中国社科院法学研究所所长，负责召开了一次富有深远意义的"中国法制改革学术研讨会"，该会就中国法制改革问题进行交流和研讨，对于之后的中国法制改革从理论上作了系统的筹划，还提到法制应当公开化、法治观念要更新、法制改革要从实际出发有步骤地进行等。同年，在《法学研究》第2期，他再次与刘海年、李步云教授合作，发表《论法制改革》一文，分析中国法制改革的历史必然性，提出要改变人治思想、树立法治观念，法制改革要确立法律至上原则，要建立完备的法律体系，要切实保障公民的权利和自由，党要在宪法和法律范围内活动，以逐步实现建立高度民主的法治国的目标。

20世纪90年代中期开始，家福先生睿智地提出，法制改革问题同中国进行的经济体制、政治体制、文化体制和社会体制改革相伴而生,是一场深刻的法制革命,是一次全面的法制革新。由此,他提出了中国建立法治国的两个实质目标:一个是人权问题,他提出应落实"以人为本",以尊重和保障人权为宗旨;另一个则是市场法治建设问题,基于民商经济法的深厚素养,他意识到要把社会主义和市场经济结合起来,就意味着法治国必须首先建设社会主义市场经济法律制度,只有这样,依法治国、建设社会主义法治国家才能做到深化、有实质的制度保障。

家福先生把自己的智慧付诸行动,积极借助自己在体制内的威望和影响,把这种法治思想引向政治高层,推动形成一种积极有效的政治舆论和决策。1995年1月20日,他第一次为中央政治局做法制讲座,重点引导社会主义市场经济法律观念。在讲座中,他对社会主义市场经济予以了科学界定,并明确提出市场经济是法治经济,强调在经济体制转轨的时候,为了杜绝权力进入市场、权钱交易现象的发生,防止计划经济弊端和市场经济消极面相结合,建立健全社会主义市场经济法律制度具有特别重要的意义,并从社会主义市场经济法律制度是一场深刻的法制改革角度出发,论述了社会主义市场经济法律建设问题,提出了一系列建议。

1996年2月8日,他第二次给中央政治局做法制讲座,重点在于法治国的倡导,明确以"依法治国,建设社会主义法制国家的理论和实践问题"为主题,强调依法治国应该成为我们国家管理事务的重要方针和治理模式。讲座还论述了依法治国、建设社会主义法治国家的重大意义、必备条件、正确观念、制度建设及党的领导政治保证等问题。家福先生后来回顾说,通过这些用心与高层领导的沟通和交流,终于得到了正面回应。在讲座结束后,当时的中央负责人立即做了关于依法治国的重要讲话。1997年,"依法治国,建设社会主义法治国家"写进了中共十五大报告,成为执政党的纲领;1999年,宪法修正,"实行依法治国,建设社会主义法治国家"基本治国方略明确入宪,到此法治国由理念倡导而成为宪法原则。家福先生都亲身参与了其中的起草过程。

如果缺乏卓越的政治智慧,家福先生不可能清晰形成关于建设法治国的思想和建立社会主义市场经济法律体系的构想,不可能认识到这是中国法制改革的深刻命题和现实目标。同样,如果缺乏卓越的政治智慧,家福先生不可能使得自己和其他有识之士的正确见解顺利进入体制之内,成为政治高层乐观其成的思想和主张。在这一意义上,可以说家福先生功莫大焉。2009年12月4日,由全国普法办和中央电视台联合进行的2009年度十大法治人物评选揭晓,家福先生被誉为"新中国法治进程六十年,法学界中不可缺少的一位功勋人物"而当选,晚会颁奖词是:"他用50年时间做了两件事:提出关于社会主义市场经济法律体系的基本构想;提出建设社会主义法治国家这样一个国家治理的基本模式。"诚可谓实至名归。

家福先生能够具备这样的为学和成事的从容智慧,我想一方面与他的温和性格有关,另外一方面也是他善于从政治经历中领会、自我积累的缘故。讲到家福先生的智慧,我不禁想到这也是一种做人的艺术。俗话说,事做三分,人做七分。与家福先生相处,你能够感觉到一份恬静和宽松,能够体会一种事不全在人为的一种自在感。在这点上而言,他是一个比较典型的中国式知识分子。年少者恐怕难以体会这一点,只有经历世事人情多了,才能够更好领略家福先生。我有几次领略的亲身经历。一次在教育部组织的一次评审中,他担任评审组长,我有幸担任委员并就坐在他身边,我决定给优,习惯上准备打90分,与他交流知道他也是决定给优,他见我打的是90分,便小声告诉说,既然评优给91分恐怕更好。仔细一想,1分之用真是大妙。平常判卷,像89分之类,我会给加1分,打个90分,但对于90分者加1分,确实没有想到过。这1分里面,包含了做事做人的哲学精髓,凡事都要考虑到多加一点宽厚。从这一面也可以看到家福先生做人的精微和细腻。

再次,关于家福先生的道德和毅力。熟悉家福先生的人都知道,他是一个非常温和、善良的人,是充满仁爱之心的人,与他相处如坐春风。作为晚辈学者我们非常乐意与他交流,向他请益,请他帮助,他也不会拒绝。这种善良的品质既是他的本性,也是家庭的熏陶。家福先生出生在四川南充一个偏僻、美丽的小乡村,家境不富裕,父亲是一个普通职员,母亲是一位贤惠、善良的家庭妇女。在一次访谈中,他回忆说:"父亲正派的为人、母亲金子般的好心肠,以及他们对我关于做人要善良、要做好人、做有用的人的教育,一直铭刻在我心中,始终没有忘记。"

家福先生最核心的道德品质,还不在私而在于公,他是法学界被公认为公德非常好并因此特别具有毅力的法学家。他的这些品质包括:素有中国知识分子崇高情怀,具有以天下为己任、自觉承担历史使命的精神,胸怀大局,忧国忧民,坚定不移报效国家;忠于自己的职业,富有责任,辛勤耕耘,敢于坚持自己的志向,坚持追求真理,为法治尽心竭力;善于团结共事,不肯突出个人,总是淡化个人色彩,把工作成绩和功劳推给大家和集体。去年《法学研究》举办了30周年座谈会,中间一段时间家福先生正好坐到我身边,我们做了一些交流,他对于目前司法界的一些与法治并不完全契合的倾向明确表达了自己的忧虑,令人钦佩。

家福先生和我的导师中国政法大学的江平先生风雨同舟50年,特别是改革开放以来,他们精诚携手,与其他同道共同合力为中国民法学和中国法治建设做出了历史贡献,彼此可谓惺惺相惜。2004年4月27日,中国社会科学院法学研究所聘请江平先生担任荣誉研究员。作为东道主的家福先生欣然致辞,他说,江平教授道德文章皆为人敬佩,他有三颗值得学习的心,一颗是报效祖国的坚贞心,一颗是探索真理、追求真理的勇敢的心,还有一颗是充满爱的仁爱的心。言为心声!我以为,家福先生这段关于江平老师的誉词,也完全可以放在他自己身上。德厚者福寿绵长!祝家福先生寿比南山!